Der Deutsche Ritterorden

Rüdiger Greif

Der Deutsche Ritterorden

Weltbild

Genehmigte Lizenzausgabe für Verlagsgruppe Weltbild GmbH,
Steinerne Furt, 86167 Augsburg
Copyright © 2007 by
Verlagshaus Würzburg GmbH & Co. KG, Würzburg
Umschlaggestaltung: Atelier Seidel, Teising
Umschlagmotiv (oben): AKG Images, Berlin
Gesamtherstellung: GGP Media GmbH, Pößneck

Printed in the EU

ISBN 978-3-8289-0843-7

2011   2010   2009   2008
Die letzte Jahreszahl gibt die aktuelle Lizenzausgabe an.

Einkaufen im Internet: *www.weltbild.de*

INHALTSVERZEICHNIS

Dies ist die dramatische Geschichte des Deutschen Ordens, der von seinem Haupthaus aus, der Marienburg, das ihm geschenkte und eroberte Gebiet zum Ordensstaat Preußen machte. Es ist zugleich auch die Geschichte jener 17 Hochmeister, die hier im Kampf gegen Feinde von außen, Intrigen, Aufstände und Schicksalsschläge im Innern, regierten und jeder sein eigenes Schicksal erlitt.

Unter ihnen waren Männer wie Luther von Braunschweig, Winrich von Kniprode, Heinrich von Plauen und andere.

Die »Kreuzzüge« aus dem Reich und dem übrigen Europa, das blindwütige Gemetzel aller gegen alle verwandelte den Ordensstaat in ein Meer von Blut und Tränen.

Die ungebändigte Urnatur des Landes, die wilde See und die ebenso wilde Weichsel und andere Flüsse forderten, wie die immer wieder auftretenden Hungersnöte und Seuchen, ihren Tribut.

Nicht einmal 700 Ritter und Brüder hatten dieses Land in Besitz genommen. Hunderttausende Einzöglinge machten aus ihm ein blühendes Gemeinwesen, während die Hanse den Handel der sechs großen Ordensstädte des Landes beflügelte.

Hier sind sie: jene 150 Jahre einer blutigen Epoche, von einem Kenner der Materie aus der Vergangenheit ans Licht geholt.

Die 17 Hochmeister auf der Marienburg und ihre Dienstzeit

Siegfried von Feuchtwangen	(1303–1311)
Karl von Trier	(1311–1324)
Werner von Orseln	(1324–1330)
Luther von Braunschweig	(1331–1335)
Dietrich von Altenburg	(1335–1341)
Ludolf König von Weizau	(1342–1345)
Heinrich Dusemer von Arffberg	(1345–1351)
Winrich von Kniprode	(1351–1382)
Konrad Zöllner von Rotenstein	(1382–1390)
Konrad Wallenrode	(1391–1393)
Konrad von Jungingen	(1393–1407)
Ulrich von Jungingen	(1407–1410)
Heinrich von Plauen	(1410–1413)
Michael Küchmeister von Sternberg	(1414–1422)
Paul von Rusdorf	(1422–1441)
Konrad von Erlichshausen	(1441–1449)
Ludwig von Erlichshausen	(1450–1465)

EINLEITUNG

Was vorher geschah:
Vom Ursprung des Deutschen Ordens

In dem vorliegenden Werk wird die Geschichte der Marienburg als Residenz des Deutschen Ordens zwischen 1309 und 1457 dargelegt. Gleichzeitig werden jene 17 Hochmeister gewürdigt, die auf dem Hochschloß zu Marienburg residiert und den Ordensbesitz in Preußen zum Staat gemacht haben, der in der Welt große Anerkennung erlangte.

Der so entstandene Ordensstaat Preußen war nicht irgendeiner der Klein- und Kleinststaaten, sondern ein Reich mit einer Ausdehnung von über 200000 Quadratkilometern, was der Größe der Bundesrepublik Deutschland nach dem Zweiten Weltkrieg entsprach.

Während des genannten Zeitraumes stand der Deutsche Orden auf dem Gipfel seines Ruhmes, war er – aus kleinsten Anfängen kometengleich emporsteigend – zu einer Macht geworden die Hochachtung genoß und dessen Kampf gegen »Heidenvölker« Begeisterung und zugleich auch Furcht auslöste.

Daß dieser Ordensstaat Preußen an seinen Grenzen keine Freunde hatte, ist aus seiner besonderen Lage erklärlich; daß er seine Grenzen ununterbrochen zu sichern hatte, schien »naturgegeben« wie Sturm, Überschwemmungen, Seuchen und Kriege.

Daß der Deutsche Orden eine besondere Stellung bei Kaiser und Reich, bei der Kurie und dem Papst einnahm, ist aus der Tatsache seines selbstgestellten Auftrages zu verstehen. Jene Bruderschaft adeliger Ritter, die sich zuerst zum Heidenkampf und zur Verbreitung des Christentums zusammenschloß, hatte als Fürsorgegemeinschaft für Kranke und Sieche begonnen. In Gestalt jener Orden, in denen sich mönchische Enthaltsam-

13

keit mit der reinsten Form ritterlicher Haltung verband, waren sie auf das Gelübde der Keuschheit, des Gehorsams und der Armut gegründet.

So entstanden die beiden Orden der Tempelritter und der Johanniter als Vorläufer des Deutschen Ordens, welcher schließlich die Regeln der Johanniter übernahm und die Nächstenliebe und Fürsorge für Kranke und Verwundete ebenso wie für Sieche als erste Pflicht ansah.

Gegründet in jener großen Aufbruchbewegung der Kreuzzüge, die Papst Urban II. mit dem Ruf »Gott will es!« eingeleitet hatte, waren Ritter aus Europa, überwiegend aus England, Frankreich und Deutschland, nach Palästina aufgebrochen, um den Sarazenen die heiligsten Symbole des christlichen Glaubens, Jerusalem und das Grab Jesus Christus, mit der Waffe in der Hand zu entreißen.

Hier boten sich für die Templer und Johanniter die ersten Bewährungsproben, indem sie jene Kreuzritter versorgten, die diese Kämpfe mit schweren Wunden und tödlichen Krankheiten bezahlen mußten.

Jene Ritter, eine Gemeinschaft Adeliger, die sich zum Heidenkampf, zur Verbreitung und Erhaltung des Christentums zusammenfanden, dienten dieser Aufgabe mit aller Hingabe. Die Durchsetzung einer großen Idee, ihre Unterwerfung unter göttliches Gesetz, bildete zusammen mit der Verteidigung des Christentums die Voraussetzungen zur Errichtung eines Staates.

Der Deutsche Orden entsteht

Vom Beginn der Auseinandersetzungen zwischen Orient und Okzident, zwischen Islam und Christentum im Heiligen Land, entstand nach den beiden genannten Orden auch jener Deutsche Orden, von dem nunmehr die Rede ist.

Als Friedrich von Schwaben mit seinem Heer 1190 vor Akkon eintraf, bestand dort bereits ein Feldlazarett für all jene Ritter, die bereits vorher unter Graf Adolf von Braunschweig dort kämpften und litten. Ein Kaufmann aus Bremen, dessen Name in der Narratio (einer mittelalterlichen Schilderung der Geschehnisse im Heiligen Land) mit Sibrand angegeben war, hatte das Lazarett errichten lassen. Friedrich von Schwaben bat darum, ihm ein Grundstück zuzuweisen und überschreiben zu lassen, um dort ein Hospital bauen zu können.

Kaiser Heinrich VI., Sohn und Nachfolger Kaiser Friedrich Barbarossas, der auf eben diesem Kreuzzug die Landtruppen führte und am 10. Juli 1190 im Saleph-Fluß ertrank (heute GökSu-Fluß), ebenso auch Papst Clemens III., erteilten ihre Zustimmung zum Bau des Hospitals.

Friedrich von Schwaben erreichte ebenso deren Einverständnis zur Gründung eines neuen Ordens, der in diesem Hospital arbeiten sollte. Der Orden wurde »Orden des Hospitals zu Sankt Marien der Deutschen in Jerusalem« genannt.

Erster Prior des Ordens wurde Kaplan Konrad. Ab 1193 übernahm Heinrich Walpot aus Passenheim, der mit dem Ritterheer nach Palästina gekommen war, als Prior und Meister die Hospital- und Ordensführung.

Seine offizielle Bestätigung erhielt der Deutsche Orden, wie er kurz genannt wurde, durch Papst Innozenz III. im Jahre 1198. Von diesem Jahr an galt er offiziell als geistlicher Ritterorden. Die Ordensregeln waren jenen der Johanniter nachempfunden, während für die Ritter die Ritterregeln der Templer maßgebend waren.

Die Ordensbrüder gliederten sich in drei Gruppen: Ritter, dienende Brüder und Priesterbrüder. Alle waren an das für sämtliche geistliche Orden bindende Gelübde gebunden: »Armut, Keuschheit und Gehorsam«.

Zu den Brüdern gehörten noch die Halbbrüder, die zwar dem Orden angehörten, ohne jedoch an dessen Gelübde gebunden zu sein.

An der Spitze dieses neuen Ordens stand als »Oberster Gebietsger« der Magister oder Meister. Er nannte sich bei den Templern »Herrenmeister«, bei den Johannitern Großmeister und beim Deutschen Orden Hochmeister.

Neben dem Hochmeister standen fünf Gebietsger an seiner Spitze. Als sein Vertreter fungierte der Großkomtur, magnus Commendatur, auch Präzeptor, der bei Abwesenheit des Hochmeisters diesen in allen Belangen vertrat.

Der Mareskalk (Marschall) firmierte als Ordensmarschall und Führer aller Ordenstruppen; er war Oberbefehlshaber der Truppen.

Der Spittler hatte das gesamte Hospitalwesen zu leiten.

Der Trapier (Traparius = Tuchmacher) hatte die Bekleidung aller Ordensangehörigen unter sich; später übernahm er die gesamte innere Verwaltung.

Der Treßler (Tressel=Schatz) war Schatzmeister und Finanzminister des Ordens und verwaltete dessen Ausgaben und Einnahmen. Damit war er für die Rüstung der Ordensheere, nicht zuletzt auch für die Besoldung der Söldner zuständig.

Das erste Haupthaus des Deutschen Ordens wurde in Akkon eingerichtet. Bis zum Jahr 1196 entstanden fünf weitere Ordensburgen im Heiligen Land: Es waren Gaza, Jaffa, Ascalon, Rama und Zamsi.

1197 richteten die Kreuzfahrer gewissermaßen als Versorgungs- und Etappenstationen jeweils ein Haus in den beiden wichtigsten Kreuzfahrerhäfen Süditaliens und Siziliens, Barletta und Palermo, ein.

Nördlich von Akkon entstand später auf dem Boden einer Schenkung binnen zweier Jahre eine gewaltige, weithin sichtbare Burg, die sich Montfort – Starkenburg – nannte. Diese wurde nach ihrer Fertigstellung 1224 Haupthaus des Deutschen Ordens und Sitz des Hochmeisters.

Mit der Regierungszeit von Heinrich Walpot ging 1196 die Zeit der Hospitalbruderschaft zu Ende. Sie mündete in jene des Ritterordens ein. Mit der Ernennung Hermann von Salzas 1209 zum Hochmeister des Deutschen Ordens begann die 30-jährige Herrschaft desselben und, mit ihm verbunden, der unaufhaltsame Aufschwung.

Mit Hermann von Salza im Burgenland

Im Jahre 1217 hatte König Andreas II. von Ungarn am 5. Kreuzzug teilgenommen und Erfreuliches vom Deutschen Orden und dessen Hochmeister Hermann von Salza vernommen.

Als König Andreas seine Tochter Elisabeth an den Hof des Landgrafen von Thüringen schickte, um sie mit Ludwig, dem Erben dieser Landgrafschaft zu verheiraten, erfuhr er durch seine Gesandten weitere Einzelheiten über den Orden, seinen Hochmeister und daß dieser eine neue Heimstatt für seinen Orden suche. Diese Meldung sah er als Wink des Schicksals. Das Burzenland, im Südosten Siebenbürgens, im Winkel der Karpaten zwischen Rumänien und Ungarn gelegen, wäre ein guter neuer Standort für eine solche schlagkräftige Rittergemeinschaft.

Dort waren vor allem die ansässigen Burzen noch Heiden und die sie angreifenden Kumanen stellten ein heidnisches Turkvolk dar.

Hier galt es also einmal, den Heidenkampf zu führen, die dortigen Menschen zu christianisieren und das christliche Land Ungarn an seiner Südostgrenze zu sichern. König Andreas bat den Heiligen Stuhl um Hilfe.

Die vom Ungarherrscher angegebenen Gründe ließen Papst Innozenz nicht zögern. Er beauftragte Hermann von Salza, mit einem starken Aufgebot an Ordensrittern und Reisigen ins Burzenland zu reiten und das Land den Christen zu sichern.

In einem mit großer Erbitterung geführten Kampf wurde der Feind geschlagen. Der Orden errichtete an der Grenze starke Burgen. Deutsche Siedler wurden ins Land gerufen und siedelten in diesem, später »Burgenland« genannten Gebiet.

König Andreas II. schenkte das Land 1221 dem Deutschen Orden. Hermann von Salza erreichte 1222 eine ausdrückliche Bestätigung des Königs darüber. Nunmehr wurden anstelle der hölzernen Burgen solche aus Stein errichtet.

Papst Honorius III. genehmigte diese neue Schenkungsurkunde und befahl, dort einen eigenen Ordensstaat unter der Oberherrschaft des Heiligen Stuhls zu errichten. Dies wollte Andreas II. nicht dulden. Er befahl 1225 dem »Mohr«, der seine »Schuldigkeit getan« hatte, das Land zu räumen.

Der Weg nach Masowien

Als eingangs des Jahres 1226 das Land Herzog Konrads von Masowien von prussischen Plünderern überfallen wurde und sein Herzogtum unterzugehen drohte, sann er auf Beistand. Nachdem er sich vergeblich an seine eigenen Verwandten gewandt hatte, bat er Papst Honorius III. und den Deutschen Orden um Hilfe gegen die Heiden.

Hermann von Salza, inzwischen dem Papst ein vertrauter Vermittler und Berater, aber noch enger mit Friedrich II. verbunden, wurde gebeten, die Aufgabe eines Retters zu übernehmen.

Durch das burzische Abenteuer gewarnt, lehnte von Salza die vage formulierten Versprechen Herzog Konrads ab. Der Hochmeister bestand auf präzisen, hieb- und stichfesten Dokumenten, mit denen das eroberte bzw. befreite Gebiet auf den Orden überschrieben werden mußte.

Herzog Konrad versuchte zunächst, den Anstürmen der Prussen mit eigenen Truppen standzuhalten. Damit dies gelang, stiftete er 1228 den Ritterorden von Dobrin. Mit Hilfe dieser Ritter konnte er den Prussen zunächst Paroli bieten.

Bereits seit 1225 hatten der Bischof von Modena, Wilhelm von Savoien, und Bischof Christian die Stiftung dieses Ordens ins Auge gefaßt. So entstanden die »Brüder des Ritterdienstes Christi« dem Herzog Konrad, wie dargelegt, die offizielle Bestätigung gab.

14 Ritter und ihre Knechte waren rasch gefunden. Der endgültige Name des Ordens lautete »Brüder des Ritterdienstes Christi in Livland«.

Herzog Konrad überschrieb ihnen die Burg Dobrin an der

Grenze Masowiens zum Kulmerland. Damit stand also vor dem Einrücken des Deutschen Ordens ein anderer, kleiner Ritterorden im Nordosten zur Abwehr feindlicher Angriffe bereit.

Diese Ritter wurden bei ihrem Vorstoß von den Prussen schwer geschlagen, flohen in ihre Burg Dobrin, wurden von den Prussen belagert, fanden aber in den masowischen Truppen Helfer, die ihre Niederlage vereitelten.

Polnische Hilfe blieb trotz vielfacher Hilferufe aus. Nun wandte sich Konrad von Masowien durch Vermittlung Bischof Christians direkt an den Deutschen Orden. Eine Versammlung der Edlen des Landes schickte Hochmeister von Salza eine Gesandtschaft, die dem Orden als Dank für dessen Hilfe einen fest umrissenen Teil des Kulmerlandes anboten.

Langwierige Verhandlungen folgten. Erst 1230 trat Konrad von Masowien alle Anrechte über das Kulmerland und das noch von den Rittern zu erobernde Land der Prussen an den Deutschen Orden ab. Nunmehr war Hermann von Salza zum Einschreiten bereit. Mit seinem Vertreter Hermann Balk zogen etwa 250 Ritter und Reisige (andere Quellen nennen deren 400) nach Masowien. Hermann Balk wurde dort erster Landmeister des Deutschen Ordens in Preußen.

Der Kampf gegen die Prussen begann und im Jahre 1232 hielten auch hier »waffenfähige Pilger« Einzug. Es waren derer 5000, die darauf brannten, die Heiden zu bekämpfen, sie zu bekehren und dem Orden einen Staat erringen zu helfen.

Von diesem Zeitpunkt an, bis zum Einzug des Hochmeisters Siegfried von Feuchtwangen von Venedig nach Marienburg, stand der Orden in einem immerwährenden Kampf gegen die sie umgebenden »Heiden«. Stets neue »Kreuzfahrer« kamen ins Ordensland, um die Ritterwürden im Kampf gegen Ungläubige zu erlangen.

Dazu entstanden Burgen und Verteidigungsanlagen, wurden Städte und Dörfer errichtet, kamen Einzöglinge aus Deutschland und anderen Staaten ins Ordensland, um es zu besiedeln, zu roden und zu bebauen. Städte wie Königsberg, Kulm, Thorn, Danzig, Elbing und andere entstanden.

Dabei wurde zu keiner Zeit vergessen, daß es vor allem auch galt, die zum Christentum bekehrten oder niedergekämpften Prussen zu integrieren und ihren Führern Sonderstellungen im Ordensland einzuräumen.

Kirchen, Klöster und Schulen wurden errichtet, an ihrer Spitze Pelplin und Oliva, und so wurde an der Alphabetisierung aller gearbeitet. In Ermland gab es bereits um 1241 die ersten Landschulen.

Der Ordensobere rief Landvermesser und Wasseringenieure ins Land und ließ durch sie die immer wieder über die Ufer tretenden Flüsse regulieren, Deiche anlegen und Sumpfstreifen drainieren und zum Ackerbau herrichten.

Alles dies war nicht so selbstverständlich wie dies heute scheint, denn zu keiner Zeit verfügte der Deutschen Orden über mehr als 600 bis 700 Ritter.

Als die Prussen im Jahre 1283 endgültig besiegt und zu »Preußen« geworden waren, wurde Königsberg zum Sammelpunkt der Ordensritter und zum Haupthaus des Ordens.

Dies war die Situation, die Hochmeister Siegfried von Feuchtwangen antraf, als er 1309 nach Preußen kam, um in der Marienburg seinen Sitz zu nehmen, die gleichzeitig damit zum Hauptsitz des Ordens emporstieg, während dessen Hochschloß zu einer Perle der Baukunst in Preußen, und zur glorreichen Metropole eines mächtigen Ordensstaates wurde.

DIE MARIENBURG –
HAUPTSTADT PREUSSENS

Die erste Marienburg und die Stadt

Am rechten Ufer der Nogat wurde von dem von 1274 bis 1276 residierenden Landmeister des Deutschen Ordens, Konrad von Thierberg dem Älteren, eine Burg errichtet. Sie erhielt zu Ehren der Patronin des Deutschen Ordens; der Hl. Jungfrau, den Namen Marienburg. Die Marienburg war als Sitz eines Komturs vorgesehen und sollte den älteren Verwaltungssitz des Ordens, die ehemalige Burg der Pommerellenherzöge, Zantir, an der Spitze von Montau, ersetzen. Zantir war bereits 1233 für die Verwaltungsaufgaben des Ordens eingerichtet worden. Bei einem der frühen Prussenaufstände wurde sie zerstört.

Das altprussische Gebiet um Zantir, zu dem auch die neuere Burg des Ordens in Stuhm gehörte, wurde Aliem genannt. Die Schreibweisen Algent und Algemin wurden ebenfalls dafür gebraucht.

Diese erste kleine Marienburg wurde am 27. April 1276 durch die südwestlich davon angelegte Stadt, die ebenfalls Marienburg genannt wurde, vervollständigt. Dadurch wurde der spätere Sitz der Hochmeister in bezug auf die Versorgung autark, und durch ausreichende Handwerker aller Arbeitszweige in einen guten Zustand versetzt.

Am 6. Juli 1276 wurde die erste Handfeste; die nicht mehr auffindbar war, durch eine neue Handfeste ergänzt.

Die breite Hauptstraße, die gleichzeitig zur Aufstellung des Marktes diente, schloß an ihrem Ende mit der St. Johanniskirche ab. Ihr erster Pfarrer, Gerhard, wurde bereits in der Gründungsurkunde genannt. In der Mitte wurde das Rathaus errichtet. Es blieb durch alle Zeiten an der gleichen Stelle und ist heute noch erhalten.

Geschichte und Schicksal der Stadt lassen sich demzufolge nicht von jener des Schlosses und damit des Ordens trennen. Der erste massive Ausbau des Hochmeisterschlosses, als der späteren Residenz von insgesamt 17 Hochmeistern, die hier residierten, wurde in den Jahren 1279–1280 abgeschlossen.

Das Schloß wurde dort angelegt, wo es die besten strategischen Aufgaben erfüllen konnte. Am Scheitelpunkt der nach Nordwesten leicht eingezogenen Aufmarschlinie des Ordens gegen die östlich davon gelegenen Gebiete der Prussen, verlief diese an der Weichsel und der Haffküste entlang. Damit deckte sie die günstigen rückwärtigen Verbindungen nach Danzig ebenso wie nach Pommern und nach Schlesien ab.

Diese Lage wurde durch die strategischen Erfahrungen des Ordens während der Besetzung des Landes bestimmt.

Dieser günstigen Lage entsprechend wurde die Marienburg neben Elbing, dem Wohnsitz des Landmeisters, zum bevorzugten Wohnsitz; nach der Aufgabe Venedigs wurde sie zum Haupthaus des Ordens vorgeschlagen.

Es war Siegfried von Feuchtwangen, der letzte Hochmeister des Ordens in Venedig, der 1309 den Hauptsitz nach Marienburg verlegte, nachdem er sich von dessen günstiger Lage überzeugt hatte.

Im selben Jahr wurden Danzig und Pommerellen durch den Orden erworben. Damit lag das Hochschloß nunmehr im Zentrum des sich bildenden Ordensstaates Preußen und wurde gleichzeitig die Hauptstadt desselben. Hier befand sich auch der Sitz jener Großgebietiger, welche die Führung des Staates innehatten:

Diese waren der Großkomtur als Vertreter des Hochmeisters, der gleichzeitig Komtur der Marienburg war; der Treßler, der die Einkünfte des Schlosses und die Überschüsse aller Komtureien verwaltete, und der Hauskomtur führte die laufenden Geschäfte der Komturei.

Die Kapiteltage des gesamten Ordens fanden nunmehr auf der Marienburg statt. Daran teilzunehmen hatten auch der Deutschmeister und der Meister von Livland. Dieses Gremium

hatte vor allem den jeweiligen Hochmeister und die fünf Großgebietiger zu wählen.

Die besondere Eignung der Stadt und des Hochmeistersitzes
als nahezu regelmäßigem Versammlungsort war ebenfalls durch
seine Lage gegeben. Hier traten die Komture der sechs großen
preußischen Städte Kulm, Thorn, Elbing, Königsberg, Braunsberg und Danzig immer wieder zu Beratungen zusammen –
nicht nur um Ordensdinge zu beraten, sondern nicht zuletzt
auch mit den Vorsitzern der Hanse, der alle genannten Städte
angehörten, zu tagen, gemeinsame Ein- und Ausfuhrpläne zu
besprechen und die Bedürfnisse besonders des Ordens aufeinander abzustimmen.

Das Hochschloß war mit dem Einzug des Hochmeisters 1309
bereits voll ausgebaut. Es verfügte für Versammlungen über
einen großen Kapitelsaal, den Konventsremter, Wohnräume
und das Dormitorium, die Schlafräume des eigentlichen Brü-
derkonvents.

Prachtstück des Hochschlosses war die Schloßkirche. Es sollte aber auch trotz aller Profanität der Dansker nicht vergessen
werden, jene weit über den Fluß hinaus ausgebaute sanitäre
Anlage.

Unter Hochmeister Dietrich von Altenburg, der von 1335
bis 1341 an der Spitze des Ordensstaates stand, wurde die Kirche St. Marien ausgebaut und 1344 der mächtige Hauptturm
fertiggestellt. Darunter lag die St. Annen-Kapelle. Diese wurde als Grabstätte der Hochmeister eingerichtet. Hier wurden
von 1311 bis zum Jahre 1449 alle Hochmeister bestattet. Der
letzte von ihnen war Konrad von Erlichshausen. Sein Bruder
Ludwig von Erlichshausen amtierte zwar noch von 1450 bis
1457 auf der Marienburg, wurde aber von dort vertrieben, wie
im letzten Kapitel dargelegt werden soll.

Außen am Tor, mit jedem Sonnenaufgang angestrahlt, war
das hohe Marienbild aufgestellt, das weit über das flache Land
hinweg jeden zum Hochschloß kommenden Edlen grüßte.

Die Vorburg, die ebenfalls bereits 1309, wenn auch nur in
ersten Teilen vorhanden war, wurde ständig weiter ausgebaut.

An der Nogatseite wurde durch Hochmeister Dietrich von Altenburg das große Kornhaus angelegt. Seiner Initiative verdankte auch die Pfahlbrücke über die Nogat ihre Existenz.

Der europäischen Bedeutung des Deutschordensstaates angemessen wurde das Haupthaus in mehreren Bauabschnitten weiter ausgestaltet – vor allem das Mittelschloß, mit den Verwaltungsräumen des Großkomturs, und die Firmarie (wie das Spital genannt wurde) im Nordflügel desselben.

Im westlichen Flügel lag der von drei Säulen gestützte große Empfangsremter des Hochmeisters. Im östlichen Teil wurden die ausgedehnten Gasträume eingerichtet.

Der Hochmeisterpalast, mit Fug und Recht ein »Kleinod der Backsteinkunst« genannt, der direkt an der Nogat liegt, gilt bei Kennern als das reifste Beispiel mittelalterlicher Backsteingotik. Er wurde im Jahre 1393 von dem rheinischen Baumeister Niklaus Fellenstein vollendet.

Das Haupthaus spiegelte »in unübertroffener Weise das Wesen des Ordensstaates in seiner straffen Organisation, seiner ausgewogenen Politik, seiner Wohlfahrtspflege, seinem Reichtum und seiner Schönheit« wider.

Jeder Besucher, der diese Schönheit zu würdigen weiß und entsprechende Vergleichsmöglichkeiten gehabt hat, erkennt, daß die Substanz der Ordensbaukunst hier maßgebend war. Er empfindet, daß dieser stumme Zeuge des Wirkens des Deutschen Ordens über die Jahrhunderte hinweg, bis heute den Geschmack und die Geisteshaltung eines jeden hier geborenen Ost- und Westpreußen beeinflußt haben mußte – und sei es allein durch seinen Anblick.

Daraus resultierte für die Bewohner des ehemaligen Ordensstaates Preußen auch ihr Bedürfnis, immer wieder zu diesem großartigen Sitz des Deutschen Ordens zurückzukehren.

Von wo aus der Besucher immer kam, woher ihn seine Sehnsucht auch trieb, beim Anblick dieses großartigen Schlosses, das ihn über die Nogat hinweg grüßte, fühlte er sich wieder daheim und geborgen.

So konnte auch nur einer der deutschen Dichter, der nicht

aus West- oder Ostpreußen stammte, die Frage aufwerfen, die er einem der dort schaffenden Westpreußen stellte:

>»Sprich Landsmann, der du deinen Pflug
durch fetter Niederungserde ziehst,
wie heißt der stolze Zinnenzug,
der drüben von der Nogat grüßt?
Schloß oder Kirche, jener hohe Turm,
– er mag auf Stolz, der mag auf Demut deuten –
Warf sich der Ritter in den Schlachtensturm,
der Mönch in Dornen bei der Glocke Läuten?«

Bei der Stadt selber, allerdings außerhalb der Stadtmauern liegend, befand sich das Spital zum Heiligen Geist.

Hinter fast allen Handelsstädten des Ordens blieb Marienburg zwar an Ausdehnung zurück, aber an Größe des Geistes und der Erhabenheit ihrer Gestalt stand sie unzweifelhaft an der Spitze aller Ordensgründungen. Die Marienburg erfreute sich der Fürsorge aller dort residierenden Hochmeister.

Es war besonders Winrich von Kniprode, dessen Wirken über genau 30 Jahre von 1352 bis 1382 von hier seinen Ausgang nahm, der nicht nur die Hochblüte dieses Platzes, sondern vor allem jene des gesamten Ordens herbeiführte. Was Wunder, daß sein großartiges Bild in der Ordenskirche von Oliva prangt und er auch heute noch als Hüter und Förderer des Landes hoch verehrt wird.

Winrich von Kniprode, dessen Lebenswerk später aufscheinen und alle Leser in seinen Bann schlagen wird, förderte nicht nur das Zunftwesen, sondern legte auch die Marienburger Neustadt an. Er gilt als Gründer der Marienburger Lateinschule.

Die zusammenhängenden überbauten Vorlauben des Marktes, die seit 1365 erwähnt werden, sind ebenso sein Werk wie das gotische Rathaus, das er 1380 errichten ließ.

Unter seiner Ägide versammelten sich im Hochschloß des Ordens die Gelehrten aus aller Welt. Hier ließen sie unter Förderung des Hochmeisters eine erste Rechtsschule entstehen. Hier faßten sie den Plan, zu Kulm eine erste Ordensuniversität zu gründen, deren Bau 1387 unter Konrad Zöllner von Rotenstein eingeleitet wurde.

Für die europäischen wie auch die deutschen Ritter und Fürsten, die dem deutschen Orden in den zweimal jährlich stattfindenden »Heidenkämpfen« gegen die Litauer zu Hilfe eilten, wurde seit 1374 auf dem Haupthaus der »Ehrentisch« für alle ausgezeichneten und hochgeachteten Gäste aufgestellt. Seitdem war die Teilnahme an einer Mahlzeit an diesem Ehrentisch die höchste Auszeichnung für alle Ritter des Abendlandes.

Strategisch ebenso wie politisch und geistig war die Marienburg der Mittelpunkt, die starke und schließlich letzte sichere Stütze für den Deutschen Orden, für das Ordensland Preußen und dessen Existenz.

Der polnische Sieg bei Tannenberg im Jahre 1410 konnte diesem Fels in der Brandung der anrennenden Feindheere ebensowenig etwas anhaben wie die Kämpfe des Jahres 1454, da der polnische Angriff gegen den Orden einen Kulminationspunkt erreichte.

Solange die Marienburg unbezwungen über der Nogat aufragte und in der Hand des Ordens blieb, solange konnte dieser nicht untergehen.

Heinrich von Plauen zog sich nach der Schlacht von Tannenberg mit seinen Kräften aus dem Samland, wo er Wache hielt, nach Marienburg zurück und versammelte dort alle versprengten Kräfte um sich. Sofort ließ er die Befestigungen verstärken und gab Befehl – eine Notwendigkeit in dieser Situation, um dem Feind keinen Stützpunkt unterhalb der Schloßmauern zu gewähren –, die Stadt niederzubrennen. Allein das Rathaus und die Kirche konnten den Flammen widerstehen.

Die Bürger zogen in das Schloß, um sich in Sicherheit zu bringen und gleichzeitig für die Verteidigung des Hochmeistersitzes zu kämpfen.

Zehn Tage später ließ König Wladislaw II. von Polen die

Marienburg belagern. Diese Belagerung mußte am 19. September aufgegeben werden, weil die litauischen und masowischen Truppen abzogen und sich unter den Zurückbleibenden eine verheerende Seuche ausbreitete.

Der Widerstandswille der Ritter war nach wie vor ungebrochen. Sie nahmen jenes Ereignis für einen Wink des Himmels, bei dem der polnische Richtschütze eines schweren Geschützes erblindete, als er gerade den ersten Schuß auf das Hochschloß abfeuern wollte.

Die dadurch fehlgeleitete Kugel traf die einzige große Säule des Meisterremters und richtete hier keinen Schaden an.

Unmittelbar nach Abzug des Feindes leitete Heinrich von Plauen, zum neuen Hochmeister gewählt, den Wiederaufbau der Stadt ein. Sechs Jahre später gab es in der Stadt Marienburg bereits wieder 400 Bürgerfamilien.

Als im Jahre 1454 im Ordensland Preußen der Aufstand des Bundes wieder die Gewalt losbrach und sich bekannte Städte vom Orden lossagten, war es vor allem die Marienburg, die sich keinem anrennenden Gegner ergab. Dieses Beispiel ließ auch Stuhm und Konitz standhalten. Es waren die drei einzigen Burgen von vielen, die fest in der Hand des Ordens blieben.

Verteidiger der Marienburg war wieder einer aus dem ruhmreichen Geschlecht derer von Plauen, der Ordensspittler Heinrich Reuß von Plauen, der die Hauptburg des Ordens gegen die aus Danziger Söldnern des Bundes wider die Gewalt, und einigen polnischen Gruppen standhaft verteidigte.

Währenddessen war Wladislaw II. mit dem polnischen Heer nach Konitz gezogen. Hier wurde er am 18. September vernichtend geschlagen, zog ab und mußte einen Tag später auch die Belagerung der Marienburg aufgeben: Sieben Monate hatte diese unter Heinrich von Plauen den Sturmangriffen des Feindes widerstanden.

Nachdem sich der böhmische Söldnerführer Ulrich Crvenk von Lednitz mit seinen Rotten in den Besitz des Schlosses gebracht hatte, weil der Orden ihnen den zugesagten Sold nicht hatte zahlen können; verkaufte er am 9. Oktober 1454 die Marienburg an die Polen.

Da es als ehrlos galt, wenn ein Söldnerführer seinen anwerbenden Herrn der Vernichtung anheimgab und dieser zudem noch die Marienburg an den Feind verkauft hatte, wurde Ulrich Crvenk von Lednitz von seinem Landesherrn, König Georg Podiebrad von Böhmen, seiner Ritterwürde beraubt und in den Kerker geworfen.

Am 7. Juni 1457 zog Kasimir IV. von Polen, der Sohn Wladislaws II., in das Schloß ein. Erst am Vortag hatte Hochmeister Ludwig von Erlichshausen die Residenz Marienburg verlassen, um in einer abenteuerlichen und zugleich demütigenden Flucht durch das Land endlich nach Königsberg zu gelangen.

Die Stadt Marienburg wurde dank der Hilfe ihres Bürgermeisters Bartholomäus Blume, der dem Orden treu ergeben war, mit Hilfe des Söldnerführers von Zinneberg und dem Ordensspittler zurückgewonnen. Der Handstreich auf das Schloß schlug trotz einiger Erfolge in letzter Sekunde fehl.

Polnische Truppen und ihre Verbündeten belagerten die Stadt und konnten sie am 6. August 1460 in ihren Besitz bringen. Marienburg erlitt schwere Beschädigungen. Bürgermeister Blume wurde gefangengenommen und zwei Tage später mit zwei seiner Freunde enthauptet.

Die fernere Zukunft der Marienburg

Die Ordenszeit des Schlosses an der Nogat war zu Ende. Königsberg nahm in der Folgezeit die Hochmeister auf – darüber im letzten Abschnitt mehr.

Ergänzend und abschließend zu dieser Übersicht sei hier vermerkt; daß das Schloß von 1457 bis 1772 der Sitz eines der drei westpreußischen Palatinate Polens war. Seine Befestigungen verfielen.

In den beiden Schwedenkriegen von 1626 bis 1629 und von

1656 bis 1660 waren Stadt und Hochschloß Marienburg von schwedischen Truppen besetzt.

Am 26. Mai 1656 erlangte König Karl X. von Schweden im Marienburger Vertrag die Unterstützung des Großen Kurfürsten gegen Zusicherung von vier polnischen Palatinaten. Die damals angelegte Befestigung von Stadt und Schloß blieb bis ins 19. Jahrhundert erhalten. Sie wurde 1807 durch französische Ingenieure instandgesetzt und 1877 bis 1879 abgetragen.

Im Jahre 1772 hatte Marienburg 3635 Einwohner.

Ab 1773 wurde der Schloßbau von der preußischen Verwaltung, zuerst als Kaserne dann als Lagerhaus benutzt. 1803 veröffentlichte Max von Schenkendorf als neunzehnjähriger Student in der Berliner Zeitung »Der Freimütige« seinen Protest gegen jede weitere Vernachlässigung dieses ehrwürdigen Denkmals und trat für eine völlige Renovierung ein. Bereits am 13. August dieses Jahres befahl König Friedrich Wilhelm III. die Erhaltung der Marienburg.

Die Wiederherstellungsarbeiten begannen 1806 und wurden erst 1817 (nach dem endgültigen »Aus« für Napoleon) nach dem Wiener Kongreß auf besonderes Eintreten des Oberpräsidenten der damals vereinigten Provinzen Ost- und Westpreußen, Theodor von Schön, planmäßig wieder aufgenommen.

Es war insbesondere der Dichter Joseph von Eichendorff, der dieses Werk voll unterstützte.

Unter Karl Steinbrecht, der von 1882 bis 1922 Baumeister der »Marienburg« war, ging es mit den Arbeiten zügig weiter. Sie wurden ab 1922 bis zum Jahre 1945 von Bernhard Schmidt geleitet.

In der russischen Märzoffensive des Jahres 1945 wurde Marienburg zu 45 Prozent durch russische Artillerieüberfälle zerstört. Von der Schloßkirche blieben nur noch die Seitenmauern stehen. Ihr Chor war eingestürzt, der Turm als Zielscheibe von russischen Artilleristen zerschossen. Der Hochmeisterpalast erlitt schwere Treffer.

Der polnische Aufbau beschränkte sich auf die notdürftigsten Erhaltungsarbeiten. Am 9. September 1956 brach in dem als Hotel verwendeten Teil des Mittelschlosses durch Brandstiftung ein vernichtendes Feuer aus, das Dach und Remter, die bisher verschont geblieben waren, zerstörte.

Allgemeines – Der Orden, die Residenz

Der Deutsche Ritterorden erreichte im 14. Jahrhundert im Osten den Gipfelpunkt seiner Macht.

Zunächst wurde Kulm Verwaltungsmittelpunkt. Als der Orden aber in schnellem Vorstoß nach Nordosten mehr und mehr Land gewann und zudem die Schwertbrüder von Livland im Jahre 1237 in den Orden korporiert wurden, mußte nach einer neuen Zentrale gesucht werden, die mehr im Mittelpunkt lag, als es Kulm derzeit war.

Die preußischen Landmeister richteten sich in Elbing ein. Diese große Hafenstadt schien den Ordensoberen nicht als Hauptsitz geeignet. Man entschied sich für Marienburg, die 1309 als Hochmeistersitz bezogen wurde. Von hier aus bestanden gute Reiseverbindungen nicht nur nach Deutschland und den Ländern Westeuropas, sondern auch und vor allem nach Riga, Reval und Nowgorod, die über den bequemen Seeweg und eine parallel zur Küste verlaufende Straße über Memel zu erreichen waren.

Seit dem Generalkapitel des Jahres 1382 wurden die Ritterbrüder als »Deutschherren« bezeichnet. Jeder von ihnen verfügte über vier Reitpferde. Alle trugen sie den weißen Mantel mit dem schwarzen Kreuz auf der linken Schulter. Im Kampf legten die Ritterbrüder oftmals den Mantel ab und fochten im weißen Waffenrock.

Zu ihnen scharten sich die Sarjantbrüder. Ihnen standen nur zwei Pferde zur Verfügung, sie kämpften ebenfalls nach Ritterart. Anders war es mit den Gewappneten Knechten, die oftmals Halbbrüder waren. Sie zogen als Begleitung ihres jeweiligen Ritters ins Feld. Jedem Ritter standen etwa zehn solcher Gewappneter zur Verfügung.

Im Jahre 1379 bestand der Orden aus insgesamt 824 Rittern und Ritterbrüdern. Von ihnen waren etwa 600 von ritterlichem Stand und Geblüt. Wenn man von jeweils zehn Gewappneten für jeden dieser 600 Ritterbrüder ausgeht, so bestand die Streitmacht, über welche der Orden verfügte, aus über 6000 Bewaffneten.

Die Ordensregeln bestimmten, daß in jeder Burg zwölf Ritter und ein Komtur leben sollten. Diese Zahl konnte nicht immer eingehalten werden. Nach 1400 weilten kurzzeitig in Königsberg 68 Ritterbrüder. Das war absoluter Rekord.

Die Komture waren nach den Statuten gehalten »mehr Diener als Herren der anderen zu sein«.

In Preußen war bis 1309 der Landmeister als höchster Vertreter des Hochmeisters federführend. Dieses Amt wurde 1340 aufgelöst, es ging an den Hochmeister über, der damit zugleich auch Landmeister in Preußen wurde. Nur in Altlivland blieb das Amt des Landmeisters bestehen, da es zu sehr von den Verbindungslinien des Hochmeisters abgeschnitten war.

Bereits im Jahre 1226 hatte der Hochmeister das Recht erhalten, den einköpfigen staufischen Reichsadler dem Ordenskreuz seines Banners aufzulegen.

Kaiser, Fürsten und der Adel betrachteten das Ordensland Preußen, obgleich der Hochmeister noch nicht Reichsfürst war, als Teil Deutschlands.

Seitdem der Hochmeister ins Weichseldelta und in die Marienburg übergewechselt war, konnte man vom Ordensstaat Preußen sprechen.

Die in Elbing amtierenden Landmeister nannten sich um 1320 bereits »Deutschordensmeister in Preußen und Pommern – Magister Theutonicorum per Prussiam et per Pomeraniam«.

Daß sich der Deutsche Orden auch nach Westen ausdehnte, ist weniger bekannt. Als 1260 ein Stück Land ostwärts der Oder und nördlich der Warthe an die Mark Brandenburg gelangte, und als Neumark bekannt wurde, kam diese Neumark mit Schiewelbein und einem Teil Pommerns 1402 durch Kauf an den Orden.

Die in diesen Raum entsandten Ritter, die im Land für Ordnung sorgen sollten, empfanden das Gelände als zurückgebliebenes Heidenreich. Für die wichtige Oderstadt Küstrin ernannte der Hochmeister unmittelbar nach Erwerbung dieses Landes von Brandenburg einen Burggrafen und ließ auf Ordenskosten Wehrbauten errichten.

Um diese Zeit entstanden auch die Fundamente des späteren Schlosses, des runden Südturms und der Hofmauer des nordwestlichen Flügels der Marienburg.

Die Marienburg und ihre weitere Entwicklung

Das Haupthaus des Ordens, die Marienburg, wurde zu einem großartigen Werk der Baukunst. Die Gottesmutter war die Schutzherrin nicht nur der Burg sondern der gesamten Heidenbekehrung des Ordens. Ihr wurde am Haupthaus des Ordens ein acht Meter hohes Mosaikrelief gewidmet. Hier blickt Maria mit nach Osten gewandter Front nach Litauen. 1945 wurde dieses großartige Relief zerstört.

Geldsorgen zum Bau und Ausbau hatte der Orden nicht, denn die in Königsberg hergestellten Rosenkränze aus Bernstein wurden überall in der Welt geschätzt, sie gingen z.B. als »Paternosterketten« bis nach Venedig und von dort aus nach Rhodos.

Hinzu kam das Getreide, dessen Ernten bei weitem den eigenen Bedarf überstiegen. Die Großschäffer von Marienburg und Königsberg verkauften das Getreide in ganz Westeuropa. Dazu unternahmen sie Reisen bis nach Brügge und Paris.

Das Wort Prusse und Prussen für die dort lebenden »Heiden« an der unteren Weichsel verlor bald seine beängstigende Bedeutung. Deutsche Kaufleute aus Pommerellen bezeichneten sich bereits um 1340 bei ihren Aufenthalten in westeuropäischen Häfen und Ländern selber als »Prussen« oder Preußen. Dies gilt jedoch nicht für Altlivland. Im Jahre 1398 hieß der Deutschordensstaat bereits: »Ordensland beide czu Prussen und czu Liffland«.

Die Verfürstlichung des Hochmeistertums, wie Forstreuter es nannte, begann bereits mit der Übersiedlung vom Canale Grande an die Nogat im Jahre 1309.

Dieses Fürstentum mit dem Sitz Marienburg dauerte fast vier Menschenalter an und verbrauchte 17 Hochmeister des Ordens.

Wenn Gastmahle in der Marienburg stattfanden, lagen auf den Steinbänken entlang der Wände weiche Kissen. Durch raffiniert angelegte Schächte wurde aus den Feuerungsanlagen im Kellergeschoß heiße Luft in die Festsäle geleitet. Auf der Tafel waren Braten verschiedenster Art zu finden – so auch Delikatessen wie Eichhörnchen, Stare und Rebhühner. Zum Nachtisch gab es Korianderkonfekt.

Getrunken wurde Rheinwein. Dieser wurde vom Ordenskomtur zu Koblenz geliefert. Es wurden aber auch dalmatinische und italienische Weine gereicht. Der »gemeine Rittertisch« in einem der einfacheren Säle wurde mit Elbinger Bier beschickt.

Die Tafelmusiken waren oftmals sehr ausgeprägt. So wurden bei den Tafeleien des Jahres 1398 nicht weniger als 32 Spielleute beschäftigt.

Minnesänger trugen Ritterepen vor. Danach traten Gaukler auf, an der Seite jenes Narren, den sich der jeweilige Hochmeister hielt, fungierte einmal der »Geck von Burgundia«, ein anderes Mal der »Possentreiber des Bischofs von Ermland«. Anschließend begannen dann Spiele, an denen sich jeder beteiligen konnte.

Am Ende der großen Feste ließ sich der Hochmeister in sein Schlafgemach geleiten, wo er hinter einem Vorhang unter einem Flaumfederpfühl ruhte. Diese Feste fanden im eigentlichen Schloß der Marienburg statt.

In der Marienburg entstand bereits mit dem Einzug des Hochmeisters zwischen 1309–1310 der große Kapitelsaal. 30 Jahre später folgte der große Remter und kurz vor der Jahrhundertwende der Winter- und Sommerremter des Hochmeisters.

Der große Remter der Marienburg gehört zu den hervorragendsten Schöpfungen der Architektur des Mittelalters. Auf drei sehr schlanken Granitpfeilern steigen fontänengleich aus der Saalmitte die Sterngewölbe auf. Der Raum wirkt auf den Besucher leicht und diesen gewissermaßen umflutend, als ein »Aufenthalt von unbeschreiblich milder Heiterkeit, wo alles Gemeine sein Recht verliert«, wie Joseph Freiherr von Eichendorff anläßlich seines Besuches auf der Marienburg vor 150 Jahren schrieb.

Die später entworfenen Säle vermittelten diese Leichtigkeit nicht mehr. In ihnen trägt ein einziger Pfeiler ein sechzehnrippiges Gewölbe. Die Einzelformen dort sind kräftiger und kantiger, horizontale Linien verdrängen den Spitzbogen.

Sommer- und Winterremter befinden sich im Hauptgeschoß eines beinahe selbständigen Gebäudes vor der Südwestecke der Marienburg. Hier erschien der Hochmeister vor seinen Besuchern, die über die Nogatbrücke reitend das Schloß erreichten. Er erschien dort weder als Oberhaupt eines geistlichen Ordens noch als Herrscher eines wehrhaften großen Gebietes, sondern als ein weltläufiger europäischer Fürst.

Der Entwurf zu diesen Remtern stammt von dem aus Koblenz nach Marienburg berufenen Baumeister Fellenstein. Dieser überwachte auch die Ausführung der Bauten. Dieser Architekt und Baumeister versah etwa 1390 die Ecken der Nogatfassade mit turmartigen Pfeilern. Diese bildeten, gemeinsam mit Zwischenpfeilern, hoch oben am Bauwerk Nischen; über denen ein von Wurfscharten duchbrochener Wehrgang angelegt wurde, von dem aus die Verteidiger gegen das Schloß stürmende Feinde abwehren konnten.

Das Dach trat, wie überall bei den älteren Burgen des Ordens, leicht zurück. Diese Dachgestaltung Fellensteins war an der Marienburg noch im Jahre 1797 erhalten. Die reiche, aber unruhige Fassade strahlte um 1400 Macht, Glanz und Fortschrittlichkeit aus. Dahinter aber waren eine Reihe Baudetails bereits antiquiert, wie es die Zu- und Umbauten während der Jahrhunderte mit sich brachten.

DIE HOCHMEISTER IN DER RESIDENZ MARIENBURG – SIEGFRIED VON FEUCHTWANGEN (1303–1311)

Kampf gegen Zwietracht und Zersplitterung

Auf dem Kapiteltag des Ordens in Elbing 1303 schied der noch amtierende Hochmeister Gottfried von Hohenlohe aus dem Amt, dem er sechs Jahre lang vorgestanden hatte. Zugleich wurde an seiner Statt der Ordensritter Siegfried von Feuchtwangen aus Franken zum neuen Hochmeister gewählt, der vorher Komtur in Osterode gewesen war.

Zunächst wollte Meister Siegfried die Wahl nicht annehmen, da er eine untergründige ablehnende Strömung gegen sich argwöhnte. Auch schien ihm die halbherzige Art der Abdankung seines Vorgängers nicht sicher zu sein. Dennoch konnte er von seinen Freunden zur Übernahme überredet werden. Seine Bedenken aber sollten sich bewahrheiten und fast eine Spaltung des Ordens herbeiführen.

Daß Siegfried von Feuchtwangen befürchtete, stets nach den Leistungen und Meriten seines Bruders Konrad gemessen zu werden, schien sicher. Die Erwartungen, die man in ihn setzte, glaubte er nicht erfüllen zu können. Immerhin war sein Bruder nicht nur Landmeister von Livland und Deutschmeister gewesen, sondern hatte von 1290 bis zum Jahre 1297 auch das Amt des Hochmeisters des Ordens mit Erfolg ausgefüllt.

Er mußte versuchen, den Orden mit Strenge und nach den Regeln nicht nur zu verwalten, sondern ihn vorwärtszubringen.

Da Siegfried von Feuchtwangen in seinen Ämtern eine harte Hand gezeigt hatte, war man in Deutschland mit seiner Wahl als Hochmeister nicht einverstanden. An der Spitze seiner Gegenspieler standen Konrad von Wida und Eberhard von Staufen, die mit dem aus dem Amt geschiedenen Hochmeister, Gottfried von Hohenlohe, gegen den neuen Hochmeister konspirierten. Infolge dieser Konspiration maßte sich Gottfried von Hohenlohe den Titel eines Hochmeisters wieder an und trat, ohne sich von der Wahl seines Nachfolgers beeindrucken zu lassen, wieder als Hochmeister auf.

Siegfried von Feuchtwangen erwirkte nach Kenntnis dieser Amtsanmaßung vom Landmeister von Preußen als auch von den Bischöfen Hermann von Kulm und Christian von Pomesanien, ein offenes Zeugnis darüber, daß Gottfried von Hohenlohe auf dem Kapiteltag zu Elbing freiwillig seinem Amt entsagt habe und sie Augenzeugen dieser Aufgabe gewesen wären. (siehe David, Lucas) Dennoch wurde Gottfried von Hohenlohe noch im Jahre 1308 von Bischof Andreas von Würzburg »Ordinis fratrum Teutonicorum Magister Generalis« genannt.

Aus Venedig schrieb Siegfried von Feuchtwangen dem Landmeister in Preußen, daß Gottfried von Hohenlohe alle Welt anschreibe und sich als Hochmeister aufspiele. Er berichtete dem Landmeister weiter: »Sowohl die vornehmeren als auch geringeren Ordensbrüder unseres Kapitels haben in ihren Antwortschreiben einmütig erklärt, daß sie niemals den Ordensbruder Gottfried wieder als ihren Meister anerkennen oder ihm im mindesten Gehorsam leisten würden. Niemals wieder würden sie Briefe von diesem annehmen, die mit schwarzem Wachs gesiegelt seien.« (Nur Hochmeister durften mit schwarzem Wachs ihre Briefe siegeln.)

Siegfried von Feuchtwangen meldete dem Landmeister weiter: »Seine von Gott und dem Orden abtrünnig gewordenen Helfershelfer, die Ordensbrüder Konrad von Wida und Eberhard von Staufen, sind in unser Ordenshaus zu Ulm eingedrungen, haben unsere Ordensbrüder hinausgeworfen und der habgierige Konrad von Wida habe sich zum Komtur aufgeworfen.

Konrad von Wida verleumde die Brüder in Preußen mit

abscheulichen Schmähreden vor allem Volk und Klerikern und sage in aller Öffentlichkeit Dinge über die Ordensbrüder, die wir weder schreiben wollen, noch dürfen.«

Der Hochmeister verwies in diesem Brief darauf, daß man den Berichten Gottfried von Hohenlohes keinen Glauben schenken dürfe. (siehe Siegfried von Feuchtwangen in: Religioso et prudenti viro fratri C. Sacco, Prezeptory Pruscie. Veneciis feriar. V. infra octavac Pentecostes. Siehe geheimes Archiv Schiebl. Nr. 2).

Trotz vieler Gönner und der Gunst einiger Ordensoberen gelang es Gottfried von Hohenlohe nicht mehr, sich im Orden bedeutenderen Anhang zu verschaffen. Dennoch führte er den Titel eines Hochmeisters des Deutschen Ordens bis zu seinem Tode weiter.

Das Ordenskapitel in Venedig und die drei Landmeister von Deutschland, Preußen und Livland standen zu Siegfried von Feuchtwangen als wahren und rechtmäßigen Hochmeister des Ordens.

Nach dem Tode Gottfried von Hohenlohes in der ersten Hälfte des Jahres 1309 zu Marburg stand Siegfried von Feuchtwangen, der die meiste Zeit bis zu diesem Tage noch im Haupthaus des Ordens zu Venedig residiert hatte, nunmehr unbestritten als Oberhaupt des Ordens an dessen Spitze.

In dieser Zeit erfaßte er die Lage in Venedig glasklar und erkannte, daß seine und seines Vorgängers Gedanken zur Verlegung des Hauptsitzes des Ordenshauses Venedig nunmehr erfolgen müsse – dies vor allem auch infolge der stürmischen und großartigen Entwicklung, die der Orden im Nordosten genommen hatte.

Vor allem aber galt es, die kritische Lage in Livland ebenso wie in Preußen zu stabilisieren. Darüber hinaus fand er die Angriffe, denen der Orden in Venedig ausgesetzt war, als unzumutbar.

Siegfried von Feuchtwangen erkannte die Wichtigkeit der Länder des Ordens im Osten und deren Erhalt und Ausbau als entscheidend an. Als Oberhaupt des Ordens mußte er mitten unter den Ordensbrüdern leben und seinen Meistersitz nach Preußen verlegen.

Dieser wichtigen Entscheidung ging im Frühjahr 1309 ein Ereignis voraus, welches den Orden und seinen Hochmeister in dieser Überzeugung bestärkte und zur Eile mahnte.

Am 27. März 1309 legte der Papst seinen besonderen Bannfluch auf Venedig. Die Venezianer hatten sich Ferraras bemächtigt, das der Papst als Besitz des Heiligen Stuhls betrachtete. Als die Versuche des Papstes, sich auch Venedig einzuverleiben, scheiterten, wurde der Bannfluch Wirklichkeit.

Damit waren sämtliche Bewohner der Lagunenstadt für ehrlos erklärt worden. Alle Untertanen der Stadt wurden des Treueides gegenüber dem Dogen enthoben. Allen weltlichen und kirchlichen Geistlichen wurde befohlen, binnen zehn Tagen die Republik Venedig zu verlassen und alle Gemeinsamkeit mit den Gebannten aufzugeben.

Dies betraf natürlich auch den Deutschen Orden und Hochmeister von Feuchtwangen ordnete im Frühjahr 1309 den Umzug von Venedig zunächst nach Marburg an.

In Marburg wurde in einem angesetzten Generalkapitel Siegfried von Feuchtwangen auch von seinen ehemaligen Gegnern als Ordensoberer anerkannt. Er legte allen Gebietigern und Komturen seinen Plan zur endgültigen Verlegung des Hochmeistersitzes mit den Worten, daß »des Ordens oberstes Haupt mitten unter seinen Ordensbrüdern im Ordensland leben müsse, damit dort allen möglichen Gefahren in einem Geist, einem Willen und einer Kraft begegnet werden könne« zur Beratung vor.

Nach einigen Verhandlungen wurde die Verlagerung des Ordenssitzes einstimmig gebilligt. Dies stand im Gegensatz zum Vorschlag von Feuchtwangens Vorgänger, Gottfried von Hohenlohe, der bereits die Burg zu Memel als neuen Ordenssitz vorgeschlagen hatte und damit abgewiesen worden war.

Nach einhelliger Meinung aller Gebietiger sollte die auf einer kleinen Anhöhe an der Nogat nahe Dirschau liegende Marienburg neuer Amts- und Regierungssitz werden. Dort war auf den Grundmauern einer Vorburg bereits vor 30 Jahren ein Ordenshaus errichtet worden. Dieses wurde seit 1306 weiter ausgebaut und schließlich ab 1309 zu einer fürstlichen Hochburg erweitert.

Diese sollte in der ganzen Pracht sowohl ihres Äußeren aber auch im Innenausbau alles übertreffen, was es in bezug auf Hochmeistersitze bisher gegeben hatte.

Die Marienburg sollte ein fürstliches Schloß werden. Ihre Baumeister schafften es, vereint mit den allseitigen Bestrebungen Siegfrieds von Feuchtwangen und seiner Helfer, ein Bauwerk zu errichten, das in solcher Gestalt und Glanz nichts ähnliches aufzuweisen hatte. Das Schloß sollte »gleichsam wie der Orden selbst, nach seinem Geiste und Charakter, nach seinen Sitten und Gesetzen, nach seinem ganzen inneren Leben und Wesen wie für die Ewigkeit in Stein nachgebildet und bis zum Herbst des Jahres 1309 vollendet« werden. (siehe Voigt, Dr. Johannes: Geschichte Preußens von den ältesten Zeiten bis zum Untergang des Deutschen Ordens, Königsberg 1827–1839)

Am 21. September 1309 zog Hochmeister Siegfried von Feuchtwangen mit allen obersten Gebietigern und seinem fürstlichen Gefolge in die Marienburg ein.

Damit war die Stellung Elbings als älteste und vornehmste Ordensburg dahin. Von nun an sollte die Marienburg vom Glanz des Ordens künden.

Das Oberste Ordenskapitel wurde nunmehr nach den Stationen zu Akkon und Venedig auf die Marienburg, als Haupthaus des Ordens, verlegt. Von hier aus ergingen alle Gebote, Weisungen und Befehle an die übrigen Ordensgebiete – seien es nun Balleien, Konvente oder andere Verwaltungsgremien der übrigen Ordensgüter. Von nun an sollten für eineinhalb Jahrhunderte alle Ordensversammlungen der Gebietiger ausschließlich in der Marienburg stattfinden.

Auf der Marienburg vereinigte sich demzufolge die höchste Ordensgewalt und Repräsentanz. Sie wurde für alle Ordensmitglieder in allen Landen »Haupthaus des ganzen Deutschen Ordens.« (siehe Voigt, Dr. Johannes: a.a.O.)

Die Zahl der auf der Marienburg wohnenden Ritterbrüder vergrößerte sich binnen weniger Wochen auf das Vierfache. Täglich hielten Abgesandte fremder Staaten und Fürsten in die Marienburg Einzug, kamen abgesandte Ordensbrüder aus allen Balleien und Konventen, um persönlich wichtige Dinge vorzutragen. Fürsten, Botschafter der Fürsten und Abgesandte der Kurie sahen in einem Besuch der Marienburg einen Höhepunkt ihres Regierens und Lebens.

Die Hausverfassung und Rangfolge der Gebietiger

Der Hochmeister ließ eine neue Hausverfassung entwerfen. Anstelle des Komturs trat nun ein Großkomtur. Dies war eine Gebietigerwürde, die dort bestand, wo der Hauptsitz des Ordens lag.

Der bisherige Landmeister von Preußen, Heinrich von Plotzke, wurde in dieses Amt eingewiesen. Das Amt eines Landmeisters von Preußen erlosch nunmehr, denn nach dem Hochmeister erhielt der Großkomtur jene wichtigste Würde im Ordensstaat Preußen.

Als beständiger Komtur der Ordensresidenz Marienburg war der Großkomtur der oberste Ordensbeamte und »des Meisters Rat wie sein Stellvertreter«, in dessen Abwesenheit. In einem Brief vom 21. September 1309 nannte er sich bereits Henricus de Ploczek ordinis fratum s. Marie domus Theutonice Magnus commendator domus principalis Castri sancte Marie«. (siehe Brief im Ratsarchiv zu Thorn, Scrin. III. Nr. 13)

Der dritte in der Rangfolge des Ordens war der Spittler des Haupthauses. Diese Würde wurde seit Anbeginn des Ordens vergeben, sie stand in höchstem Ansehen.

Siegfried von Feuchtwangen verlieh sie 1309 auf der Marienburg dem Grafen Eberhard von Virneburg, der bis dahin Komtur zu Königsberg gewesen war.

Dem Spittler folgte der Trapier des Haupthauses, der das Hauswesen im Convent zu beaufsichtigen hatte, und für Bekleidung, Ernährung und anderer den Lebensunterhalt dienender Dinge zuständig war. Darauf folgte der Treßler oder Schatzmeister des Haupthauses. Dieser beschloß die Reihe der vier hohen Ordensbeamten, die gemeinsam mit dem Hochmeister im Ordenschloß wohnten und wirkten. Treßler wurde der Ritter Johannes Schrape, der dieses Amt viele Jahre innehatte.

Alle vier Ordensgebietiger waren seit langem im Ordensland Preußen und kannten sich in allen Dingen der Verwaltung und Führung aus. Sie blieben von nun an ständig in der unmittelbaren Nähe des Hochmeisters, um diesem Tag und Nacht mit Rat und Tat zur Verfügung zu stehen. Erst einige Jahre später wurden ihnen einzelne Ordensburgen als Wohnsitze zur Verfügung gestellt.

Auf die kleine Stadt Marienburg, die sich dicht an das Schloß anlehnte, hatte der Einzug des Ordens einen positiven Einfluß. Zwar war Kulm immer noch dem Namen nach die Hauptstadt des Ordensstaates. Sehr bald aber stieg Marienburg weit über Kulm hinaus. Die Nähe des Hofes des Ordens, die vielen Besuche und Delegationen, die hierher kamen, kurbelten den Handel sprunghaft an und förderten den wachsenden Wohlstand der Handwerker und Bauern der Umgebung. So entwickelte sich auch das Leben in der Stadt, die bald Vereinigungspunkt und Ort von Versammlungen verschiedenster Gruppen aus dem Ordensland wurde. Selbst Beratungstage der Städte der Hanse fanden in der Marienburg statt. Dort war in Zweifelsfällen der Hochmeister nahebei und konnte strittige Fragen sofort entscheiden.

Alle Städte und Behörden mußten unklare Fragen der Verwaltung, oder in Sachen der neuen Anordnungen für die Landbezirke, dem Hochmeister als Landesfürsten vorlegen. Von ihm erhielten sie Bestätigung oder Ablehnung, ferner Genehmigungen zur Einführung neuer Verordnungen und Planungen.

Von nun an war es jedem Untertan des Ordens möglich, dem Hochmeister persönlich Bitten und Wünsche, Gebrechen und Klagen vorzubringen. Der Hochmeister bereiste viel mehr als vorher das Land, um auf die Einhaltung von Recht und Ordnung und den Schutz der Alten und Kranken besonderen Einfluß zu nehmen. Dort, wo Laster und Verbrechen geschehen waren, griff er mit harter Hand durch. Wer gegen Gesetze verstieß, wurde vor Gericht gezogen. Auch wer gegen den Schutz der Gewässer verstieß, mußte mit schwerer Bestrafung rechnen.

Darüber hinaus war es seit Siegfried von Feuchtwangen der Hochmeister höchstes Anliegen, den Anbau von Getreide und den Schutz vor Wasserfluten durchzusetzen. Der Hochmeister ordnete die Kultivierung der sogenannten »Wüstungen« an und ließ durch dichte, finstere Wälder Lichtungen schlagen. Zahlreiche Seen und Sümpfe wurden trockengelegt und dadurch fruchtbarer Boden gewonnen.

Der Hochmeister befahl den Komturen ihre Komtureien in bestem Zustand zu halten und ihre Macht und Stellung nur zum Wohle des Landes einzusetzen.

Dies war die eine Seite der Bemühungen des Hochmeisters. Die andere richtete sich auf die Bildung und Fortbildung der Menschen. Vor allem galt es den alten Bewohnern Preußens zu helfen. Sie bedurften ganz besonders des Schutzes durch eindeutige Gesetze, um sie vor Übergriffen der Ritter und deren Helfer zu schützen und ihren Besitz ebenso zu sichern, wie jenen der Ritter und Einzöglinge.

Nur so durfte Siegfried von Feuchtwangen sicher sein, das Vertrauen der alten prussischen Bevölkerung zu gewinnen und sie in die Gemeinschaft des Ordensstaates einzubeziehen. Mit dem Einzug von mehr Bildung wurde auch mehr Menschlichkeit erreicht. Dies alles ging nicht von heute auf morgen, nicht einmal von einem Jahr zum anderen, sondern bedurfte einer ständigen nie endenden Anstrengung.

»Durch des Hochmeisters Ankunft in Marienburg erhielt das Walten und Wirken eines deutschen Fürsten rings unter slawischen Völkern allein durch sein Dasein die Erhebung Preußens zu einem deutschen Staat« (siehe Voigt, Dr. Johannes: »Die Geschichte Marienburgs«)

Die inneren Landesverhältnisse und ihr Wandel

Hochmeister Siegfried von Feuchtwangen richtete als erstes sein besonderes Augenmerk auf die inneren Verhältnisse Preußens. Schon während seiner Antrittsreisen erkannte er, daß es im Ordensland Preußen einer Fülle von Verbesserungen und Veränderungen bedurfte. Um diesen Anforderungen gewachsen zu sein, berief er kompetente Mitarbeiter an Gebietigern, Prälaten und Komturen, ferner eine Reihe der Ritter des Landes in seinen Stab. Hinzu kamen die vornehmsten Bürger der Städte.

Sie alle versammelten sich zur Beratung der ersten Landesverordnung, die sie vorher mit den Städten besprochen hatten. Die neue Landesverordnung wurde beschlossen und bekannt gemacht. Handel und Wandel wurde ebenso wie die sittliche und religiöse Bildung zur Hebung der Kultur beraten. Alles dies ging in kleinen Schritten vor sich, hatte aber Erfolg.

Siegfried von Feuchtwangen und Pommern

Zu Beginn des Jahres 1310 trat Siegfried von Feuchtwangen in Verhandlungen mit dem Markgrafen Waldemar von Brandenburg. Das Land Pommern sollte für den Orden hinzugewonnen werden. Nicht nur Waldemar von Brandenburg, sondern auch die daran beteiligten Fürsten von Schlesien und Rügen mußten eingeladen werden.

Diese sollten laut der vorangegangenen Verhandlungen an einem im Vertrag von Soldin festgelegten Datum ihre Verzichtsleistungen rechtskräftig machen, doch dieser Tag verstrich.

Erst am 1. März 1310 bekannten sich die Herzöge Heinrich, Konrad und Bogislav von Schlesien und die Herren zu Glogau zu dem urkundlich verbrieften Verzicht auf Pommern. Sie wollten es ihren Schwägern, den Markgrafen Waldemar und Johannes von Brandenburg Pommern, kraft ihres Besitzrechtes daran, zurückgeben.

Nur Fürst Wizlav von Rügen hielt sich noch mit der Verzichtserklärung zurück. Er gab erst klein bei, als Markgraf Waldemar und Herzog Wartislav von Stettin ihre Bemühungen vereinigten.

Am 12. April 1310 stellte Wizlav von Rügen ebenfalls sein Verzichtsdokument auf jenen Teil Pommerns aus, den die Markgrafen von Brandenburg dem Orden übereignet hatten.

Im Juni 1310 trafen alle Beteiligten zu Stolpe in Pommern zur Unterzeichnung dieses Verzichtsvertrages zusammen. Es waren neben dem Hochmeister und seinen ersten Gebietigern auf der anderen Seite Markgraf Waldemar, der vom Grafen Bernhard von Plozk, Peter von Lossow, Heinrich und Friedrich von Alvensleben, Burchard von Lindau, Günther von Kevemburg und einigen anderen begleitet wurde. Nunmehr wurde der Kauf des Teiles von Pommern durch den Orden abgeschlossen.

Gegen eine Kaufsumme von 10000 Mark brandenburgischen Gewichts trat Markgraf Waldemar von Brandenburg dem Deutschen Orden die Städte und Burgen Danzig, Dirschau, Schwetz und alle sie umliegenden Gebiete, soweit solche »von alters her schon zu ihnen gehörten«, mit allen Rechten und Gerechtigkeiten ab.

Markgraf Waldemar verpflichtete sich, dem Orden das Eigentumsrecht über das Land, welches die Markgrafen nur auf Reichslehensrecht vom Kaiser erlangt hatten, zu übertragen – und zwar mit der Verzichtsleistung »für ewig und immer«. Die Hälfte der Kaufsumme zahlte der Orden dem Markgrafen sofort aus. Die andere Hälfte sollte dieser erst erhalten, wenn er die kaiserliche Bestätigung des Kaufvertrages und des Eigentumsrechts über das Land erhalten hatte.

Am 12. Juni 1310 erfolgte die Vertragsunterzeichnung. Kurze Zeit später erfolgte auch die Bestätigung durch Kaiser Heinrich VII. aus Frankfurt, wo er Ende Juli 1310 einen Hoftag hielt.

Da dies nur eine Bestätigung des Vertrages mit Markgraf Friedrich war, ließ der Hochmeister den Landkomtur zu Franken, Konrad von Gundelfingen, zum Kaiser reisen, um mit diesem eine Romfahrt zu unternehmen. Auf dieser Reise gelang es dem Komtur, dank der Gunst, die er beim Kaiser genoß, dessen Bestätigung aller Besitztümer und Güter des Ordens in Pommern, »selbst noch der hinfüro dort zu erwerbenden Güter und Besitzungen mit allen vollkommenen Hoheitsrechten« zu erlangen. Der Kaiser zeigte damit dem Orden seine besondere Huld und Zuneigung. Diese Bestätigung ließ Heinrich VII. in Brixen am 4. Juli 1311 ausfertigen.

Damit waren die Güter des Ordens in Pommern gesichert. »Das Ordensgebiet erstreckte sich in Pommern weit nach Westen und nördlich bis an die Mündung der Leba in die See; dann diesen Fluß entlang südwärts bis in den Raum, wo dieser sich ostwärts Lauenburg wendet. Von da an weiter in gerader Richtung südwärts zum Flüßchen Bukowin und weiter, der Schwarzwasser folgend, bis nach Schwertz.«

Die westlichen Gebiete Pommerns zwischen Leba und Grabow, die »Lande Bütow, Stolpe, Slawe und Rügenwalde« verblieben zunächst noch bei Brandenburg.

Als nächstes galt es, die Verhältnisse in Livland zu ordnen und vor allem die Haßtiraden des Erzbischofs von Riga und der rigaischen Geistlichkeit gegen die Ordensritter zu entschärfen. Um auch den Papst günstiger zu stimmen, wurden die Bischöfe von Preußen, Herrmann von Kulm, Eberhard von Ermland und Siegfried von Samland, zu Fürsprechern des Ordens, die vom Hochmeister gebeten wurden, sich seiner Verteidigung anzuschließen. Sie schrieben bereits im Oktober 1310 an das Kardinalskollegium, daß die Deutschen Ordensritter untadelig, beständig im Glauben und bewährt in Frömmigkeit lebten und daß allein durch sie Gerechtigkeit im Lande aufrechterhalten werde.

Die Anzeigen, daß sie in Danzig das Blut vieler Christen vergossen hätten und weitere üble Anklagen; wurden als haltlose Beschuldigungen gebrandmarkt. Die tyrannische Herrschaft der Ordensritter wurde ad absurdum geführt und die Anklagen der Bischöfe als unwahr entlarvt. Man habe »niemals eine schändlichere Nachrede gehört«, bezeugten alle Ordensritter in den Kirchensprengeln. In Danzig seien 15 Verbrecher, die die übrigen beraubt hatten, nach Verurteilung durch ein Gericht durch das Schwert hingerichtet worden und nicht etwa »unschuldige Christen«, wie man fälschlich behauptet hatte.

Das gleiche Zeugnis über die Ehrbarkeit des Ordens erließen auch der Provinzial-Prior Peregin und die Vorsteher eines Provinzialkapitels des Predigerordens der Provinz Polen auf einem Kapiteltag zu Elbing.

Damit mußte Hochmeister Siegfried von Feuchtwangen sich in der ersten Zeit seiner Regierung beschäftigen. Leider war es ihm nicht vergönnt, den Erfolg seiner tatkräftigen Bemühungen für den Orden zu ernten. Er starb zu Beginn des Jahres 1311, an der Roten Ruhr leidend, durch einen Nervenschlag.

In feierlichem Geleit wurde sein Leib vom Haupthaus des Ordens, der Marienburg, nach Kulmsee gebracht und im dortigen Dom zur ewigen Ruhe gebettet. (Auf der Marienburg war in der Kürze der Zeit noch kein würdiger Begräbnisort geschaffen worden.)

Anstelle des Meisters übernahm Heinrich von Plotzke die Verwaltung des Ordens. Er berief alle Gebietiger zur Wahl eines neuen Hochmeisters nach der Marienburg ein.

KARL VON TRIER
(1311–1324)

Seine Herkunft

Karl von Beffert, der später Karl von Trier genannt wurde, entstammte einer Trierer Bürgerfamilie. Bevor er zum Hochmeister gewählt wurde, hatte der Großkomtur Heinrich von Plotzke nach dem plötzlichen Tode des Hochmeisters Siegfried von Feuchtwangen stellvertretend die Führung des Ordens übernommen.

Auch er war sich der Tatsache bewußt, daß Siegfried von Feuchtwangen kaum zu ersetzen sein würde. Vor allem was dessen Bestrebungen für die Wohlfahrt des jungen Ordensstaates, als auch seine Anstrengungen, die Größe des Ordens und Preußens sowie seine weitere friedliche Entwicklung zu verbessern, anbelangte.

Siegfried von Feuchtwangen hatte sich erst in der Anfangsphase dieser Bemühungen befunden.

Heinrich von Plotzke war deshalb bestrebt, so rasch wie möglich einen tüchtigen Nachfolger zu finden. Dazu berief er alle Gebietiger des Ordens zur Wahl desselben nach der Marienburg. Bis dies so weit war, führte er interimistisch die Verwaltung.

Am Tag der Wahl wurde von allen Anwesenden Karl von Beffert, der sich nach der damaligen Sitte nach seinem Geburtsort Karl von Trier nannte, gekürt.

Die ältesten Quellen und die Ordensurkunden nannten ihn »Carolus de Treviris«; so nannte er sich auch in den Dokumenten, die er als Hochmeister unterzeichnete.

Karl von Trier aus einem Trierer Patriziergeschlecht stammend, war bereits seit vielen Jahren in den verschiedensten Positionen des Deutschen Ordens tätig gewesen. Er war der erste Hochmeister, der auch auf seinem Amtssitz – der Marienburg – gewählt wurde.

Aus seinem Lebenslauf wird deutlich, daß er nicht nur ein würdiger Ritter war, sondern darüber hinaus ein Mann mit besonderen Fähigkeiten, die er ganz im Sinne seines Ordens einsetzte. Bereits in früher Jugend hatte er Französisch gelernt, war später Komtur zu Beauvoir in der Champagne gewesen, um den Orden danach als Landkomtur von Lothringen zu repräsentieren.

Seine Sprachkenntnisse erlaubten es ihm, daß er mit dem Papst ebenso wie mit den Kardinälen in ihrer Muttersprache reden konnte. Er besaß eine verblüffende Redegewandtheit, sprach über jeden Gegenstand so fließend, daß er selbst in Fällen da er gegen hohe Würdenträger auftrat, immer noch wegen der Brillanz seiner Formulierungen gern gehört wurde.

Daß er nach den Bekundungen einiger Zeitgenossen nicht nur mit Klugheit und Umsicht in bezug auf weltliche Verhältnisse ebenso wie in Staatsdingen des Ordens sprach und im Handeln eher besonnen als hitzig war, sicherte ihm wesentliche Vorteile gegenüber seinen Gegnern. Sein Charakter war von Milde und Gerechtigkeit geprägt. Im Umgang mit Untergebenen war er von gleichbleibender Höflichkeit, ja Freundlichkeit. Der Historiker – Mönch Jeroschin beispielsweise – nannte ihn »einen gotis reinen man der groze wisheit hat.« Lucas David wiederum gab der allgemeinen Ansicht der Menschen, die Karl von Trier kannten, in den Worten Ausdruck: »Er ist treu, scharfsinnig, weise, wohlerfahren und wohlberedt in Deutscher Welscher und Französischer Sprache.« (siehe Lucas, David: B.V.S. 177)

Seit den ersten Monaten des Jahres 1311 war Karl von Trier im Amt. Herzog Wladislaw von Polen war dem Orden wegen des Verlustes von Pommern nicht wohlgesonnen. Die Ordensspione in Litauen hatten von »feindlichen Plänen der dortigen Großfürsten« berichtet. In Livland herrschten immer noch Auseinandersetzungen.

Als erste Aufgabe ging der Hochmeister die Ausgleichung mit dem Herzog von Polen an, um sich so wenigstens nach dieser Seite zu sichern. In Brzeste in Kujawien wurde ein Treffen verabredet, das anfangs Februar 1311 stattfand.

Der Hochmeister erschien dort mit seinem vorhergehenden Vertreter Heinrich von Plotzke, Sieghard von Schwarzburg als Spittler, Johannes Schrape als Treßler und dem Landkomtur von Kulm, Dietrich von Lichtenhagen. Mehrere andere Komture waren in seiner Begleitung. Herzog Wladislaw zählte alle Unbill auf, die der Orden ihm angetan habe. Im Gegenzug erlangte Karl von Trier die Anerkennung der Ordensbesitzrechte an Pommern. Der Hochmeister erklärte sich bereit, die Burg Nessau und einige Dörfer an den polnischen Herzog abzutreten und darüber hinaus für den Kriegsdienst des Polenherzogs 40 Lanzen zu stellen, ein Kloster zu bauen und dieses reichlich auszustatten.

Herzog Wladislaw jedoch war wenig erbaut von diesen Belanglosigkeiten, die ihm gegen das, was er vermeintlich verloren hatte, zugesichert wurden. Er verließ erzürnt den Ort des Treffens, denn er hatte mit der Rückerstattung Pommerns an ihn gerechnet.

Über Thorn kehrte der Hochmeister mit seinem Gefolge zur Marienburg zurück, nicht ohne den Bürgern von Kulm wegen ihrer Treue zum Orden zwei in der Weichsel liegende Werder zu schenken, die für Kulm wichtig waren.

Daß sich die übrigen polnischen Herzöge nicht auf Wladislaws Seite stellten, sondern mehr dem Orden anhingen, war dessen Rettung. So bot Herzog Semovit von Kujawien dem Komtur zu Thorn, Peter Gozwin und den Bürgern der Stadt sowie dem Thorner Konvent an, Eingang und Ausgang seines Herrschaftsgebietes für ihren Handel völlig frei zu nutzen. Allen Ordenslieferungen und Händlern sagte er vollkommene Sicherung und Förderung zu. (siehe Urkunde im Ratsarchiv zu Thorn, Die Heerfahrten, Scrin. VI. Nr. 30)

Als der Großfürst Witen von Litauen mit seinem Heer gegen Natangen und Samland einfiel, machte er schnelle Beute und zog mit 500 Gefangenen, nachdem sein Heer neun Tage lang im Ordensland wild gehaust hatte, wieder nach Norden zurück.

Karl von Trier befahl dem Komtur zu Königsberg, Friedrich von Wildenberg, unter den Heerfahnen des heiligen Georg und der Heiligen Jungfrau den Großfürsten zu verfolgen und ihm die Gefangenen wieder abzujagen. Ihnen schlossen sich die Ragniter-Ritterbrüder, der Komtur zu Insterburg und eine große Zahl an Withingen an.

Der Ordensritter von Bergau kam mit einigen anderen Rittern und 400 Kriegern südlich von Natangen und trat in Richtung auf Garthen an, um dem Feind den Rückweg abzuschneiden. Dem Komtur von Königsberg gelang es, die feindlichen Truppen – die jenseits der Landesgrenze gelagert hatten, um Beute und Menschenraub zu teilen, und ein Dankfest an ihre Götter zu feiern –, im nächtlichen Handstreich zu überfallen.

Die Litauer fanden keine Zeit, sich zur Gegenwehr zu formieren. Ein großer Teil von ihnen wurde erschlagen, die übrigen flüchteten kopflos in alle Himmelsrichtungen.

Großfürst Witen selber, der gerade ein Siegesmahl feierte, konnte sich nur durch schnelle Flucht auf den edelsten Pferden retten. Alle preußischen Gefangenen, die gesamte Beute und vieles, was der Feind bei seiner plötzlichen Flucht zurückließ, fiel dem Ordensheer zu. Eine große Anzahl Litauer wurde gefangengenommen.

Im weiteren Verlauf gelang es dem Königsberger Komtur ins Gebiet von Podgrauden in Samaiten einzudringen und es mit Schwert, Feuer und Brand so zu verwüsten, daß es sich ein Jahrzehnt lang nicht davon erholen konnte.

Otto von Bergau zog mit seinen Berittenen, ohne Widerstand zu finden, ins Gebiet von Garthen weiter und brachte auch von dort reiche Beute heim.

Daß Großfürst Witen auf Rache sann, war fast zwangsläufig. Am 3. April 1311 stieß er mit einem Heer von 4000 Kriegern über die Grenze ins Ordensland hinein, durchritt das Ermland bis nach Braunsberg. Seine Truppen wüteten drei Tage lang mit unvorstellbarer Grausamkeit.

Alle Menschen, denen die Flucht in die festen Ordensburgen nicht gelang, wurden erschlagen. Die Kirchen des Landes gingen in Flammen auf, ihre Priester wurden mißhandelt und umgebracht, 1200 Christen von den Litauern als Gefangene weggetrieben.

Nachdem das Ermland so verheert war, ließ Großfürst Witen weitermarschieren und verwüstete das Bartherland. In der Wildmais auf einer Anhöhe bei Woplauken (Duisburg nannte diesen Ort Woyploc) ließ der Großfürst eine riesige Rastburg errichten, die aus einem hohen dichten Dornenwall bestand. Während sich seine Truppen ausruhten; ging der Großfürst mitten ins Lager und verhöhnte die Christen. Seine Haßtirade endete mit den Worten:

»Während euer Gott weder euch noch sich selbst zu helfen vermag, haben unsere Götter bewirkt, daß ihr auf ewig in meiner Gefangenschaft bleibt.« (siehe Jeroschin: a.a.O.)

Jeroschin war es auch, der in Versform diese Zeit beschrieb:

»Impor um einem berge
Di lenge und di twerge
Mit heggenen vortingilt.«

Der Großkomtur Heinrich von Plotzke sah es als eine erste große Aufgabe nach dem Herrschaftsantritt Karls von Trier an, mit 80 Rittern des Ordens und einem starken Aufgebot dem Feindlager entgegenzumarschieren. Wo auch immer er an einem Convent des Ordens Halt machte, schlossen sich die Brüder und deren Gefolge dem Rachefeldzug an.

Als das Ordensheer in der Nähe des litauischen Lagers anlangte, ließ Heinrich von Plotzke dieses zu Beginn der Dunkelheit umzingeln. In den Dornenhag wurden im Laufe der Nacht eine Reihe von Durchgängen geschnitten. Mit dem ersten Morgenlicht stürmten die Ordenskrieger und ihre Reisigen durch diese Öffnungen und durch den Haupteingang ins Feindlager hinein.

Es gelang den Litauern etwa 40 Ordenskrieger zu töten, ehe ihre Kraft erlahmte und der Großkomtur mit der Hauptstreitmacht durch den Eingang stürmte, der nur noch schwach besetzt war, weil Großfürst Witen seine Leute zu den Einbruchstellen dirigiert hatte.

Der Kampf tobte hin und her. Schließlich gelang es dem Komtur von Christburg, Günther von Arnstein, die »reussischen

Schützen«, die mit ihren Bogen schwer unter dem Ritterheer gewütet hatten, niederzureiten und sie auseinanderzusprengen. Er drang in die Dornenburg ein, und etwa zur gleichen Zeit gelang es auch dem Gros unter Heinrich von Plotzke, der Ordensfahne folgend, die Wehrburg des Lagers zu durchbrechen.

Großfürst Witen wurde im Kampf am Kopf schwer verwundet. Dennoch gelang es ihm mit seiner Leibwache zu entkommen. Sein Heer stob in wilder Flucht auseinander, wobei ein Teil desselben gegen einen See gedrückt wurde und in weiterer Flucht im See umkam. Großfürst Witens Heer war vernichtet.

Am anderen Morgen kehrte das Ordensheer, die Verfolgung der Reste der Litauer einstellend, auf den Gefechtsplatz zurück. Die Gefangenen hielten mit dem Ordensheer einen Dankgottesdienst. Hochmeister Karl von Trier ordnete an, daß zur Erinnerung an diesen Tag von Worplauken in Thorn ein Nonnenkloster gegründet und mit reichen Gaben ausgestattet werde.

Wieder war es Jeroschin, der diesen Sieg in Versen feierte:
»Darnach sah man sy buyten
als ich horte duyiten.
Acht und zwancig hundirt pferd,
die entmannet; hat ihr schwert.«

Was nicht weniger bedeuten sollte, als daß das Ritterheer 2800 Litauer erschlagen hatte.

Noch im Sommer 1311 ging auf Weisung des Hochmeisters hin der Kampf weiter. Der Komtur zu Brandenburg, Gebhard von Mansfeld, drang mit einer Schar Ordensbrüdern und 500 Kämpfern in das Gebiet Pograuden von Samaiten ein. Einige Dörfer wurden niedergebrannt und deren Bewohner beraubt. Als er sich auf dem Rückweg befand, stellten sich ihm einige der Edlen des Gebietes mit ihren Mannen entgegen. Es sah so aus, als werde Mansfeld und seine Truppe von den »Heiden« vernichtet.

In dieser Situation war es einer der samaitischen »Heidenführer« mit Namen Manste, der vom Kampf gegen die Ritter abriet, weil er eine Falle derselben fürchtete. Nur durch dieses Zögern gelang es von Mansfeld, seine Ritter heil aus der Falle zurückzuziehen.

Zur gleichen Zeit war es wieder Heinrich von Plotzke, der zu einem Feldzug gegen Garthen antrat. Es ging dabei darum, daß ein in Balga gefangengehaltener Kämmerer von Großfürst Witen den Rittern versprochen hatte, daß er ihnen »für seine Freilassung die feindbesetzte Burg Garthen in die Hände spielen werde«. Wenn dies nicht gelinge, werde er sich der Todesstrafe unterwerfen.

Die Ritter ließen ihn frei. Anstatt den Rittern die Möglichkeiten der Erstürmung von Burg Garthen zu bieten, floh er in der nächsten Nacht, wurde von einem litauischen Streifkorps gefangengenommen und zum Großfürsten geführt, dem er die Absichten der Ritter offenbarte.

Fürst Witen ließ seine inzwischen wieder auf 5000 Mann angewachsene Streitmacht in Richtung Burg Garthen marschieren. Ein litauischer Kundschafter verriet dies dem Ordensheer und erklärte, der Großfürst warte nur noch darauf, daß sich das Ritterheer beim Übergang über die Memel teile, um es dann in zwei Blitzaktionen zu überfallen und zu vernichten.

Heinrich von Plotzke brach den Vormarsch ab und marschierte ins Ordensland zurück. Er erhielt Order im Juli zu einem neuen Feldzug anzutreten. Dazu stellte ihm der Hochmeister 150 Ordensritter zur Verfügung, die ihm ein starkes Heer an Reitern und dazu noch 2000 Mann zu Fuß zuführten.

Ein gefangener Wächter versicherte Plotzke, daß der Großfürst von diesem Heer nichts wisse, weil er 50 Männer zur Vorbereitung eines großen Jagdzuges ausgeschickt habe. Der Wächter führte sie zu den 50 Litauern. Sie wurden überrumpelt und erschlagen.

Das Ordensheer überschritt die Memel, stieß ins Gebiet von Salseniken vor und verheerte das gesamte Gebiet. Drei Heidenburgen wurden gebrochen, eine große Zahl Landbewohner erschlagen und mit reicher Beute und 700 Gefangenen der Rückmarsch über die Memel angetreten.

Karl von Trier belegte die Bewohner des Ordensstaates mit einer Abgabe, deren Erlös dazu bestimmt war, die Hälfte der Kaufsumme für Pommern an den Markgrafen von Brandenburg übergeben zu können. Bis Ende Juni 1311 war die gesamte Kaufsumme an den Markgrafen entrichtet. Die Gesamtzahlung war in zwei Teilsummen aufgeteilt worden. Den ersten Teil in Höhe von 1960 Mark hatte der Orden jedoch bereits am 23. März 1311 gezahlt, wie der Markgraf von Stolpe mit den Worten »tercia feria post dominicam Letare Ierusal«, quittierte. Die zweite Zahlung erfolgte dann am 26. Juni 1311, wie dies im Privilegienbuch des Ordens p. XVIII bezeugt ist, in dem Markgarf Waldemar zugleich auch als Vormund des jungen Markgrafen quittierte.

Am 24. Juli 1311 stellte Markgraf Waldemar auch im Namen von Markgraf Johann »einen neuen Kaufbrief aus, in welchem er das vom Orden gekaufte Land diesem förmlich und gänzlich überwies, auf ewig alle Rechte und Ansprüche entsagend, und den Orden in jeder Beziehung in dessen Besitz und Eigentumsrecht sicherstellte.« (siehe Voigt, Dr. Johannes: a.a.O.)

Damit war klargestellt, daß Pommern nach dieser Entsagungsurkunde zu Recht dem Deutschen Orden gehörte und, daß Hochmeister Karl von Trier seit diesem Tage in dem erworbenen Teil Pommerns als Landesherr auftreten konnte. Es galt diesen Großteil des Landes noch durch den Zukauf der anderweitigen noch freien Teile Pommerns zu vervollständigen.

Diese Möglichkeit bot sich, als im Januar 1312 Fürstin Gertrude, Tochter Herzogs Sambor von Pommern, dem Orden die Herrschaft Pirsna mit 22 Dörfern ostwärts des Radaunensees zum Verkauf anbot. Dieses Land war ihr 28 Jahre vorher von Herzog Mistwin von Pommern als Eigenbesitz zugesprochen worden mit der Anmerkung, daß sie nach seinem Tode ganz über diesen Besitz selbständig verfügen könne.

Karl von Trier griff sofort zu und erwarb dieses Gebiet für

300 Mark, womit das Ordensgebiet in Pommern noch weiter nach Westen ausgedehnt wurde. Die Kaufurkunde wurde von »Gertrude Domicella filia Ducis Sambori terre Pomeranie« unterzeichnet. (siehe Voigt, Dr. Johannes: a.a.O.)

Als nächster trat Nicolaus, Sohn des Grafen Nicolaus von Ponitz an den Hochmeister heran, um ihm seine Erbgüter Schlochau und das Dorf Brode für 350 Mark zu verkaufen. Auch darüber gibt eine Urkunde aus Schlochau von 1312 Auskunft.

Hinzu kam, daß der Orden von dem Fürsten Primico den See Malsche in Pommern für 30 Mark zum Pfand übernahm.

Karl von Trier wußte nur zu genau, daß er nunmehr diesen erworbenen Besitzungen auch den nötigen Rückhalt geben mußte. Er trat demzufolge an das Kloster Pelplin heran, bot diesem das nahe dem Kloster gelegene Dorf Schlanz an und erhielt dafür einige in den Gebieten seiner Burgen gelegene Dörfer von dem Kloster, wie die Ordensurkunden ausweisen.

Um die Sicherung der Gebiete noch fester zu gestalten, wandte sich Karl von Trier an den Bischof Johannes von Ploczk. Mit diesem schloß er einen Vertrag, wonach der Bischof dem Hochmeister die im Gebiet von Dirschau liegenden Dörfer Gerdien, Schlanz und Bruszk abtrat, die seit langem der Kirche von Ploczk gehörten. Der Bischof erhielt dafür das im Kulmerland gelegene Dorf Bärenwalde, das dicht an seine anderen Besitzungen anschloß und 40 Mark jährlich Einkünfte erwirtschaftete.

Allerdings mußten die Einwohner von Bärwalde nach wie vor dem Orden zu allen Diensten verpflichtet bleiben, die der Sicherheit des Landes dienten. Die Urkunde des Bischofs wurde Anno Domini 1312 im großen Privilegienbuch des Ordens festgehalten.

Um nun auch in südlicher Richtung Pommern enger an den Orden zu binden, ging Karl von Trier nunmehr daran, auch in dieser Richtung im wahrsten Sinne des Wortes »Land zu gewinnen.«

So strebte er den Gewinn jenes Landstreifens an, der südwärts Strasburg vom Raume Michelau bis zur Burg Xiente reichte. In den alten Ordensurkunden Burg Castrum Kxenite genannt, lag sie an einem kleinen Fluß.

Dieser Landstreifen gehörte dem Bischof von Ploczk. Karl von Trier schloß mit dem Bischof einen Vertrag. Danach erhielt der Orden die Vollmacht, diesen wenig besiedelten Landstreifen stärker zu bevölkern. So wurden hier durch diese Initiative weitere Dörfer angelegt. Der Orden sollte dafür dem Bischof von Ploczk nach sieben Freijahren anstelle des Zehnten jährlich eine Summe von 90 Mark kulmischer Münze zahlen. Alle dort bereits bestehende Dörfer behielt der Bischof mit allen weltlichen und geistlichen Rechten in seiner Obhut.

Dafür übernahm der Orden die Verteidigung aller bischöflichen Güter gegen jeden Feind. Zur Abweisung der Feinde waren allerdings auch die Dörfer des Bischofs durch die Stellung von Kämpfern verpflichtet.

Karl von Trier war einer der geschicktesten Ordensoberen. Der Hochmeister setzte zur Sicherung des neuen Landes in Danzig den Komtur David von Kammerstein, in Dirschau einen Vogt und in Schwetz einen Komtur des Ordens ein. Diese erhielten den Auftrag:

»Die verwirrte und verfallene Landesverwaltung wieder zu ordnen, sowie Recht und Gesetz im Lande aufrecht zu erhalten.« (siehe Voigt, Dr. Johannes: a.a.O.)

Die Stadt Danzig, seit dem Geschichtsschreiber der Goten Jordanes zu Anfang des 6. Jahrhunderts n. Chr. erstmals als Gothiscandanza erwähnt, wurde danach in den Lebensbeschreibungen des Bischofs Adalbert von Prag erneut genannt, der während seiner Missionsfahrt 997 zu den heidnischen Pruzzen den dort regierenden Fürsten besuchte und zahlreiche Heiden taufte.

An der Nottlau, die nahe Danzig in die Weichsel mündet, befand sich bereits seit dem 10. Jahrhundert eine Burgsiedlung, die später von dem Fürsten des Landes, sowie Fischern und Handwerkern bewohnt wurde.

Die Danziger Kirche St. Katharinen wurde bereits zu Ende des 12. Jahrhunderts dort errichtet. Gleichzeitig damit erfolgte seit dieser Zeit der stete Strom der deutschen Zuwanderer.

Es war Fürst Sambor, der kurz vor 1178 Mönche aus dem Kloster Kolbatz bei Stettin in dem Danzig benachbarten Ort Oliva ansiedelte. In der nahebei entstehenden Marktsiedlung wurden deutsche Kaufleute seßhaft, die das Kloster unterstützten und die kleine Kapelle St. Nicolai errichteten, die 1227 vom Dominikanerorden übernommen wurde.

Als der Deutsche Ritterorden 1231 auf dem rechten Weichselufer Burgen, Städte und Dörfer errichtete, entstand auf dem Boden der späteren Rechtsstadt am Langen Markt die erste selbständige Stadtgemeinde. Diese erhielt 1240 durch Herzog Suantepol (auch Swantepolk) von Pommerellen deutsches Stadtrecht und eine Kirche St. Marien.

In den Bruderkämpfen der Pommerellen-Herzöge untereinander, deren Gebiet von der Ostseeküste bis fast zur Netze reichte und in einige Fürstentümer aufgeteilt war, versuchten die Markgrafen von Brandenburg vergeblich, auch Danzig zu erwerben.

Als im Jahre 1294 das einheimische Herzoghaus ausstarb, kam es zu Auseinandersetzungen zwischen Brandenburg, Böhmen und Herzog Wladislaw Lokietek von Großpolen und Kujawien. Dieser rief 1309 den Deutschen Orden zu Hilfe. Der Orden kaufte das Land von Brandenburg im Vertrag von Soldin 1309 für 10000 Mark Silber, das damit in den Besitz des Deutschen Ordens gelangte, einschließlich Danzig.

Dies war – wie vorher dargestellt – der Anlaß für Karl von Trier die beschriebenen Zukäufe und Erwerbungen zu tätigen.

Nach der Errichtung der Klöster Oliva, Pelplin und Byssowen bestätigte der Orden die genannten Klöster mit allen Rechten, Freiheiten und Besitzungen, die sie vorher durch die Mildtätigkeit der Herzöge von Pommern erhalten hatten.

Der Hochmeister ging noch weiter, indem er den Bernsteinfischern in Danzig ihr altes Recht erneut verlieh, ihr Geschäft wieder öffentlich betreiben zu dürfen.

1313 schloß der Orden – nach der Einigung mit Waldemar von Brandenburg mit den Söhnen des inzwischen verstorbenen Ordenskanzlers Swenza, Peter, Jesco und Lorenz, die bereits früher in den Besitz der Burg Tuchel und des umliegenden Gebietes eingesetzt waren – einen weiteren Tausch- und Kaufvertrag ab. Die drei Brüder überschrieben ihr gesamtes Gebiet von Neuenburg an der Weichsel dem Orden für 1200 Mark und dazu fünf in der Nähe ihrer Burg von Tuchel liegende Dörfer sowie zusätzlich einen See und die Fischereirechte im Braa-Fluß.

Im Gegenzug dafür erhielten sie die Erlaubnis auf ihrem Tucheler Besitztum eine neue Burg oder Stadt zu errichten. Diese Erwerbung wurde Neuenburg genannt. Mit ihr war der Orden im Besitz eines festen Platzes, von dem aus er die Weichsel beherrschen konnte. Darüber hinaus war das Gebiet um die Burgen Schwetz, Dirschau und Mewe durch keinen fremden Besitz mehr unterbrochen.

Die drei Brüder verpfändeten am Tage dieses Abkommens ihren gesamten Besitz für eine Bürgschaft, die Hochmeister Karl von Trier dem Bischof von Leslau über eine Schuldsumme von 600 Mark für sie leistete. Falls die Zahlung nicht in den vorgesehenen Fristen erfolgen werde, würden diese Güter dem Orden verfallen.

In der nächsten Zeit vervollständigte der Orden seine große Besitzung Pommern Zug um Zug und bot dem Herzog von Vorpommern Wartislaw an, ihm seine Ansprüche auf Hinterpommern abzukaufen. Dieser jedoch »vertraute auf das Glück seiner Waffen« und konnte für kurze Zeit das Ordensgebiet in Pommern teilweise erobern.

Dies alles war für Karl von Trier Quelle ununterbrochener Sorgen und forderte alle Anstrengungen, das Ordensland mit dem Schwert zu erhalten. Daß er dennoch nicht die Verwaltung des jungen Staates vernachlässigen durfte und den inneren Frieden und Fortschritt für alle Ordensbrüder, Bewohner und Einzöglinge gleicherweise erhalten und verbessern mußte, trieb ihn zu ungeahnten Leistungen an. Bereits im Sommer 1312 organisierte er die Umwandlung der Ämter der obersten Ordensgebietiger. So bestimmte er folgendes:

»Der Großkomtur trägt neben seiner Stellung als Oberster Ordenskomtur der Fürstenburg Marienburg auch den Titel eines Großkomturs des Deutschen Ordens.

Für den Fall der Abwesenheit des Hochmeisters von der Marienburg, im Falle der Krankheit desselben oder seines Todes, hat er den Orden zu führen, die Landesverwaltung zu übernehmen und als erster Rat bei Bedarf wirksam in diese einzugreifen.«

Um dieser wichtigen Aufgabe im Notfall nachkommen zu können, wurden ihm die bisherigen Aufgaben zum Teil abgenommen und anderen Ordensbeamten zugeteilt.

Diese große Umwandlung erfolgte im September 1312. In den Urkunden des Ordens wird Heinrich von Gera ab dieser Zeit als Großkomtur, Friedrich von Wildenberg als neuer Ordens-Spittler und Heinrich von Isenburg als Trapier genannt.

Die zweithöchste Würde des Ordens, jene des Marschalls von Preußen – der zugleich oberster Verwalter des Kriegswesens war – wurde durch Heinrich von Plotzke, dem bisherigen Großkomtur, der in der Vakanzzeit als amtierender Hochmeister gedient hatte, besetzt.

Als Marschalcus Prussie – Marschall von Preußen – hatte er seinen Sitz auf der Marienburg.

Das Amt des Obersten Spittlers wurde auf höchster Ebene ebenso neu geschaffen, auch wenn jedes Ordenshaus, dem ein Spital angeschlossen war, bereits über einen Spittler verfügte. Als »des Ordens oberster Spittler« nahm er die Burg zu Elbing als Sitz, womit das Komturamt von Elbing nunmehr auch diese Würde trug. Karl von Trier erwählte dazu den Ordensritter Friedrich von Wildenberg.

Der Trapier wiederum, für die Besorgung und Bereitstellung von Kleidung und aller Kriegsgüter ebenso zuständig wie für die Beschaffung der Ordensbekleidung jedes Ritter- und Priesterbruders, war zugleich auch der Oberaufseher über alle Trapiere der einzelnen Ordenshäuser. Diese mußten ihm alljährlich Rechenschaft ablegen.

Ordensritter Heinrich von Isenburg erhielt dieses Amt und nahm seinen Sitz auf der Christburg. Damit war diese Burg ebenfalls für immer mit dem Amt des Obersten Ordenstrapiers verbunden.

Der Ordenstreßler – Schatzmeister – der bis dahin lediglich Treßler des Hochmeisters war und nur die geldlichen Verhältnisse des Ordenshauses Marienburg verwaltete, wurde zum Schatzmeister eines Landesfürsten. Demzufolge hatte er über die Einnahmen des gesamten Landes und die Ausgaben des hochmeisterlichen Fürstenhofes die Aufsicht zu führen und dem Hochmeister Rechenschaft abzulegen.

Er mußte im Haupthaus zu Marienburg bleiben. Der bisherige Treßler Johannes Schrape behielt dieses Amt.

Landkomtur von Kulm war und blieb Dietrich von Lichtenhagen. Sein »Kompan« wurde Eberhard von Dohna, der im Jahre 1323 Trapier des Haupthauses Marienburg wurde.

Nachdem diese Regierungsbeamten gewählt und im Amt waren, ging Karl von Trier jene Dinge an, welche die Bevölkerung betrafen. Diese wurde durch die Mißernten der Jahre 1308 und 1309 und teilweise noch 1310 in eine große Hungersnot gestürzt. Die verminderten Ernten hatten gleichzeitig zu großer Teuerung geführt. Die Landbevölkerung war zur Erhaltung des Lebens gezwungen, alles Getier, das sich fand, zu verzehren. In dieser Zeit, also noch zur Herrschaft Siegfrieds von Feuchtwangen, sollen 112 Ritterbrüder Opfer verschiedener Seuchen geworden sein.

Als dann im Jahre 1313 ein Komet seine Bahn über Preußen hinwegzog, wurde dies als Zeichen dafür gewertet, daß sich schlechte Zeiten ankündigten. Dies wurde nicht zuletzt durch die Tatsache begründet, daß 1313 der Heringsfang vor der Küste von Preußen zum Erliegen kam, da die Heringsschwärme diesen Küstenstrich mieden.

Seuchen und pestartige Krankheiten waren die Folge dieser Hungersnöte, die auch noch 1313 grassierte. Die Sterblichkeit war auf dem Lande so hoch, daß es nicht einmal genügend Menschen gab, die Felder zu bestellen.

Hinzu kam, daß um Ostern 1313 die Litauer entgegen den Vereinbarungen aus einem Treffen mit dem Hochmeister keine Friedensabsichten äußerten.

Zu Ostern 1313 ließ der Hochmeister den Plan ausführen,

mit einer Vielzahl an Flußschiffen memelaufwärts zu fahren und den Raum zehn Kilometer jenseits der Burg Ragnitz zu erreichen. Hier wurde am Ufer eine zur Verteidigung günstige Stelle erkundet und eine Burg errichtet. Gleichzeitig damit schlugen Ordensleute und Ingenieure desselben vom diesseitigen Flußufer eine Brücke zum litauischen Ufer, um stets einen Übergang ins Heidenland zu haben.

Die Burg wuchs rasch, weil alle Materialien und Baugeräte über See herangeschafft wurden, auch wenn einige Schiffe mit vier Ordensrittern und 400 Mann Bauleuten bei einem Sturm Schiffbruch erlitten hatten und gesunken waren.

Anläßlich der Burgtaufe und deren Weihe durch die Geistlichkeit wurde diese »zur Ehre des Erlösers« Christmemel genannt. Einige Heerzüge, die 1314 geführt wurden, verliefen für den Orden ungünstig und forderten hohe Verluste. Weder die Burg Junigede noch die Burg Soxditen konnte genommen werden. Vor den Toren letzterer fielen Heinrich von Reuß, Ulrich von Tettingen, Robote von Isenburg und mehrere andere bekannte Ritter.

Ziel des dritten Kriegszuges in diesem Jahr, an dessen Spitze der Ordensmarschall stand, war Garthen. Auf dem Wege dorthin konnten einige Ortschaften erobert und durch Feuer vernichtet werden. Als das Ordensheer danach gegen die am Njemen gelegene Burg Kriwitschen antrat, wurde ihm durch den dort verteidigenden Pomesanier Divane eine verlustreiche Abfuhr erteilt. Der Marschall befahl die Rückkehr. Als man das eigene versteckte Vorratsdepot erreichte, fand man dort die zurückgelassene Wachmannschaft erschlagen vor. Der gesamte Vorrat und 1500 Saumpferde wurden durch Hauptmann David, dem Verteidiger der Heidenburg Garthen, weggeführt.

Als das zweite Vorratslager erreicht wurde, fand man auch dieses leergeräumt. Damit stand das Ordensheer ohne Verpflegung mitten in der Wildnis. Der Rückzug verlief schleppend, weil immer mehr Pferde geschlachtet werden mußten. Viele der Ritter und Krieger starben auf dem Heimweg – eine große Zahl später noch an Entkräftung. Der Marschall mußte jeden einzelnen selber »seines Weges ziehen lassen.« Sechs Wochen dauerte dieser schreckliche Rückzug. Das große Ordensheer hatte keine Erfolge vorzuweisen. Was der Ordensmarschall mit diesem Feldzug erreichen wollte – einmal von der reinen Eroberung weiterer Heidengebietes abgesehen – ist nicht zu klären gewesen. Alle Quellen berichten nichts darüber.

Der Erzbischof von Riga und dessen Anschuldigungen gegen den Orden

Ärgster Feind des Deutschen Ordens in Preußen und damit auch Karls von Trier war der Erzbischof Friedrich von Riga, ein Mann aus dem Geschlecht der Pernstein in Mähren. Dieser hatte den Orden verschiedener Verbrechen bezichtigt und bei der Kurie in Rom angezeigt. Es wurde eine Reihe von Zeugen aufgeboten, die während einer sechs Monate andauernden Untersuchung bekundeten, daß der Orden in 230 Klagepunkten gegen seine eigenen Regeln, gegen die Regeln des Heiligen Stuhls und gegen die römische Kirche verstoßen habe.

Ohne das Ergebnis dieser Untersuchungen in Rom abzuwarten, wurden der Hochmeister, seine Gebietiger und der ganze Orden vom päpstlichen Nuntius Franz von Moliano in den Bann getan und über alle seine Kirchen das Interdikt (verboten und entmündigt) erklärt. Und dies nur weil der Orden die Burg Dünamünde – Ausgangspunkt der Streitigkeiten mit dem Erzbischof von Riga – nicht geräumt hatte. Allerdings hatte der Orden diese Burg rechtmäßig gekauft.

Der Hochmeister schickte sofort Abgeordnete zur Kurie und klagte, daß der Nuntius keinerlei Untersuchungen über die Streitfrage Dünamünde angestellt, sondern sofort die Übergabe der Burg in einer nicht einhaltbaren Frist befohlen habe.

Der Prokurator des Ordens am päpstlichen Hof, Konrad von Brül, erhielt den Auftrag, die Aufhebung und Widerrufung des Bannspruches zu beantragen. Obgleich die Abgesandten des

Erzbischofs mit allen Tricks versuchten, dies zu unterbinden, erteilte der Papst, nach Erkenntnis des Unrechts dem Kardinal Colonna Weisung nach einer Untersuchung den Bann über den Orden aufzuheben. Dies geschah am 3. Mai 1313. Damit hatte Karl von Trier einen wichtigen Erfolg über Erzbischof Friedrich von Riga errungen.

Um den Besitz der Burg und des Klosters Dünamünde zu zementieren, handelte der Hochmeister mit Erzabt Heinrich von Cisterz einen Vertrag aus, darin dem Orden eine Bestätigung erteilt wurde, von dem Zisterzienserabt von Stolpe, von dessen Kloster aus die Burg Dünamünde gegründet worden war, eine Abtretungsurkunde über Dünamünde zu erhalten. Darin genehmigte der Erzabt den früher erwähnten Verkauf der Burg und des ehemaligen Zisterzienserklosters und damit auch der Burg Dünamünde an den Orden – vorbehaltlich der päpstlichen Einwilligung.

Wenig später belegte der päpstliche Nuntius den Orden erneut mit einem Bannfluch, in den auch Bischof Erhard von Ermland und die Pröbste Hermann von Kulm, Peter von Pomesanien, Heinrich von Ermland und Gerwin von Samland eingeschlossen waren.

Anlaß war das Versäumnis einer Zahlungsleistung des Ordens, die dieser zu den Kosten der Untersuchungen dieser Vorfälle leisten sollte.

Erneut ließ Karl von Trier seinen römischen Geschäftsträger in Aktion treten. Diesem gelang es abermals, die Sache zu bereinigen. Der Papst beauftragte Bischof Berenger von Tusculum, den Bann des Nuntius sofort aufzuheben, allerdings müsse der Orden erst die Geldsumme zahlen, was denn auch am 2. Oktober 1313 geschah.

Daß der Heilige Stuhl dies nicht alles um Gotteslohn tat und den Orden immer wieder schröpfte, ohne jemals eine Forderung erhoben zu haben, sei hier angemerkt. Daß es sich bei diesen Geschenken nicht um Lappalien handelte, hat Dr. Johannes Voigt, der Altmeister der Deutschordensgeschichte, geklärt. Der Ordensprokurator schenkte beispielsweise dem Papst einmal im Auftrage des Ordens 4000(!) Goldgulden. Einer der Kardinäle erhielt 100 Golddublonen, mehrere andere 487 Goldgulden und zusätzlich noch einmal je 25 Golddublonen. Vergoldete Becher, silberne Trinkgefäße mit einem Wert von 90 Goldgulden wurden an Herren der Kurie geschenkt, die gewisse Dienstleistungen für den Orden erbracht hatten. Schon damals kursierte der Spruch: »Curia Romana non pascit oven sine Lana – Der Römische Hof weidet seine Schafe nicht ohne die Wolle.«

Als Papst Clemens V. 1314 starb, wurde der immer noch schwelende Streit auf Eis gelegt.

Die Verhältnisse im Ordensstaat

Nunmehr konnte der Hochmeister wieder für den Ordensstaat selbst und für dessen Bürger und Bauern alle Kraft einsetzen. Es galt vor allem, alle Höfe und Güter, deren Besitzer oder Pächter ausgestorben waren, wieder mit Menschen zu besetzen. Karl von Trier bedachte in dieser Hinsicht zunächst die Stammespreußen und hier vor allem die Nachkommen aller jener, die sich Verdienste um den Orden erworben hatten. Viele von ihnen waren bereits in der Verwaltung als Dolmetscher, als Kämmerer, auf Burgen und Gütern des Ordens und ebenso in der bischöflichen Verwaltung beschäftigt. Der Hochmeister betraute den Preußen Grasuthe mit der Verwaltung des großen Feldes von Sasne. Ihm wurden darüber hinaus große Freiheiten und Rechte zugesprochen.

Dies alles wurde durch den Hochmeister geschickt vorangetrieben, so daß das alte Volk der Prussen mehr und mehr für den Orden gewonnen wurde. Das gleiche galt für geflohene Litauer, die vom Orden aufgenommen und mit Besitztum an Acker und Hof ausgestattet wurden.

Darüber hinaus entstanden im Ordensland weitere Städte. 1315 wurde Kreuzburg durch Heinrich von Plotzke gegründet. Die Stadt Salfeld wurde durch Luther von Braunschweig mit mehreren Freiheiten ausgestattet.

1314 flammten die Kämpfe gegen die Litauer wieder auf, um im folgenden Jahr einem Höhepunkt entgegenzusteuern. Nach einem vergeblichen Angriff des litauischen Großfürsten auf Christmemel ging der Hochmeister zum Gegenangriff über. Er ließ 6000 Kämpfer zur Burg Junigede marschieren – deren Vorburg ging in Flammen auf, während sich die Hauptburg hielt. Mit einigen hundert Gefangenen zog das Ritterheer nach Christburg, um die durch Großfürst Witen stark beschädigte Burg wieder in den vollen Verteidigungszustand zu versetzen.

Als Großfürst Witen nach dieser Niederlage zurückkehrte, wurde er von seinem Stallmeister Gedimin ermordet. Dieser bestieg 1315 den Thron des Fürstentums Litauen und nannte sich König von Litauen.

Von großer Abenteuerlust befallen, ging König Gedimin auf neue Raubzüge – zunächst nach Norden, gegen die Reußen; 1316 auch gegen das Ordensland Preußen. In diesen Kämpfen zeichneten sich nacheinander der Ordensmarschall Heinrich von Plotzke, der Hauskomtur von Christmemel, Friedrich von Liebenzelle, der Ordensritter Dietrich von Altenburg und Friedrich Quitz vom Convent zu Ragnit besonders aus. Daneben war noch Hugo von Alenhausen, der Vogt des Samlandes, erfolgreich.

Zum Glück für den Orden traf in diesem Jahre auch eine große Ritter- und Pilgerschar aus dem Rheinland im Ordensland ein, eine starke Gruppe unter Graf Adolf vom Berg und Graf Johann von Neuenahr, Ritter Arnold von Elner und viele andere. Diese versammelten sich auf Weisung des Marschalls im Raume Medeniken.

Alle wollten sich im Kampf gegen die Heiden bewähren und ritterlichen Ruhm ernten.

Allerdings kam es hier zu Vorkommnissen, die weder mit Ritterlichkeit noch mit Christlichkeit das geringste zu tun hatten, was im Sinne korrekter Geschichtsschreibung nicht unerwähnt bleiben darf. Darum sei an dieser Stelle erneut der Nestor der Geschichte des Ordenslandes Preußen bemüht:

»Als man die Landschaft (Medeniken) mit Raub und Brand durchzogen und 200 Heiden gefangen oder erschlagen hatte, steckte man die Ordensfahne vor der Burg Medewageln auf. Unter ihr schlug der Graf vom Berg die tapferen Streiter zu Rittern:

Raub und Beute waren die Ziele und Verheerungen und Plünderungen das gewohnte Tagewerk auf solchen Zügen in Feindesland.« (siehe Voigt, Dr. Johannes: a.a.O.)

Während der Kriegsfahrt des Jahres 1317 aus Samland nach Waiken wurde das Ritterheer in der Nacht vor Überschreiten der Grenze ins Heidenreich von einer Naturkatastrophe überrascht. Ein furchtbarer Orkan toste. Über 500 Pferde der Ritter und Kämpfer rissen sich los und rasten in die Wälder. Sie waren nur unter größter Mühe und nicht vollzählig wieder aufzufinden.

Dieses Unwetter bewog die Ritter, sich zurückzuziehen, was sich als Rettung für sie erwies, denn der Feind erwartete sie in einigen guten Auffang- und Überraschungsstellungen und hätte sie sicherlich niedergemacht.

Der nächste Kriegszug in den Raum Podgrauden verlief ebenfalls ergebnislos. Die Burg Gedimins wurde zwar durch die Truppe Friedrichs von Liebenzelle berannt, konnte sich aber verteidigen.

Ein dritter Zug richtete sich gegen die Heidenburg Junigede. Die Burg konnte sich ebenfalls halten. Nur die Vorburg fiel den Flammen zum Opfer. Hier starb der Ordensritter Dietrich von Pirmont im Gefecht.

Im Sommer 1317 sah sich Karl von Trier auch innerhalb des Ordens einer starken Gegnerschaft gegenüber. Durch die scharfe Ahndung begangener Ungerechtigkeiten hatte er sich viele Ritter zum Feind gemacht. Mehrfach war er auch gegen Mißbräuche verschiedener Gebietiger eingeschritten. Darüber hinaus griff er bereits seit seinem Amtsantritt überall dort, wo Unrecht geschah, mit unerbittlicher Strenge durch. Demzufolge hatten sich bei den Betroffenen Wut und Rachegedanken eingenistet, die ein scheinbar nebensächlicher Umstand zum Ausbruch brachte.

Der bisherige Meister von Livland, Gerhard von Jocke, war

Mitte des Jahres aus unbekannter Ursache entlassen worden. Auf einem Kapiteltag zu Marienburg wurde der Vogt von Jerwen, Johann von Hohenhorst, zu dessen Nachfolger ernannt.

Die Gebietiger Livlands aber wollten diesen nicht anerkennen, sie sagten, daß dessen Lebenswandel mit Schimpf und Schande bedeckt sei. Es stellte sich heraus, daß Johann von Hohenhorst als ehemaliger Vogt von Jerwen des Diebstahls von 169 Mark Silber beschuldigt worden war. Einen solchen mit Schimpf bedeckten Ritter wollten alle Gebietiger nicht als Meister von Livland anerkennen.

Nunmehr distanzierten sich alle Gebietiger Preußens von dieser Wahl und gaben dem Hochmeister die alleinige Schuld daran. Zwei Parteien stritten erbittert gegeneinander. Karls Widersacher ergriffen die Chance, Karl von Trier abzusetzen. Um dies zu erwirken, wurden »Beweise« vorgelegt, die seine schlechte Landesverwaltung dokumentieren sollten. Der Hochmeister wurde aufgefordert, sein Amt niederzulegen und sein Siegel wie auch den goldenen Meisterring abzugeben.

Karl von Trier verzichtete sofort auf sein Amt. Als seine Parteigänger ihn beschworen, dies nicht zu tun, antwortete er ihnen: »Lasset mich nach Trier gehen, wo ich in Ruhe von dem Nachlaß meiner Eltern werde leben können.«

Karl von Trier und das Meisteramt

Als Karl von Trier unter dem heimlichen Jubel seiner Gegner die Marienburg verlassen hatte, erfuhr man am folgenden Tage, daß er sowohl das Meistersiegel, als auch den goldenen Meisterring mitgenommen hatte. Damit hatte er eine rasche neue Meisterwahl unmöglich gemacht und noch mehr in Gang gesetzt.

Der bisherige Ordensspittler und Komtur von Elbing, Friedrich von Wildenberg, wurde in das Amt des Landmeisters von Preußen eingeführt und übernahm die Stellvertretung des Hochmeisters. Er nannte sich in einigen Dokumenten nunmehr »Großkomtur im Ordenshaus Marienburg«.

Sowohl in Preußen als auch in Deutschland wurden die Fähigkeiten Karls von Trier hoch geschätzt und mehr als einmal wurde er von geistlichen sowie weltlichen Edlen und Fürsten bestürmt, das Amt des Hochmeisters wieder zu übernehmen. Karl von Beffart stimmte dem zu, blieb aber für den Rest seiner Amtszeit in Deutschland; weil er von dort aus besser für den Orden streiten könne. Dies sollte sich in der Folgezeit bestätigen.

Bis zum Tode Karls von Trier war also noch einmal im Ordensland Preußen ein Landmeister eingesetzt. Zugleich war Trier damit zum einzigen Male in der Geschichte des Deutschen Ordens für sechs Jahre Sitz des Hochmeisters.

Von Trier bis nach Avignon war es nur ein »Katzensprung«. Dies sollte sich insofern als wichtig erweisen, da Avignon seit Clemens V. und seiner französischen Nachfolger auf den Stuhl Petri Residenz der abendländischen Christenheit war.

Im Frühjahr 1319 reiste Karl von Trier dorthin, um jene Widrigkeiten, denen sich der Orden inzwischen ausgesetzt sah, auszugleichen und wenn möglich Abhilfe zu schaffen.

Er verhandelte mit der Kurie in französischer Sprache. Immerhin war er ja auch Komtur von Beauvoir in der Champagne gewesen und hatte als Landkomtur von Lothringen ebenfalls französisch sprechen müssen.

In seinem Gepäck befanden sich eine Reihe von Bitten und Vorschlägen. Eine der wichtigsten war die Bitte an den Heiligen Vater die beiden Erzbischöfe von Köln und Mainz zu Conservatores für den Orden zu ernennen. Zusätzlich schlug er eine Reihe weiterer Conservatores vor.

Papst Johannes XXII. ernannte am 12. Juli 1319 eine Reihe geistlicher Herren des In- und Auslandes zu Conservatoren des Deutschen Ordens. Es waren überwiegend hohe geistliche Würdenträger, unter ihnen auch die Erzbischöfe von Augsburg, Köln, Lüttich, Magdeburg, Mainz, Metz, Straßburg, Trier, Utrecht und Würzburg.

Alle Conservatoren wurden durch eine Bulle des Papstes beauftragt, gegen jede Schädigung des Deutschen Ordens mit allen Mitteln geistlicher und weltlicher Art vorzugehen. Alle,

die sich an Gut und Leben des Ordens vergingen, sollten unverzüglich zur Verantwortung gezogen und verurteilt werden.

Das war ein großer Erfolg für den Orden, der sich im Jahre
1323 bei der zweiten Reise des Hochmeisters nach Avignon
noch vergrößerte. Diesmal wehrte sich der Hochmeister gegen
die Vorwürfe des Erzbischofs Friederich von Livland, der Orden
versuche ihm Land zu entreißen. Gleichzeitig wollte Karl von
Trier die Abweisung der Ansprüche König Gedimins von Litau-
en erwirken. Dieser hatte in einem Rundbrief vom 26. Mai
1323 für sein Land und für seine Stadt Riga für jede Kirche,
die er errichten lassen wollte, vier Ordensbrüder erbeten, die
der semgallischen und prussischen Sprache mächtig seien.

Es gelang Karl von Trier alle Vorwürfe zu entkräften. Dennoch kam der Gerichtshof der Kurie zu dem Entschluß, daß
der Deutsche Orden der Kirche zu Riga, den Bischöfen und
Domstiftsherren alles Entzogene zurückzugeben hätte, den Kir-
chenbau der Neubekehrten in keiner Weise zu behindern, sondern ihm aufzuhelfen habe. »Wer diesem Gebot zuwiderhan-
delt; indem er solche Männer beleidigt, den treffe der
Bannfluch.« (siehe Schulze Dirschau, Hermann: Der Deutsche
Osten – Vom Ordensstaat Preußen zum Kernland des Deutschen Reiches.)

Dies war von den 270 Anklagepunkten übriggeblieben. Alles
das, was der Erzbischof von Riga in langen Jahren dem Orden
angelastet hatte, war in sich zusammengefallen.

Der Orden wurde nur ermahnt und nicht verurteilt. Bereits
vorher hatte Johannes XXII. die Behauptung des polnischen
Königs zurückgewiesen, »daß Pommern mein rechtmäßiges
Reich ist« und erklärt: »Daß dies nicht nur unrichtig ist, sondern daß darüber hinaus in einem Verfahren neutraler Schiedsrichter dieser Vorwurf als unangemessen getadelt worden sei.«

Der Hochmeister mußte den Eid leisten, sich unbedingt an
diesen Beschluß zu halten. Für einen Schuldspruch gegen den
Orden aber gab es keine Grundlage.

Der bereits während dieser Verhandlung erkrankte Hochmeister brach nach deren Ende zusammen. Er konnte zwar

durch die Hilfe seiner Begleitung Trier noch erreichen, starb dort aber am 12. Februar 1324.

Karl von Trier wurde in seiner Heimatstadt beigesetzt.

Der Ordensmarschall Heinrich von Plotzke war ihm bereits vorausgegangen. Er war im Juli 1320 auf einer der sogenannten Kriegsreisen in das Gebiet von Medeniken eingedrungen und hatte mit 40 Ordensrittern und deren ritterlicher Begleitung, die aus dem Samland und dem Memelgebiet zusammengekommen waren, im Raume Medeniken große Vernichtungen und Feuersbrünste verübt. Auf dem Rückweg wurde er an einer Engstelle, wo die ergrimmten Bewohner des Landes eine Sperrstellung durch ein dichtes Verhau angelegt hatten, dazu noch in einer Waldung, in einem erbitterten Kampf mit 29 seiner Ordensbrüder und einigen der hundert Reisigen erschlagen. Alle, denen die Flucht in die Wildnis gelang, gingen nach mehreren Tagen durch Hunger zugrunde.

Der Vogt des Samlandes, Gerhard von Rüden, wurde vom Feind gefangengenommen. Diese steckten ihn in eine dreifache Rüstung und wurde auf ein an vier Pfählen gefesseltes Pferd gehoben und mitsamt dem Pferd inmitten eines gewaltigen Holzstoßes den heidnischen Göttern durch den Feuertod geopfert.

Dies war ein harter Schlag für den Orden; denn Heinrich von Plotzke und Gerhard von Rüden waren zwei der unerschrokkensten Kämpfer für die Ordenssache gewesen, die vor keinem Feind zurückschreckten.

Karl von Trier war ein unermüdlicher Kämpfer für Bestand und Fortschritt des Ordens. Dementsprechend wurde er auch von Polens Führung bezichtigt, Recht in Unrecht verkehrt zu haben.

Anders sprachen beispielsweise die Mönche im Deutschordensgebiet, die seine Güte und Freigebigkeit gegen die Klöster, vor allem gegenüber Oliva, rühmten. Seinen ehemaligen Widersachern bei seiner versuchten Abwahl stellte er nicht nach, sondern verzieh ihnen und beförderte die Tüchtigsten zu höheren Ämtern als sie sie vorher bekleidet hatten, sofern sie selber erkannten, daß sie geirrt und Karl von Trier Unrecht getan hatten.

WERNER VON ORSELN
(1324–1330)

Wie man Hochmeister wird

Ende Juni 1324 versammelten sich die Ordensgebietiger in der Marienburg. Als einer der ersten traf Konrad von Gundelfingen, der Deutschmeister aus Deutschland, ein. Ihm folgten der Meister von Livland, Eberhard von Monheim und eine ganze Reihe anderer Ordensherren.

Offiziell traten sie am 6. Juli 1324 zusammen: »Zu Beginn der Wahl haben sie ihrer Gewohnheit und ihrem Brauche nach mit großer Herrlichkeit, Zierde und Gepränge eine Messe vom Heiligen Geist gesungen, ehe sie zur Wahl eines neuen Hochmeisters schritten.« (siehe Lucas, David: Bd. V, S. 234)

Werner von Orseln wurde gewählt und nahm dieses Amt an. Das Ergebnis wurde ausgerufen und Werner von Orseln nach Ritterbrauch des Ordens vor dem Hochaltar der Schloßkirche zu Marienburg mit des Hochmeisters Kleidern bekleidet.

Werner von Orseln stammte aus einem Mainzer Rittergeschlecht und hatte bereits in verschiedenen niederen Ordensämtern erfolgreich gearbeitet, ehe er als Komtur von Ragnit auf den Kriegszügen gegen Litauen bekannt wurde. In zehnjähriger Verwaltungsarbeit lernte er als Großkomtur die innere Landesherrschaft ebenso wie jene der Nachbarstaaten kennen. Er hatte bei Abwesenheit des Hochmeisters von der Marienburg die Verwaltungs- und Regierungsgeschäfte geführt. Seit 1315 erschien er in den Ordensannalen und seit 1317 unterzeichnete er alle wichtigen Urkunden des Ordensstaates.

Hochmeister Werner war ein aufrechter Ritter, dessen Rüstung unbefleckt war. So wirkte er auch auf den Geist und die Gesinnung seiner Mitstreiter.

Seit 1315 als Großkomtur dokumentarisch belegt, wurde er

einer der erfahrensten Hochmeister seiner Zeit. Weisheit und offenes Wesen kamen zu den Erfahrungen hinzu. Er war fromm im besten Wortsinne und demütig zugleich. Durch die Aufrechterhaltung strenger Manneszucht wirkte er positiv auf die Gesinnung seiner Ritterbrüder ein. Darüber heißt es in der Ordenschronik:

»Er war ein gancze ein edeler gottsfürchtiger herre, seines ordens bruder hielt er in geistlichen und erbarlichen czuchten. Aber diß genoß er am ende seines lebens gancz übel.«

Auf dem Gebiet der Verteidigung des Ordens konnte er auf einige Erfolge gegen die Litauer zurückblicken. Als diese beispielsweise die Burg Christmemel 1324 angriffen, wurden sie durch ihn abgewiesen und danach in offener Feldschlacht vernichtet.

Am 22. September 1324 reiste der Hochmeister mit seiner Begleitung nach Ragnit und von dort zu den päpstlichen Legaten nach Riga, um zwischen Litauen und dem Orden einen Friedensvertrag zu schließen, der vom Papst aufgesetzt und von diesem schon im voraus bestätigt worden war. Darüber hinaus hatte er die von König Gedimin erbetene Taufe vollziehen lassen.

Dieses Begehren des »Heidenkönigs« erwies sich als Finte, denn noch während die Botschafter des Papstes und der Hochmeister am Hofe Gedimins weilten, hatte bereits einer seiner Hauptmänner, David von Garthen, auf Befehl Gedimins hin mit einem starken Heer das Gebiet des Herzogs von Masowien überfallen. Die Litauer hatten die Stadt Pultusk erstürmt und etwa 130 Dörfer in Schutt und Asche gelegt, über 30 Pfarreien und Kapellen vernichtet, die heiligen Geräte geraubt, Priester und Mönche erschlagen und über 2000 Menschen ermordet. Die Kinder schleppten sie mit sich fort. Von ihnen starb ein Großteil auf dem strapaziösen Rückzug nach Garthen.

Gleichzeitig damit war ein anderes Heer in Livland eingefallen und hatte das Gebiet von Rossitten verheert.

Die Botschafter des Papstes, Bischof Bartholomäus von Alet und Abt Bernhard des Benediktinerklosters St. Theofried bei

Puy, kehrten nach Rom zurück, nachdem ihnen von einem Vertrauten Gedimins erklärt worden war:

»Unter Mitwissen und Willen unseres Königs Gedimin sind niemals irgendwelche Briefe über seine oder seines Volkes Bekehrung zum Christentum ausgegangen. Er hat weder selber dem Papst geschrieben noch befohlen, dieses an die Seestädte über andere Herren zu schreiben.

Vielmehr hat unser Herr und König geschworen, daß er nie einen anderen Glauben annehmen werde, als jenen, in welchem seine Vorfahren gestorben sind.«

Von Bekehrung konnte also nicht die Rede sein. Erst nach vielen Jahren wurde dieser Fall der Düpierung der Kurie aufgeklärt. Es war der Erzbischof von Riga gewesen, der die Briefe in Gedimins Namen heimlich verfaßt und an den Papst und alle anderen Stellen geschickt hatte. In seinem Haß verhängte Erzbischof Friederich am 4. April 1325 in der Kathedrale zu Riga, in Gegenwart des päpstlichen Legaten Abt Bernhard des Klosters S. Theofried, über den Hochmeister und den Deutschen Orden den Bannfluch.

Als schließlich im Jahre 1325 die Tochter König Gedimins, Aldona, den Sohn des Polenkönigs Kasimir heiratete, wurde sie zuvor in Krakau in der christlichen Lehre unterrichtet und auf den neuen Namen Anna getauft. Anläßlich des Treffens dieser beiden erklärten Feinde des Ordens schworen sie einander Hilfeleistungen im gemeinsamen Kampf gegen denselben.

Da dies alles vom Hochmeister ebenso wie vom Orden als große Gefahr angesehen wurde, beriet man sich, wie ihr begegnet werden könne. Werner von Orseln befahl dem Komtur von Königsberg, Heinrich von Isenburg, im Barterland am Omette-Fluß die Burg Gerdauen zu errichten. Hier befand sich der Knotenpunkt einer Linie, welche der Feind zu Einfällen ins Ordensland nutzte. Diese Burg war in Erinnerung an den Preußenführer Girdawe so genannt worden.

Darüber hinaus ließ Bischof Eberhard von Ermland durch seinen Vogt Friedrich von Liebenzelle an der Grenze des Ordenslandes, des Barterlandes und Galinden am Ufer der Pissa, nahe dem Wadang-See, die Wartenburg errichten. Nördlich davon gründete der Vogt von Ermland an der Alle im Raume Glottau die Stadt Guttstadt, die stark befestigt wurde. Propst Jordan von Ermland wiederum ließ nördlich von Mehlsack die Burg Plauth errichten.

Bischof Rudolf von Pomesanien folgte ebenfalls der Bitte des Hochmeisters und ließ am Ufer der Ossa die Stadt Bischofswerder bauen. Der Landkomtur von Kulm, Otto von Luterberg, baute am Ufer der Drewenz die Befestigung ebenso wie die Stadt Neumark.

Damit hatte der Hochmeister mit seinen Gebietigern Sicherheit und Ordnung im Innern des Ordensstaates gefördert. Er war so geschickt, das Friedensanerbieten des russischen Großfürsten Georg Danylow zu einem Freundschaftspakt voranzutreiben. Der Großfürst versicherte, dem Deutschen Orden stets gewogen zu bleiben, zumal ja auch Sieghard von Schwarzenberg Komtur zu Graudenz sein Blutsverwandter war. Er versprach, das gesamte Ordensgebiet gegen die Einfälle der Mongolen auf jede Weise zu schützen. Damit war auch die Ostgrenze des Ordens gesichert.

Anders erschien die Lage im Westen. Hier hatte Wartislaw als Herzog von Pommern in Nakel mit Polens König ein Bündnis geschlossen, dessen Ziel es war, die Neumark zu erobern. Auch diesmal trat Hochmeister Orseln in Verhandlungen ein und schaffte es, dem Pommernherzog die Zusicherung abzuringen, daß dieser weder den polnischen König noch sonst einem Fürsten gegen den Orden unterstützen werde.

Polen und Litauer gegen den Orden

Noch bestand ein Waffenstillstand mit Polen, den der Hochmeister bis zu Weihnachten 1326 geschlossen hatte. Allerdings sah Werner von Orseln denselben durch das Bündnis des Pommernherzogs mit dem polnischen König bereits als gebrochen an.

König Wladislaw von Polen zog bereits in diesem Sommer Truppen zusammen; fiel damit ins Gebiet des Herzogs Wenzeslaw von Masowien ein, der mit dem Orden im Bündnis lebte, eroberte und plünderte Ploczk und zog sengend durch das Land, bis der Orden mit einem starken Truppenkontingent eintraf und diesen Feind auseinandertrieb.

Damit hatte ohne Kriegserklärung der Krieg Polens gegen den Orden begonnen. Werner von Orseln schloß ein Bündnis mit Herzog Semovit von Masowien, wie er es vorher mit dessen Brüdern Wenzeslaw und Troyden bereits abgeschlossen hatte.

Die Verteidigungsanstrengungen im Lande wurden verbessert und Dietrich von Altenburg, Komtur von Balga, mit der Errichtung der Lünenburg am Zusammenfluß der Guber und Zain beauftragt (heute Leunenburg).

Der Komtur von Bartenstein gründete unter dem Schutz dieser Trutzfeste die gleichnamige Stadt, während der Komtur von Christburg, Luther von Braunschweig (mehrfach auch Luder und Luter genannt), bei der Burg Gilgenburg die gleichnamige Stadt in der Mitte zweier großer Seen ins Leben rief.

Im Jahr 1327 ließ der Ordensspittler und Komtur zu Mohrungen, Hermann von Oettingen, ebenfalls eine Stadt entstehen. Alle diese Städte wurden sehr schnell besiedelt und boten im Kriegsfalle den Burgenbesatzungen willkommene Verstärkungen.

Polen und Litauen rüsteten erneut. Papst Johannes XXII. näherte sich mehr und mehr der polnischen Seite. Dies nicht zuletzt aus der Tatsache heraus, daß der Orden sich für König Ludwig, dem ehemaligen Herzog von Bayern entschieden hatte, der dem Papst so stark verhaßt war, daß er den Bann über Ludwig sprach und die Fürsten des Reiches zu einer neuen Königswahl aufforderte.

Trotz aller Anfeindungen blieb der Orden mit Werner von Orseln an der Spitze treu an der Seite des deutschen Königs Ludwig. Dies wiederum war für Papst Johannes XXII. Anlaß genug, sich für König Wladislaw von Polen und gegen den Deutschen Orden zu entscheiden. Wladislaw von Polen wurde zum bereitwilligen Diener des Herrn der Christenheit, in der Hoffnung, mit der Hilfe des Heiligen Stuhles Pommern zurückzugewinnen.

Gemeinsam mit Gedimin von Litauen, dessen 1200 Reiter von David von Garthen geführt wurden, brach das polnische Heer in das Gebiet des Markgrafen von Brandenburg ein. Vernichtungen, Plünderungen und reiche Beute waren das polnisch-litauische Ziel. Die Nemesis vergalt dem Führer der litauischen Raubtruppen, David von Garthen, diese Schändung. Auf dem Rückzug nach Litauen wurde David von Garthen von einem Polen ermordet.

Der Papst hatte in Wirklichkeit den »Feuerbrand des Krieges über Polen und dem Orden entfacht«, wie Dr. Johannes Voigt berichtete.

Daß es nach diesem lediglich um die Einziehung des Peterspfennigs ging, den der Papst auch im Ordensland zu sammeln befahl, zeigte, um was es in Wirklichkeit ging. Das Deutschordensland hatte bis zu dieser Zeit, Ende 1326, noch keinen Pfennig an den Papst gezahlt. Nun wurde er in den Bann getan und die Bitten, diesen aufzuheben, verhallten ungehört.

Noch im Jahre 1326 berief der Hochmeister ein General-Ordenskapitel zu Marienburg ein. Die Ordensritter kamen in sehr großer Zahl, unter ihnen auch der Deutschmeister Konrad von Gundelfingen.

Es wurde eine Reihe neuer Gesetze und Satzungen entworfen, welche die innere Ordnung des Ordens und das Verhalten der Ritterbrüder in der Öffentlichkeit betrafen. Kernpunkt dieses Kapiteltages war aber das Verhältnis zu Livland. Dort hatte der alte Landmeister, Gerhard von Jocke, die Landesverwaltung geführt. Da er auf dem Kapiteltag zu Marienburg wegen Gebrechlichkeit nicht erscheinen konnte, ernannte der Hochmeister mit der Zustimmung des Ordenskapitels den Komtur von Goldingen, Eberhard von Monheim, zum neuen Landmeister von Livland.

Als Ende 1326 der Waffenstillstand mit Polen zu Ende ging,

brach im Sommer folgenden Jahres der Kampf abermals los. Hochmeister von Orseln befahl Otto von Luterburg, Landkomtur von Kulm, Ende Juli 1327 die Drewenz zu überschreiten und nach Kujawien einzudringen, um mit den Truppen des Herzogs Wenzeslaw von Masowien gemeinsam die Landschaft Kujawien zu befrieden.

Die Burg Kowale (heute Kowal, wenige Meilen westlich der Weichsel gelegen) wurde erstürmt und verbrannt. Mit reicher Beute beladen kehrte das Ordensheer zurück. Der Krieg war erneut angefacht. Der Kampf wogte von nun an hin und her und erreichte 1328 einen Höhepunkt mit den Kämpfen in Kujawien. Hier erlitt die Mannschaft des Landkomturs von Kulm eine vernichtende Niederlage. Der Komtur von Thorn fiel im Zweikampf, dem auf der Ordensseite kämpfenden Herzog von Masowien gelang nur mit knapper Not mit einem Teil seiner Truppen die Flucht.

Da die Burg Christmemel eine starke Besatzung erhalten mußte, um sich zu halten, und sie durch ein Erdbeben stark in Mitleidenschaft gezogen war, ließ Hochmeister von Orseln sie 1328 abreißen.

Einzig ein Vorstoß gegen Garthen war in diesem Jahr von Erfolg gekrönt gewesen. Er war von 60 Ritterbrüdern mit etwa 3000 Kämpfern geführt worden. Es gelang ihnen mit List und Tücke, die Litauer zu täuschen und ohne Widerstand zu finden, sechs Meilen tief in Feindesland einzudringen und das Gebiet zu verheeren. Die Burg Garthen mußte sich dem Ordensheer ergeben.

Alle Bewohner wurden vom Ritterheer verschont. So blieb es nicht aus, daß sich 94 edle Litauer-Heiden dem Ordensheer ergaben, mit ihm nach Preußen zogen und sich dort taufen ließen.

Noch 1328 ließ Hochmeister von Orseln König Johann von Böhmen um Hilfe bitten. Dieser erklärte sich sofort zu einem Kriegszug nach Preußen bereit.

»Unter seinen Fahnen versammelten sich Herzog Bolko von Falkenberg aus Schlesien, die Grafen Gottfried von Leiningen,

Heinrich von Wilnau, Ulrich von Hanau, die Grafen von Witenberg, Oettingen, Neuenahr, Schauenburg und Falkenstein.

Hinzu kamen die edlen Herren von Bergau, Peter von Rosenberg und Heinrich von Liwa der Jüngere, der in hohem Ansehen des böhmischen Königs stand, da er mehrmals als dessen Stellvertreter die Reichsverwaltung geführt hatte – darüber hinaus noch die Ritter Wilhelm von Landstein, Thomo von Coltitz, Bernhard von Zinnenburg und eine Reihe edler Grafen von Gera, Berga, Rothenstein, Damitz und Kottbus. Die Burggrafen von Meißen und Dohna und viele weitere edle Herren aus Deutschland und England vervollständigten diese Gesellschaft.

Durch Schlesien marschierend, nahm der böhmische König zunächst die Huldigung der Vasallen-Herzöge entgegen. Erst Ende 1328 erreichte das Heer die preußische Grenze. Mit dem polnischen König wurde ein Waffenstillstand geschlossen, so daß die Kriegsfahrt gegen die Heiden nach Süden hin gesichert war.

Der Hochmeister hatte derweil das Ritterheer einsatz- und kampfbereit gemacht. Der Ordensstaat brachte 250 Ordensritter auf. Hinzu kamen 300 auserwählte Reisige des Königs. Das gesamte Heer belief sich auf 18000 Mann und einige tausend Mann Fußvolk. Ein schier unabsehbarer Troß an Wagen und Pferden folgte dem Heer nach.

Diese Truppe überschritt bei der Burg Ragnit die Memel, um sodann entlang der Jura nach Samaiten einzubrechen. Der Hochmeister führte sie an, seine Leibwache und viele Edle ritten an seiner Seite. Durch Meniken erreichten sie die Feindburg Medewageln.

Am 1. Februar 1329 wurde diese Burg eingeschlossen, mehrere Tage bestürmt, so daß sie sich schließlich ergeben mußte. Einer der vielen Gefallenen war ein Hauptmann der mindestens einen Kopf größer war als der größte Krieger des Ordens.

3000 Bewohner ergaben sich mit der Burg. Sie flehten um Erbarmen, aber der Hochmeister war so erbittert, daß er sie alle durch das Schwert hinrichten lassen wollte. Es war der böhmische König, der Erbarmen zeigte und vom Hochmeister, nach Vollzug der Taufe an den Delinquenten, das Leben derselben erbat. König Johann setzte sich durch.

Als der Kampf weitergehen sollte, traf ein Kurier mit der Nachricht aus dem Ordenshauptquartier ein, daß der polnische König den Frieden gebrochen habe und mit 6000 Mann ins Kulmerland eingefallen sei.

Das Ordensheer zog sich schnell aus Samaiten zurück und marschierte im Eiltempo zum Drewenzufer, um von dort aus ins Dobrinerland einzufallen und die feste Burg Dobrin anzugreifen. König Wladislaw von Polen wurde überwunden und sein Heer aus dem Land hinausgeworfen. Danach stürmte das Heer gegen Leslau, des polnischen Bischofs Residenz, brannte Stadt und Kathedrale nieder und plünderte das Land.

Auch Masowien wurde vom Feindheer heimgesucht. Es war Herzog Wenzeslaw, der, wie von König Wladislaw befohlen, sein Bündnis mit dem Orden verriet. Ploczk wurde vom Ordensheer angegriffen, die Mauern der Burg geschleift und die Stadt erobert. Nun erst ergab sich der Herzog dem böhmischen König.

Danach reiste König Johann von Böhmen mit dem Hochmeister nach Thorn, um dort über die gewonnenen Gebiete zu entscheiden.

Vor allem stellte er dem Orden in seinem und Elisabeths, der polnischen Königin, Namen, einen Schenkungsbrief über Pommern aus, in dem er als König von Polen, »um Gottes und ihrer beider Seligkeit willen den Ordensrittern das Land nicht nur zum ewigen Besitz und Eigentum überwies, sondern auch für alle Zeiten und für alle seine Nachfolger auf alle Ansprüche und Rechte auf Pommern Verzicht leistete.« (siehe Voigt, Dr. Johannes: a.a.O.; ferner die Urkunde »Thorun Dominica Invocativ 12. März 1329)

König Johann erteilte dem Orden das Recht »im gesamten Dobriner Land neue Dörfer zu gründen, Wildnisse urbar zu machen, von ihren Einwohnern verlassene Ortschaften oder von ihren Besitzern verlassene Güter wieder zu besetzen und selber nach Gutbefinden dort Lehen zu erteilen.«

Danach trat der böhmische König den Rückmarsch an und traf im Mai 1329 wieder in seinem Reich ein.

Um diese Zeit hatte der Orden bereits eine neue Erwerbung ins Auge gefaßt. Und zwar hatte er von den Söhnen Herzogs Wartislaw IV. von Vorpommern, Otto und Bernim von Stettin, Burg, Stadt und Gebiet von Stolpe mit allen Gerechtsamen gegen eine Summe von 6000 Mark in Silber zum Pfand erhalten. Falls die beiden Genannten diese Summe nicht binnen zwölf Jahren zurückzahlten, ging dieses Land ins Eigentum des Ordens über, dieser müsse dann aber noch einmal 4000 Pfund Silber zur Pfandsumme draufzahlen. Dieser Vertrag wurde am 27. Februar 1329 auf der Marienburg geschlossen.

Darüber hinaus kaufte der Hochmeister von den drei Gebrüdern Luppold von Beren die Herrschaft Bütow mit deren Burg in Pommern. Jene zwischen Bütow und Stolpe liegenden anderen nicht dem Orden gehörenden Gebiete wurden nach und nach hinzu erworben – so einige Güter des Grafen Jeschko von Slave und die Besitzungen Crampe und Lubona südlich Stolpe für 300 Mark.

Ulrich von Haugwitz, Komtur zu Stolpe, kaufte von Luppold von Beren, Erbherrn von Belgart, das nahe Stolpe gelegene Dorf Kossow für einen Streithengst und 59 Mark.

Zwischenzeitlich kam es zu einigen kriegerischen Auseinandersetzungen. Otto von Luterberg, Komtur von Kulm, drang tief nach Polen ein, um einige Bewohner der Stadt und Burg Wissegrod zu maßregeln, die den Weichsel-Handel störten. Die Burg wurde erobert und niedergebrannt, mehr als 200 Feinde erschlagen. Ein anderes Ordensheer stieß nach Dobrin vor. Es erreichte, die Weichsel überquerend, den Raum um Brzese, plünderte diese Stadt, um anschließend die Burg des Bischofs von Leslau, Ratians, zu erreichen und diese nach langer Belagerung zu erstürmen. Mehrere Städte und Dörfer des Bischofs von Leslau wurden geplündert und gebrandschatzt, seine

An dem der Marienburg gegenüberliegenden Nogat-Ufer wurden
seit jeher Waren umgeschlagen.

Über der Nogat erhebt sich seit dem 14. Jahrhundert die Marienburg.
Das Foto stammt wahrscheinlich vom Anfang des 20. Jahrhunderts.

Nach den Zerstörungen im Zweiten Weltkrieg wurde der ursprüngliche Zustand der Burg wieder hergestellt und ist inzwischen von der UNESCO zum Weltkulturerbe erklärt worden.

Durch gotische Fensterbogen schaut man hinunter in den Burghof.

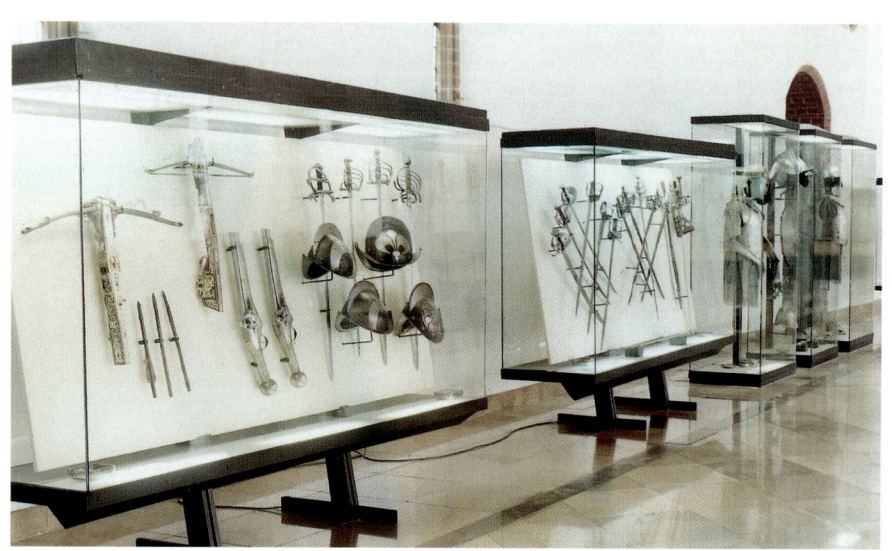

Im Museum der Marienburg werden neben religiösen Schaustücken
auch Weltliches ausgestellt – hier die Waffensammlung.

Ein prächtiger gotischer Altar zählt zu den schönsten Stücken des
Museums der Burg.

Der Kreuzgang der Marienburg mit gotischen Fenstern und Gewölben.

»Meisters großer Remter« – der größte Festraum des Mittelschlosses, wurde um 1330 erbaut.

Kathedrale ein Raub der Flammen. Das waren gewiß keine Heldentaten des Deutschen Ordens.

Werner von Orseln und die Lage im Innern

Trotz Fehden und Kriege, Raub- und Rachefeldzügen war sich der Hochmeister neben der alten Pflicht, »Kampf gegen den Glaubensfeind zu führen« auch seiner Verantwortung für den Ordensstaat bewußt. Nie verlor er den Sinn zur Festigung und Verbesserung des Landes und der Optimierung der Landesverwaltung.

Vor allem regte er immer neue Maßnahmen zur Intensivierung der Landwirtschaft an. Er vergab Güter und Besitzungen an verdiente Ritter. Preußens alte Wüsteneien wurden Jahr um Jahr weiter gerodet, drainiert und zum Landbau vorbereitet. Einzöglinge aus Deutschland erhielten ebenso Land übertragen wie alte Stammespreußen. So der Preuße Stagote von Rinau, der in der Feldmark des alten Preußengottes Romove im Samland einen Besitz erhielt und bewirtschaftete.

Die Kultur, hier vor allem das Bibliothekswesen, nahm dank der unermüdlichen Arbeit des Bischofs Johannes von Samland einen rasanten Aufschwung.

Werner von Orseln nahm alle Pflichten seines hohen Amtes sehr ernst. Er wollte ein »wahrer Meister des Ordens und ein leitender Oberster Herr des Ordenslandes« sein.

Um dies auch für seine Nachfolger zu sichern, begann er sein Reformwerk an den Ordensstatuten. Die bis dahin unbestimmte Stellung des Hochmeisters zu den Obersten Gebietigern, insbesondere zu den Deutschmeistern und den Meistern Livlands, wurde neu geregelt. Der im Orden vorgekommene Streit hatte bewiesen, daß Zwietracht, Spaltung und Zerwürfnisse aller Art ausgeschlossen werden mußten. Der gesamte Ordensverband mußte gestrafft werden.

Werner von Orseln, der viele Jahre vor seiner Hochmeisterwahl bereits an der Spitze der Landesverwaltung gestanden hatte, waren einige entscheidende Schwächen derselben aufgefallen. Diese auszumerzen, berief er im Herbst 1329 am Tage der Heiligen Kreuzerhöhung das nächste Ordenskapitel auf die Marienburg ein. Es erschienen der neue Deutschmeister Wolfram von Nellenburg ebenso wie der Meister von Livland, Eberhard von Monheim, mit den Obersten Gebietigern und Rittern.

Erster Punkt dieses Kapiteltages war es Unheil und Verderben, die entstanden waren, für Seele und weltliches Gut zu beseitigen. In seiner Eröffnungsrede nannte der Hochmeister alle Tugenden und Pflichten der Ritter, die allein das vollkommene Bild des Ordens ausmachten. Stets rein und ohne Makel, wohlwollend und immer streng gerecht müsse der Orden vom Meister bis zum letzten Ritter dastehen. Persönliche Gunst, Liebe und Freundschaft wie auch Verwandtschaft sollten bei der Wahl des Ordensoberen stets zurücktreten, um der Ehre Gedeihen und Redlichkeit Platz zu machen.

Seine Experten hatten feste Bestimmungen entworfen, auch wie beispielsweise in der Vakanzzeit, vom Tode eines Meisters bis zur Wahl seines Nachfolgers, zu verfahren sei. Sie hatten Strafen bestimmt, die jene treffen sollten; die wider des Ordens Ehre und Gesetze verstoßen würden. Dem Hochmeister wurden bei Verkäufen von Ordensbesitz bestimmte Beschränkungen auferlegt und jede Landvergabe sollte nur gemeinsam mit seinen Gebietigern erfolgen. Die Verfahrensweise des Hochmeisters im Falle der Bestrafung eines Ordensbruders wurde fest umrissen.

Falls ein Hochmeister seinen Meistereid oder ein Versprechen gegenüber einem anderen Fürsten brach und dadurch den Orden mit Schimpf und Schande bedeckte, sollte er zur Verantwortung gezogen werden – alle Ordensritter, die gegen Gesetze des Ordens verstießen, ebenfalls.

Sobald dem Ordensstaat infolge eines Fehlverhaltens des Hochmeisters ein Schaden entstehe und er ohne Rat und Gebietiger selbstherrlich herrsche, sollten die Gebietiger in Preußen einen Kapiteltag einberufen und den Meister zur Ordnung rufen.

Einer der wichtigsten Punkte war die Stellung des Hochmeisters gegenüber jener des Deutschmeisters. Die Deutschmeister erhielten eine gewisse Gewalt über den Hochmeister, wenn dieser von seinen Pflichten abwich.

Daß diese Neuerungen der Ordensregeln nicht überall auf Zustimmung stießen, zeigte sich aus einigen Gegebenheiten am Rande. Dennoch wurden sie ungefährdet angenommen.

Der Deutschmeister blieb nach diesem Kapiteltag noch bis zum Jahre 1330 in Preußen. Nicht zuletzt wegen der prekären Lage, die sich erst entspannte, als ein neuer Verband von Kreuzfahrern heranzog und unter dem Grafen Engelbert von der Mark im Januar 1330 im Ordensland eintraf. Im Kreuzfahrerheer waren noch Gottfried von Bergheim, ein Bruder des Grafen von Jülich, und eine große Zahl streitbarer Herren.

Der Hochmeister ordnete ihnen 100 Ordensritter mit ihren 3000 Mann an Truppen zu.

Der Kriegszug führte ins Land Wayken. Die gewarnten Bewohner flohen in die Wildnis, so daß dieser Stoß ins Leere lief und außer einer geringen Beute nur die Verwüstung dieses Gebietes als »Erfolg zu werten war.«

Lediglich die Ritter des Konvents der Burg Ragnit gelangten in einem raschen Vorstoß bis vor Wilna, Gedimins Burg.

Der Hochmeister war mit einem Teil der Truppen ins Kulmerland geritten, weil von dort bedenkliche Nachrichten kamen.

Es ging wie so oft um Geld. Der Papst hatte die Einsammlung des sogenannten Peterspfennigs auch im Kulmerland, das bisher verschont geblieben war, angeordnet. Der Bischof von Kulm wollte diese Aktion starten, aber die Landritter, Lehnsleute und Männer des Rates von Kulm waren dagegen.

Hier wollte Werner von Orseln eingreifen. Am 28. Februar 1330 berief er in der Kathedrale zu Kulm eine allgemeine Landesversammlung ein. Bischof Otto von Kulm, seine Gebietiger und Komture waren gekommen – ebenfalls der Ordenstrapier, Luther von Braunschweig, und der kulmische Landkomtur, Otto von Luterberg.

Der Hochmeister sprach ebenso wie der Bischof und ermahnte die Menschen, den Peterspfennig zu leisten, um nicht der zehnfach höheren Strafe unterworfen zu werden.

Der Ratsherr von Kulm, Tiedemann von Hericke, erklärte Bischof und Hochmeister, daß das gesamte Kulmerland und der Ordensteil von Pommern den Peterspfennig leisten würden. Dieser Entschluß wurde von den Versammelten bestätigt.

Als schließlich auch der hohe Gönner des Ordens, König Johann von Böhmen, sich im Frühjahr 1330 im Rheinland mit Kaiser Ludwig traf, der gerade von seinem Römerzug zurückgekehrt war, wurde am 16. März 1330 in Metz ein Verkaufsbrief ausgestellt, der dem Orden auch die andere Hälfte des Dobriner Landes zusprach. Damit war der Orden Herr im gesamten Fürstentum Dobrin geworden. Er zahlte dafür 4800 Schock böhmischer Groschen. König Johann erklärte, daß er nicht nur beim Papst vorsprechen, sondern auch mit König Wladislaw von Polen nicht eher Frieden schließen würde, bis dieser für sich und alle seine Nachfolger und Erben auf dieses vom Orden erworbene Land verzichtete.

Als dann auch noch die böhmische Königin Elisabeth als Erbin des böhmischen Reiches auf ihre Anrechte auf Pommern, die sie König Johann in die Ehe mitgebracht hatte, verzichtete und vom Orden finanziell entschädigt wurde, war jeder fremde Besitzanspruch hinfällig.

Zur Abwehr eines Angriffs der Litauer unter König Gedimin gegen die Stadt Löbau, eilte Ritter Johann von Trier, Vogt des Bischofs von Trier, mit einer kleinen schlagkräftigen Truppe dorthin, trieb den Feind zurück und verfolgte ihn bis nach Kauernick an der Drewenz.

Der polnische König war inzwischen ins Gebiet von Michelau an der Drewenz gelangt und vernichtete auf dem Weiterzug bis nahe Strasburg alle Ordensbesitzungen.

Ihm zog der Hochmeister mit Wolfram von Nellenburg und Eberhard von Monheim entgegen. Das polnische Heer konnte die Drewenz nicht überqueren. Es zog weiter, entdeckte bei

Leibitsch eine Furt und setzte ans andere Ufer. Dorthin war auch das Heer des Hochmeisters weitergezogen.

Der Hochmeister mußte sich schrittweise vor der polnischen Übermacht in die festen Burgen Thorn, Golub und Leipe zurückziehen.

Mord am Hochmeister

Bereits zu Beginn des Jahres 1330 war es zwischen dem Hochmeister und einem Ordensbruder aus einem nahegelegenen Konvent, Johann von Endorf aus Sachsen, zu Zusammenstößen gekommen. Ritter von Endorf war vom Hochmeister wegen seines unsittlichen Lebenswandels oftmals getadelt worden. Als dieser dann vor dem Hochmeister erschien und bat, er möge ihm die Teilnahme am nächsten Feldzug gegen die Litauer genehmigen, wies der Hochmeister das Ansinnen mit den Worten zurück:

»Für ihn sei kein Roß mehr vorhanden. Vor allem sei es für ihn zu früh, gegen den Feind zu ziehen und möglicherweise zu fallen. Vorher müsse er sein wüstes und unordentliches Leben in geordnete Bahnen lenken. Seine Seele müsse erst Buße tun und sich in den Tugenden, guten Sitten und rühmlichen Werken üben.« (siehe dazu: Lucas, David: Bd. VI, S. 111)

Johann von Endorf wandte sich an einen Freund und erhielt von diesem zwei Pferde, so daß er abermals von seinem Konventsvorgesetzten die Gunst erbat, nach der Marienburg gehen und vor den Hochmeister treten zu dürfen.

Der Hochmeister erfuhr von diesem Vorfall, und weil es ihm als Hochmeister freistand, einem Ordensbruder Waffen und Pferde zu geben oder auch zu nehmen, wurden dem ungehorsamen Endorf die beiden Pferde genommen.

Johann von Endorf gewann einige Ritterbrüder, die für ihn sprachen, doch der Hochmeister blieb bei seinem Nein.

Johann von Endorf verließ heimlich seinen Convent, eilte nach Marienburg und kaufte in der Stadt ein großes Messer, mit dem man Fische ausnehmen konnte. Als der Krämer ihm zurief, daß er die Scheide vergessen habe, rief von Endorf zurück:

»Nein, ich werde dem Messer die kostbarste Scheide suchen, die in ganz Preußen zu finden ist.«

Am Festtag der heiligen Elisabeth, dem 19. November 1330, abends, schlich er im Burghof zur Hauskapelle im Wohngebäude des Hochmeisters und sah, daß dort Licht brannte. Er bemerkte durch das Fenster den Hochmeister, der gerade die Vesperandacht verrichtete.

Das war seine Gelegenheit, es dem Hochmeister heimzuzahlen. Alle Brüder waren in der Hauptkirche der oberen Burg zur Vesperfeier versammelt und die Diener des Hochmeisters zogen sich stets zurück, wenn der Meister zum Gebet schritt.

Der Ritter gelangte völlig unbemerkt in die Vorhalle der Kapelle und versteckte sich hinter dem Türpfeiler. Als Werner von Orseln nach Verrichtung seines Gebetes die Kapelle verließ und in die Vorhalle trat, stürzte der Mörder auf ihn zu und brüllte wutentbrannt:

»Nimm mir nie mehr das Meine!«

Mit diesen Worten stach er dem Hochmeister das Messer in die Brust. Werner von Orseln stürzte zu Boden. Er rief noch die Worte »Das vergebe Dir Jesus Christ!«

Darauf drang der Attentäter noch einmal auf den am Boden Liegenden ein und stach ihm mitten durchs Herz. Danach ergriff er die Flucht, von dem kleinen Hund des Hochmeisters bellend verfolgt.

Der Notar des Hochmeisters, Johannes Weiß, der vom Hochmeister in einer geschäftlichen Sache nach der Vesper ins Haus geladen war, fand den in seinem Blute liegenden Werner von Orseln mit dem Tode ringend vor der Kapellentür. Er rief sofort um Hilfe, versuchte noch den Meister aufzurichten. Die Dienerschaft stürzte herbei und während sie den sterbenden Hochmeister in sein Gemach trugen, verfolgte ein Teil der Dienerschaft den Meuchler. Es gelang, diesen rasch zu ergreifen. Sein sofortiges Geständnis und die blutbespritzten Kleider bewiesen, daß er der Täter war. Gefesselt wurde er in den Kerker geworfen.

Vom Oberen Haus eilten nach dieser Schreckensnachricht der Großkomtur Otto von Bonsdorf, der Treßler Konrad Kesselhut und der Kompan des Meisters, Heinrich von Bartenstein, und Heinrich von Swersteten herbei, dicht gefolgt von allen Ritterbrüdern des Hauses.

Werner von Orseln konnte noch die wichtigen Anordnungen an seine Gebietiger richten. Er sprach dem Mörder seine Verzeihung aus. Eine Sekunde später verschied er in den Armen seines Kapellans und Beichtvaters Heinrich.

In Windeseile machte die Trauernachricht die Runde im Ordensland – wurde durch reitende Boten nach Deutschland übermittelt und in allen Ordensstädten dem Volk mitgeteilt. Am nächsten Tage wurde vor dem aufgebahrten Leichnam des Hochmeisters in der Domkirche zu Marienwerder von allen Gebietigern und Mitarbeitern derselben von Marienburg, Elbing und Christburg sowie von den Bischöfen Rudolph von Pomesanien und Otto von Kulm der Trauergottesdienst gehalten. Anschließend wurde der Leichnam in der Domkirche beigesetzt.

Noch heute zeigt ein Wandgemälde im Dom zu Marienwerder den Hochmeister. Die in roter und schwarzer Schrift gefertigte Unterschrift unter diesem Bild lautete:

»Meister Werner von Orseln starb nach xpi gebort MCCC undt in dem XXX. iare.«

Am folgenden Tage erreichten auch die Bischöfe Heinrich von Ermland und Johannes von Samland Marienwerder.

Der Notar des Hochmeisters wurde als Augenzeuge des Mordes dorthin gebeten, um eine Urkunde über dieses fürchterliche Geschehen auszuarbeiten und die Bestrafung des Mörders zu fordern.

Hauptgrund dieser schnellen Reaktion aber war die Forderung der Ordensführung, den Mörder als nicht Herr seiner Sinne – also für wahnsinnig – zu erklären. Dadurch sollte die Schmach abgewendet werden, daß ein Deutschordensritter bei wachem Geist die Hand gegen seinen Ordensoberen erhoben hatte.

Es wurde beschlossen, auf dem nächsten Kapiteltag – also zur Wahl eines Nachfolgers für Werner von Orseln – auch über den Mörder zu Gericht zu sitzen.

Als Statthalter des Hochmeisters übernahm der Großkomtur Otto von Bonsdorf die Landesverwaltung. Seine erste Pflicht war die offizielle Verständigung des Deutschmeisters und des Meisters von Livland und sie zur Wahl des neuen Hochmeisters auf die Marienburg zu bitten.

Am Sonntag Invocavit – dem 17. Februar 1331 – waren alle Gebietiger auf der Marienburg versammelt. Die Wahl fiel einstimmig aus.

Der Komtur von Christburg, Luther Herzog von Braunschweig, wurde zum neuen Hochmeister gekürt. Er war der Sohn von Herzog Albrecht dem Großen von Braunschweig, der neben Luther noch zwei weitere Söhne, Konrad und Otto, dem Orden zugeführt hatte. (Ebenso diente ein Enkel Albrechts des Großen, Albrecht, Herzog von Braunschweig, als Conventritter im Ordenshaus Königsberg.)

Luther von Braunschweig wurde also Nachfolger des gemeuchelten Werner von Orseln.

LUTHER VON BRAUNSCHWEIG
(1331–1335)

Die Herkunft

Hochmeister Luther von Braunschweig stand nur vier Jahre an der Spitze des Deutschen Ordens und damit Preußens. Seine besonderen Eigenschaften treten aus den Berichten über ihn in bestechender Klarheit hervor.

Dieser neue Hochmeister hatte bis zur Zeit seines Herrschaftsbeginns bereits eine Vielzahl Ordenspositionen inne. Geboren wurde er wahrscheinlich spätestens 1275. Als sein Vater im Jahre 1279 starb, hinterließ er neben seiner Tochter noch sechs Söhne. Die drei ältesten teilten sich das Erbe des Fürstentums Braunschweig, während die drei jüngeren in die drei Ritterorden ihrer Zeit gingen. Der erste wurde Templer, der zweite Johanniter und der dritte und jüngste ging zum Deutschen Orden. Von diesen dreien spielte Luther die mit Abstand größte Rolle – im politischen Leben ebenso wie in den einzelnen Orden.

Zu seinen Vorfahren gehörten neben Heinrich dem Löwen noch König Lothar von Süpplingenburg (Supplinburg) und die heilige Elisabeth.

Aus dieser Ahnenreihe kristallisierten sich seine künstlerischen Neigungen heraus: der Dichter und Förderer der Künste und Kolonisator.

Letzteres befähigte ihn dazu, zum erfolgreichen Leiter und Initiator der Besiedlung des Ordenslandes Preußen aufzusteigen.

Die heilige Elisabeth, die im Deutschen Orden seit ihrer Kanonisation im Jahre 1235 besondere Verehrung genoß, galt neben der Jungfrau Maria als Ordenspatronin.

Als kurz nach der Einsetzung in sein Amt Luther von Braunschweig von allen Seiten untertänige Verehrung zugedacht wurde, war es Bischof Thilo von Kulm, der seinem Obersten Gebietiger ein langes Gedicht widmete, in dem er betonte, daß der Hochmeister auch auf eine Blutsverwandtschaft mit der heiligen Elisabeth zurückgreifen könne. Gleichzeitig erwähnte er auch die kaiserliche Abkunft des Hochmeisters.

Etwa zur gleichen Zeit schrieb ein Mönch des Klosters Oliva, daß Luther aus dem Stamme edler alter Kaiser komme, daß mit ihm und durch ihn die enge Beziehung des Deutschen Ordens zu den deutschen Königen und Kaisern gegenwärtig sei, so daß sich der Orden mit Regierungsantritt Luthers von Braunschweig in einer kaiserlichen Blütezeit befinde.

Daß Luther von Braunschweig bereits sehr früh dem Orden angehörte, geht aus drei Urkunden der Jahre 1302 und 1304 hervor, in denen er als Zeuge genannt wurde. Die Anzeichen weisen darauf hin, daß er dem Konvent zu Christburg angehörte. Die Urkunde des Jahres 1304 beispielsweise verlieh dem Schulzen Wigand 60 Hufen Landes in einem Dorf nahe Christburg, das später Weinsdorf genannt wurde.

Daß Luthers Weg ausgerechnet in Christburg begann und mehrfach dorthin zurückkehrte, zeigt, daß er gerade hier seine ersten großen Erfolge feiern konnte. Vom einfachen Ritterbruder hatte er in aufsteigenden Positionen immer wieder diesem Verwaltungsbezirk des Ordens gedient.

Das Jahr 1308 sah ihn als Komtur zu Gollub, einer kleinen Komturei im Kulmerland.

Nach der Verlegung des Hochmeistersitzes in die Marienburg ging er 1309 als Hauskomtur zu einem weiteren Aufenthalt zur Christburg. Von 1310 bis 1312 wurde er erneut Komtur zu Gollub und konnte diesmal aktiven Anteil an der Verbreitung deutscher Rechts- und Siedlungsformen nehmen. So erteilte er dem Dorf Pluskowenz im Kreise Briesen eine Handfeste nach kulmischem Recht.

Diese erfolgreiche Tätigkeit Luthers im Süden des Ordenslandes blieb in der Marienburg nicht verborgen. Man wurde auf ihn aufmerksam.

Der Hochmeister berief ihn 1313 ins Haupthaus, wo er das

Amt des Hauskomturs übernahm. In der Marienburg war der Hauskomtur nicht nur Chef der inneren Verwaltung und Stellvertreter des Komturs wie in anderen Komtureien. Dort hatte er weitere wichtige Aufgaben zu übernehmen. So hatte er an der zentralen Finanzverwaltung des gesamten Ordensstaates mitzuwirken.

Daß diese Position für Luther von Braunschweig die Startbahn zu einem weiteren Aufstieg wurde, schien unvermeidlich. Jeder, der diesen agilen und einsatzfreudigen Ordensmann kannte, wußte, daß er es noch weiter bringen würde. Sein besonderes Ziel war es, einer der fünf Großgebietiger zu werden, die dem Hochmeister direkt zur Seite standen.

Zwischenzeitlich wurde er jedoch 1314 noch einmal als Komtur zur Christburg geschickt, als es galt, dort viele arge Dinge wieder in Ordnung zu bringen. Zugleich diente er als Oberster Trapier des Ordens, womit er sein Hauptziel – zu den fünf Großgebietigern zu gehören – erreicht hatte.

Damit war er ein drittes Mal während eines Jahrzehnts in Christburg an erster Stelle tätig. Von nun an sollte er diese Komtur 17 Jahre lang verwalten, ihr Geschick bestimmen und ihren Aufstieg sicherstellen. Hier fand er die Muße, neben harter Arbeit, seinen inneren Reichtum in der Dichtung frei zu entfalten.

Ein weiteres Feld, dem er sich mit großem Elan widmete, war die Kolonialarbeit und der Einsatz der Kolonisten jeweils an der richtigen Stelle.

Nun, da er mit dem Großkomtur, dem Treßler, Marschall und Spittler zu den Großgebietigern zählte, war es nach der Ordenschronik ferner seine Pflicht: »Die Waffenröcke, alle Teile von Rüstung und Kleidung die soll der Trapier den Brüdern geben, das gehört zu seinem Amte.«

Der Oberste Trapier hatte darüber hinaus vor allem auch die Gesamtverwaltung der Rüstungs- und Kleiderkammern des Ordens wahrzunehmen, gleichzeitig in der Ordensleitung mitzuarbeiten und dem Hochmeister ein guter Berater in seinem Bereich zu sein.

Als ab 1317 zwischen Hochmeister Karl von Trier der Konflikt mit dem Orden schwelte, waren die genannten Ämter der Großgebietiger einige Jahre hindurch nicht mehr voll besetzt. Luther von Braunschweig führte in diesem Zeitraum nur noch den Titel eines Komturs zu Christburg. Seine Pflichten in der Gesamtverwaltung wurden jedoch nie vernachlässigt. Aus vielen Urkunden und Zeugenlisten ist dies ersichtlich. Viele Zusammenkünfte und Beratungen fanden in der hochmeisterlosen Zeit statt – die eigentlich keine war, denn Karl von Trier herrschte von Trier aus weiter – in der Regel auf der Marienburg. Einige Male war auch die Engelsburg oder Christburg Schauplatz dieser Verhandlungen. Deutlich bevorzugt war vor allem aber Elbing, wo nach wie vor der Verwaltungsmittelpunkt lag, während die Repräsentation auf der Marienburg stattfand.

Die Marienburg war das neue Zentrum und der Sitz des Hochmeisters des Ordensstaates. Der eigentliche Schwerpunkt, die geistige Mitte des Staates, lag immer noch in Elbing. Die Mehrzahl der Besprechungen fanden während dieser kritischen Zeit dort statt.

Luther von Braunschweig nahm fast ständig an diesen Treffen teil. Er war nun in die große Politik des Ordens eingebunden. Seine entscheidenden Erfolge erzielte er nicht etwa als Oberster Trapier sondern als Komtur zu Christburg. Hier wurde er zu dem großen Kolonisator des Ordenslandes. Bereits vorhandene Ortschaften – hier vor allem die Städte Christburg, Deutsch-Eylau und Saalfeld – ließ er erweitern und stärker befestigen. Neue Güter wurden an der Peripherie und anderwärts im Komturbereich angelegt.

Hierbei verfolgte Luther von Braunschweig die alte und bewährte Methode, welche die Erschließung großer Landstriche möglich machte. Er übertrug einzelnen Großfamilien, aber auch ganzen Sippen, riesige Güter, welche durch die erfolgende Erbteilung in kleinere Einheiten unterteilt wurden, die ihre Familien ernährten und diese voll beschäftigten.

Vor allem aber hielt er durch diese Methoden die Sippen beisammen, regte das Bevölkerungswachstum und den Wagemut der einzelnen Familien entscheidend an.

Die großen Grundbesitzer wurden angehalten, sich ebenfalls in dieser Weise zu beschäftigen; Dörfer zu gründen und neue Einzöglinge darin einzubürgern.

Dies geschah beispielsweise mit dem riesigen Gut Sassen, das von Landmeister Friedrich von Wildenburg im Jahre 1321 der großen Familie des Peter von Heselecht verliehen worden war. Diese Familie kam bereits im 13. Jahrhundert als eine der ersten ins Kulmerland. Sie bewirtschaftete vier Quadratmeilen Landes. Auf diesem Besitz wurden auch mit Hilfe Luthers von Braunschweig 30 Güter angelegt, in deren Umgebung Dörfer entstanden und sich Handwerker aller Art ansiedelten.

In dieser Weise arbeitete Luther weiter. Er scheute nicht davor zurück, auf den von ihm angelegten Gütern neben deutschen Einzöglingen auch Preußen und manchmal Ruthenen einzusetzen. Diese wurden schließlich auch zu Deutschen und prägten die Bilder der alten deutschen Dörfer mit.

Aus schriftlichen Quellen geht hervor, daß im Christburger Gebiet bei Deutsch-Eylau, im Lande Sassen und rings um Osterode, zahlreiche Dörfer von Luther ins Leben gerufen wurden. Insgesamt konnte eruiert werden, daß er mehr als 80 Ortschaften, Städte, Dörfer und Güter gründete – mehr als 20 Dörfer davon allein während seiner Christburger Komturzeit.

Damit erwarb er sich die Verehrung und Treue der Bewohner dieses preußischen Landesteiles. Seit 1297 war sein Name in Preußen bekannt, als Landmeister Meinhard von Querfurt ihn aus der Zahl der Ordensbrüder für besondere Aufgaben auswählte. (siehe dazu Urkunde in: Preußische Lieferung Bd. I, S. 294)

Als Luther von Braunschweig 1314 durch Karl von Trier zum Ordenstrapier ernannt wurde, stand er diesem Amt 16 Jahre vor. Er war nach seiner Wahl zum Hochmeister bemüht, die obersten Gebietigerämter am zweckmäßigsten zu verwalten. Ihm zur Seite standen der Großkomtur Otto von Bonsdorf, der Oberste Spittler Hermann von Öttingen, der Komtur zu Elbing wurde, und der Treßler Konrad Kesselhut, der wenig später dieses Amt an Ludolf König übergab. Die bisher vom Hochmeister persönlich verwaltete Würde des Obersten Ordenstrapiers wurde Graf Günter von Schwarzenberg übertragen. Die lange Zeit unbesetzt gebliebene Stellung eines Marschalls von Preußen nahm der bisherige Komtur von Balga, Dietrich Burggraf von Altenburg, wahr.

Um gegen alle Eventualitäten gewappnet zu sein, nahm der Hochmeister die Ordensritter Konrad von Gartau und Otto Dobner zu seinen Kompanen. Diese mußten ihn überallhin begleiten. (Diese Maßnahme wurde aufgrund der Tatsache getroffen, daß Werner von Orseln ohne jede Begleitung gewesen war, als er seinem Mörder zum Opfer fiel.)

Der neue Hochmeister

Luther von Braunschweig wurde am Sonntag dem 17. Februar 1331 einstimmig zum neuen Hochmeister gewählt. Seine erste Amtshandlung war die Verurteilung des Mörders Endorf. Da das Ordensgesetzbuch einen solchen Fall – weil bislang einfach undenkbar – nicht vorgesehen hatte, erklärte das eingesetzte Ordenskapitel:

»Auch setzen wir das und ordnen es: Ob ein Bruder den anderen zu Tode schlage, daß man ihn ins Gefängnis lege und niemand Gewalt habe, ihn auszulassen, ohne den Meister mit dem Kapitel. Wäre aber der Hochmeister nicht bei dem Kapitel, so mag es keiner ohne den anderen tun.« (siehe Ordensstatut v. Hennig, S. 112, Ordenschronik bei Mattaeus p. 774)

Da man den Hochmeister nur als ersten Bruder des Ordens ansah, fand dieses Gesetz auch auf Johannes von Endorfs Mordtat Anwendung. Da man aber den Mörder für wahnsinnig erklärt hatte, war eine Freilassung in keinem Falle zulässig. So überließ Luther von Braunschweig, in Übereinstimmung mit den zugezogenen Bischöfen von Kulm, Pomesanien und Samland, die ja Ordensbrüder waren, und den Rechtsgelehrten des Ordens das Urteil. Diese erklärten:

»Der Verräter hat nicht allein seinen Herrn und Obersten, sondern in dem Hochmeister auch seinen geistlichen Vater ermordet und damit ist die Tat als Vatermord anzusehen.«

Die Bestimmungen des Ordensgesetzbuches waren demzufolge nicht auf ihn anzuwenden. Das Ordenskapitel faßte den Beschluß, den Papst als obersten Richter über den Mörder urteilen zu lassen. Von dort erging einige Zeit später der Beschluß:

»Der Verbrecher soll sein Leben lang bei Wasser und Brot im Kerker gehalten werden und dieses als seine Strafe gelten für Zeit und Ewigkeit.« (siehe Ordenschronik und Lucas, David: Bd. VI, S. 116)

Luther von Braunschweig lenkte mehrere Jahre die Geschicke des Ordens. Jene Dörfer und Städte, die er anlegen ließ, blühen heute noch. Die Nachkommen jener Preußen, die er mit den deutschen Rechten ausstattete, wurden Angehörige des Ordensstaates und danach Deutsche. Mit dieser Besiedlung der Wildnis des Ordenslandes hat Luther von Braunschweig sich ein alle Zeit überdauerndes Denkmal gesetzt. Als Glied einer mehrere Generationen umspannenden Kette hat er dieses Kolonialwerk gestaltet und dafür gesorgt, daß nach wie vor auch in seiner Regierungszeit jeder Komtur des Ordens auch ein Kolonisator wurde.

Daß er immer wieder Christburg bevorzugte, liegt darin begründet, daß hier die ersten deutschen Einzöglinge siedelten und der Raum um Christburg das erste geschlossene Gebiet des Deutschordenslandes wurde.

Daß Luther von Braunschweig dieses Siedlungswerk mit großer Energie verfolgte, liegt nicht zuletzt in der Tradition seines Vaterhauses begründet. Dies wird von einigen maßgeblichen zeitgenössischen Stimmen erhärtet.

Die Chronik, die wenige Tage nach Luther von Braunschweigs Tod im Zisterzienserkloster Oliva bei Danzig entstand, weiß von dem Wohlwollen zu berichten, das dieser Hochmeister dem Klerus und insbesondere den Mönchsorden bezeigte. Er förderte den Klosterbesitz, weil ja auch die Brüder des Ordens von Citeaux – die Zisterzienser – in Erfüllung ihres Gelübdes immer und überall dort, wo sie eingesetzt wurden, Wälder rodeten und Sümpfe trockenlegten, also Pionierarbeit leisteten. Sie waren für den Ordensstaat und für Preußen eine der wertvollsten Hilfen bei der gleichen Arbeit.

Die Zisterzienserklöster Pelplin und Oliva, die seit 1309 unter die Herrschaft des Deutschen Ordens kamen, legten ein beredtes Zeugnis davon ab, daß alle Hochmeister sie förderten.

Über Luther von Braunschweig weiß der Chronist von Oliva zu berichten: »Die Förderung des Glaubens ist dem Hochmeister gewissermaßen naturgemäß von seinen Vorfahren her, die viele Klöster der Zisterzienser und anderer Orden gründeten und den Gottesdienst zu mehren suchten.«

Es darf nicht verschwiegen werden, daß die herzliche Verbundenheit eines Fürstenhauses mit einem Mönchsorden von den Zisterziensern äußerst dankbar empfunden wurde.

Der Zisterzienserbruder Konrad, Herzog Heinrich I. von Braunschweigs Sohn, besuchte mit einem Zisterziensermönch als Begleiter im Jahre 1320 seinen Onkel Luther von Braunschweig in Christburg. Beide, der Zisterzienser und sein Onkel, waren gemeinsam dabei, für weitere Einzöglinge und neue Zisterzienser-Zuführungen Siedlungsplätze zu finden. Beide, die Zisterzienser und der Deutsche Orden haben an der Entstehung des deutschen Ostens unter Opfern vielerlei Art und Arbeit ihren Anteil gehabt.

Daß sie dies bewußt im Sinne einer Deutschwerdung dieses Gebietes getan hätten, darf bezweifelt werden.

Die außenpolitische Lage des Ordensstaates
unter Luther von Braunschweig

Das Erbe, das der neue Hochmeister von seinem Vorgänger übernehmen mußte, war in außenpolitischer Sicht belastend und dornenreich. Die alles beherrschende Frage war die Stellung des Ordens zu Polen. König Wladislaw von Polen kam nicht über den Verlust von Pommerellen hinweg. Er arbeitete unablässig darauf hin, diesen Landesteil zurückzugewinnen. Darüber hinaus war ihm auch der 1327 erlittene Verlust von Kujawien ein Dorn im Auge. Beide Gebiete wollte er in sein polnisches Reich zurückführen.

Kriege und Waffenstillstände lösten deswegen einander ab. Nur dem Einsatz König Johanns von Böhmen war es zu verdanken, daß der Orden bis 1331 nicht in seinem Besitz geschmälert wurde.

Dann aber begann der Krieg erneut und der neue Hochmeister mußte das Ordensheer ausrüsten und in den Kampf schikken. Die Schlacht begann im September und zog sich ohne eine Entscheidung, mit einer Reihe von Unterbrechungen, bis in das Frühjahr 1333 hin. Der polnische König war am 2. März gestorben und sein Sohn Kasimir III. der Große, (1333–1370) suchte zunächst zu einem dauerhaften Frieden mit dem Orden zu gelangen. Der Waffenstillstand wurde zweimal bis zum Sommer 1335 verlängert. Kasimir III. betrieb eine Politik, die nicht zu verwirklichende Ansprüche zurückstellte.

In der Zwischenperiode war Luther von Braunschweig darum bemüht, diese Ruhezeit zu nutzen. Ein Jahr vorher hatte er bereits die Stadt Bartenstein gründen lassen. Der Aufbau der Kathedrale von Königsberg war sein Werk, wenn auch Bischof Johannes vom Samland großen Anteil daran hatte.

Im Jahre 1334 verhandelte der Hochmeister mit den Oberen des Johanniterordens in Pommern, um deren Besitzungen aufzukaufen, von denen er bereits einige erworben hatte. Er veranlaßte den Johanniter-Komtur von Schöneck, Johann von

Bortveld, dem Orden ein urkundliches Dokument zu überreichen, das den rechtmäßigen Besitz des Deutschen Ordens bestätigte.

Während dieser Verhandlungen kam es zu einem Tauschgeschäft zwischen dem Hochmeister und dem Johanniter-Komtur von Bortveld, in dem einige Dörfer westlich Dirschau dem Orden verbrieft wurden.

Als Luther, bereits in hohem Alter stehend, die verworrenen Verhältnisse zwischen dem Orden und Polen einer endgültigen Klärung zuführen wollte, vereinbarte er gemeinsam mit dem Castellan von Krakau, Jaschko von Melschtin, der von König Kasimir III. zum Unterhändler bestellt worden war, eine schiedsrichterliche Entscheidung der Streitpunkte.

Und zwar sollten König Johann von Böhmen und König Karl von Ungarn diese Entscheidung fällen, der sich beide Seiten unterwerfen wollten. Dazu wurde der Waffenstillstand ein weiteres Jahr auf Johanni 1335 verlängert. Der erwünschte Friede kam trotz des Einsatzes der beiden Schiedsrichter nicht zustande.

Über seinen unbeugsamen Gerechtigkeitssinn ist eine seiner Handlungen bekannt, die für Aufsehen und Zustimmung zugleich sorgte.

Ein geldgeiler Richter der Stadt Salfeld hatte sich durch seinen ehebrecherischen Umgang mit dem Weibe eines reichen Bürgers, der im Einverständnis mit deren Ehemann geschah, durch diesen Mann zu einem gewissenlosen Urteil gegen eine Witwe gewinnen lassen. Diese hatte ihre schöne Tochter nicht den Lüsten des geilen Richters preisgeben wollen.

Luther von Braunschweig, sonst eher zur Milde geneigt, sah in diesem aus mehreren Delikten zusammengefaßten Fall eine Gefahr für den Ordensstaat und für die Sicherheit des Rechts, wenn er nicht besonders streng geahndet wurde. Er ließ den Richter festnehmen und vor Gericht stellen, das ihn zum Tode verurteilte.

Das Urteil wurde vollstreckt, indem der Richter an vier Pferde gebunden und von diesen zerrissen wurde. Der Gatte der

Ehebrecherin, der den Ehebruch erlaubt hatte, wurde zum Tode und die Ehebrecherin zur Brandmarkung und zur anschließenden Ausweisung aus Preußen verurteilt. (siehe Schütz p. 64 und LEO p 142).

Wer nun nach diesem Urteil und der vorangegangenen Arbeit des Hochmeisters Luther von Braunschweigs ganze Persönlichkeit beurteilen will, der wird zu keinem umfassenden Urteil kommen, denn Luther von Braunschweig war auch ein musischer Mensch.

Luther von Braunschweig als Dichter und Mäzen

Daß sich der Hochmeister vor allem für Kirchen und Klöster, und hier besonders für das Kloster Oliva bei Danzig einsetzte, ist gewürdigt worden – nicht hingegen seine Beteiligung an den öffentlichen Gottesdiensten. Nicht selten fand man ihn singend im Chor der Geistlichen, weil er dem Kirchengesang zugetan war.

Daß er die heilige Elisabeth als besondere, eigene Schutzheilige betrachtete, liegt nicht zuletzt in der gemeinsamen Abstammung, durch die er mit dieser unvergleichlichen Frau und Heiligen verwandt war. Sie wurde gleichzeitig mit dem heiligen Adalbert als Schutzpatronin des Samlandes und der samländischen Kirche verehrt.

Luther widmete ihr eine Reihe Weihungen und Lobgesänge.

Für alles Schöne und Edle aufgeschlossen, liebte er die Dichtkunst ebenso und wurde selber zum Dichter. Er besang unter anderem Leben und Wirken der heiligen Barbara, die ja auch eine der Hauptheiligen des Deutschen Ordens war (Das Haupt der Heiligen war vom Ordensmarschall Dietrich von Bernheim in der Burg Zartowitz aufgefunden und nach Kulm gebracht worden.).

Von diesem Gedicht und seinen weiteren Dichtungen ist kaum etwas erhalten geblieben, dennoch ist die Nachricht darüber von mehreren Historiographen gesichert.

Luther ermunterte den Ordenspriester Nikolaus von Jero-

schin dazu, die lateinisch abgefaßte Chronik des Ordensprie-
sters Peter von Dusburg in »deutsche Reime« zu übertragen.
Jeroschin selbst schrieb in seinem Vorwort zu dieser Überset-
zung:

»Ich weiß es ist gnug leuten kund
Daß ich hatte vor der Stund
Ouch czu techtene begunt,
By Meistere Ludere,
So Gott syn Sele nere.«

Einen anderen, nicht mehr bekannten Dichter veranlaßte der
Hochmeister, den Propheten Daniel in poetischer Sprache ins
Deutsche zu übersetzen. Darüber berichtete der Ordensbruder
Wigand von Marburg. Eine in der Mitte des 14. Jahrhunderts
entstandene Reimchronik faßte das Wirken des Hochmeisters
in folgende Zeilen.

»Zu Merginburg (Marienburg) und anderswa,
zu Golube, Krisburg (Christburg) hi und da
und in ander manniger Stat
er gotis dienst gemeret hat,
mit mancher lobelichen tat
der in Got genizen lat.«

Darüber hinaus hat Luther von Braunschweig weitere Gedich-
te geschrieben, so auch über die Auffindung des Hauptes der
heiligen Barbara. Wieder war es Nikolaus von Jeroschin, der
dies anmerkte:

Brudir Ludir von Brunswic
des stammes ein vurstlichir zwic
hat gebracht du diutsche ganz
mit getichte ane schranz.

Der spätere Königsberger Chronist Paul Pole etwa schrieb im
Jahre 1530: »Wie St. Barbara Haupt ist nach Preußen kommen, beschreibt fleißiglich Luther, der 15. Hochmeister im
besonderen Büchlein.«

(Zur Erinnerung an die Auffindung des Hauptes der heiligen Barbara sei hier notiert, daß der Orden 1242 im Krieg gegen den ostpommerschen Herzog Suantepolk (auch Swantepolk), die an der Weichsel liegende Burg Sartowitz des Pommernherzogs eroberte. Dort wurde das Reliquiar der heiligen Barbara mit einem Teil ihres Hauptes gefunden und nach Kulm mitgenommen. Diese Auffindung sah man als ein besonderes Gotteszeichen an. So kam das Haupt der Heiligen, die am 4. Dezember 306 durch ihren eigenen Vater enthauptet worden war, auf verschlungenen Wegen nach Kulm.)

Auf einem Generalkapiteltag hatte der Hochmeister die Feier des Barbaratages zum Ordensgesetz erhoben und verfügt, daß dieser Tag mit der Verlesung der Geschichte dieser Heiligen in allen Kirchen des Preußenlandes begangen werde.

Allerdings gilt eine Dichtung des Hochmeisters als noch tiefer schürfend, weil in ihr die Grundidee des Ordens wurzelte. Es handelte sich um die beiden Bücher der Makkabäer. Diese alttestamentarische Familie aus dem zweiten Jahrhundert vor Christus galt durch ihr hohepriesterliches Königtum als Vorbild und Vorläufer der Ritterorden. Sie vereinigte die religiöse mit der militärischen Pflicht in einem Amte. Es war Papst Honorius III. (1216 bis 1227), der die Brüder des Deutschen Ordens als »die neuen Makkabäer in der Zeit des Heils« bezeichnete und begrüßte.

Auch in der Ordensliteratur waren sie als Symbole und Vorbilder einer ebenfalls zweifachen Aufgabe vertreten. Daher lag es für Luther von Braunschweig nahe, diese Geschichte in deutsche Verse zu übersetzen, um sie den Ritterbrüdern als Beispiel eines religiös gegründeten Kriegertums nahezubringen.

Diese Übertragung ist in einer prachtvollen Handschrift des Ordens erhalten geblieben. Der Verfasser hat sich nicht zur Autorschaft bekannt. Sie muß vor 1322 entstanden sein. Dort aber, wo der Autor von sich selber spricht, enthält die Initiale das Wappen des Hochmeisters Luther von Braunschweig.

Entweder hat der Dichter dieses Werk dem Hochmeister, der damals noch Komtur zu Christburg war, gewidmet, oder aber

Luther ist selber der Verfasser. Diese Hypothese wird dadurch bestärkt, daß der Ordenschronist in der zweiten Hälfte des 14. Jahrhunderts überlieferte, daß der Hochmeister »deutsche Bücher verfaßt« habe.

Eine ursprünglich dreiteilige Bibelhandschrift, die von den Polen nach der Schlacht bei Tannenberg im Jahre 1410 als Kriegsbeute mitgenommen worden ist, zeigt anhand der Initalen die Ordensritter im weißen Mantel mit dem schwarzen Kreuz, daß sie zumindest im Auftrag des Deutschen Ordens geschrieben worden ist. Eine Notiz dazu sagt, daß diese Handschrift 1321 auf Luther von Braunschweigs Veranlassung nach Christburg gekommen ist. Von ihr wiederum führen direkte Bezüge zu dem Gedicht der Makkabäer, das aller Wahrscheinlichkeit nach 1322 in Christburg entstanden ist. Dann aber darf man mit Sicherheit annehmen, daß Luther von Braunschweig der Dichter ist.

Luther von Braunschweig hat auch in den vorhergehenden Aufgaben stets mit und in der Idee und dem Sinn des Ordens gelebt. Ihm waren diese Ideen bewußter, als jenen ersten die 100 Jahre vorher in den Osten des späteren Reiches kamen. So blühten denn auch Dichtung und Geschichtsschreibung in der ersten Hälfte des 14. Jahrhunderts besonders eindringlich, weil das Bedürfnis wach geworden war, die Ideen des mönchisch-ritterlichen Lebens und des Missionskrieges gegen die Pruzzen und »andere Heiden«, ebenso wie das Werk der Staatsgründung, die auf diesen Kriegen beruhten, in literarischem Sinne für alle Zeit festzuhalten.

Luther von Braunschweig stand etwa in der Mitte dieses Zeitraumes an der Spitze dieser Bewegung – nicht als über alle anderen hinausragender Dichter, dennoch als Dichter der Chroniken und als Förderer der wirklich großen Künstler ihrer Zeit.

Von der Christburg, dem Zentrum der Verwaltung und intensiven Besiedlung des Raumes, ging dieses rege geistliche und geistige Leben aus. Hier wurden wertvolle Handschriften nicht nur angefertigt, sondern auch aus fremden Bereichen angekauft und behütet. In seinen Mußestunden arbeitete der Hochmeister an Werken, durch die der Glaube und die Tapferkeit seiner Brüder bereichert und bestärkt wurde.

Daß er aus diesen Beweggründen vor allem mit Königsberg in engstem Kontakt stand und den Königsberger Kaplan Nikolaus von Jeroschin zu sich beorderte, um ihm seine Wünsche vorzutragen, zeigt, daß auch Königsberg auf der Höhe der damaligen Zeit stand.

In dem Königsberger Priesterbruder Peter von Dusburg war ein weiterer Dichter in Königsberg zuhause, der die im Jahre 1326 abgeschlossene Königsberger Chronik verfaßt hatte. Luther von Braunschweig veranlaßte Nikolaus von Jeroschin, diese lateinische Schrift ins Deutsche zu übersetzen.

Im Spätsommer 1333 reiste der Hochmeister nach Königsberg, wo er mehrere Wochen blieb – einmal um sich zu erholen, zum anderen um mit Bischof Johannes von Samland den Bau des Königsberger Domes zu besprechen. Dazu reiste er von Königsberg auch nach Pobethen, wo Bischof Johannes residierte. Dieser hatte geplant, eine Art von Kirchenburg auf dem Königsberger Kirchberg zu errichten, nach dem Beispiel jener Kirchen in Marienwerder und Frauenburg.

Dies konnte der Orden nicht dulden, denn dann hätte in der Nähe seiner eigenen Burg eine weitere Burg gestanden, die von ihren Besitzern als Festung gegen den Orden hätte benutzt werden können. Luther von Braunschweig glaubte in diesem Bauwerk die besondere politische Absicht des Bischofs zu erkennen, einen Machtzuwachs zu erhalten und diesen gegen den Orden auszuspielen.

Es wurde schließlich eine Einigung erzielt, die den burgenähnlichen Charakter des Domes wegnahm.

Eineinhalb Jahre später, am 5. April 1335, erließ der Hochmeister eine Verordnung, daß nach seinem Tode an seinem Grabe in der Mitte des Domes zu Königsberg, wo er bestattet zu werden wünschte, ein ewiges Licht brennen sollte. Dazu überreichte er dem Dom eine besondere Spende.

Darüber hinaus bestimmte er, daß dem Dom der zum Hochamt benötigte Wein zu allen Zeiten kostenlos geliefert werde, und daß an den Jahrestagen seines Todes dem Domstift ein ausgezeichnetes Gastmahl gegeben werde und dieser Tag mit Vigilien und Messen zu feiern sei.

Am 17. April 1335 vollzog der Hochmeister seine letzte Urkunde im Amt. Am folgenden Tage war er in Begleitung einiger höchster Würdenträger bereits auf dem Wege nach Königsberg. Unterwegs wurde er vom Tode ereilt.

Sein besonderer Wunsch wurde ihm erfüllt. Das was an ihm sterblich war, ruht nunmehr in einer Nische der Südwand des Chores. Dort befindet sich auch eine Holzplastik, die ihn liegend darstellt.

Thilo von Kulm schrieb den würdigen Nachruf auf Luther von Braunschweig:

    Und treit (trägt) daz vrone cruce bar

    Üzen an dem Mantel wiz

    Inniclich mit grozem vliz.

    Und treit iz in dem herzen.

    Binnen an (ohne) allez merczen (Schachern).

Luther von Braunschweig war der echteste Vertreter dieser reichsten Epoche des Ordens in allen Dingen.

DIETRICH VON ALTENBURG
(1335–1341)

Vom Ordensmarschall zu dessen Meister

Nach dem Tode des Hochmeisters übernahm der Großkomtur Graf Günter von Schwarzenberg, wie das Ordensgesetz dies vorschrieb, die Führung des Ordens. Er berief sofort einen Kapiteltag zur Neuwahl des Hochmeisters ein.

Dennoch sollte es vier Monate dauern, bis der Großkomtur die Verwaltung des Landes in neue Hände legen konnte.

Am 15. August 1335 waren alle hohen Ordensleute auf der Marienburg eingetroffen, um an diesem Tage zur Wahl des neuen Ordensoberen zu schreiten.

Der neue Hochmeister wurde einstimmig gekürt. Es war der »tapfere Marschall Burggraf Dietrich von Altenburg«. Dieser stammte aus dem sächsischen Geschlecht der Burggrafen von Altenburg und war Sohn von Burggraf Albrecht III. von Altenburg. (siehe Huth: Geschichte der Reichsstadt Altenburg). Wahrscheinlich im Jahre 1255 geboren, diente er gemeinsam mit seinem Bruder Heinrich von 1298 bis 1300 dem Deutschen Orden.

In Altenburg befand sich auch ein Haus des Deutschen Ordens, das der Führung des Landkomturs von Thüringen unterstand und nach späteren Unterlagen nicht weniger als zehn Ordensbrüder gestellt hat; einige Geistliche kamen hinzu. Bereits in einer Urkunde des Jahres 1248 ist ein Commendator domus theut. in Altenburg dokumentiert, wie Huth in seiner Chronik zu berichten wußte.

Dietrich von Altenburg war nach 1310 zum Komtur und Gebietiger im Orden aufgestiegen und diente in mehreren Ordenshäusern. Seine Tapferkeit im Kampf, Kühnheit im Denken und Handeln, ließen ihn eine Reihe Gefechte gegen die Litauer als Sieger überstehen. Auch im Krieg gegen Polen schlug er eine scharfe Klinge.

Bereits im Jahre 1307 stand er als Ritterbruder im Konvent zu Ragnit und kämpfte in dieser Eigenschaft gegen die Litauer. Während dieser Kämpfe gelang es ihm, die Vorburg von Herzog Gedimin zu zerstören. Danach diente er einige Jahre als Komtur in Balga. Die Errichtung der Stadt Bartenstein ebenso wie der Lüneburg geht auf seine Weisungen zurück.

Nach Werner von Orselns Tod wurde er mit der Marschallswürde belehnt und konnte fünf Jahre in schweren Kämpfen ehrenvoll bestehen.

Nachdem er 37 Jahre den Ordensmantel getragen hatte und bereits im 80. Lebensjahr stand, wurde er als würdiger Nachfolger für Luther von Braunschweig erwählt.

Voller Altersweisheit und Erfahrungen in Führungspositionen des Ordens, vor allem als oberster Kommandeur desselben, kam es ihm unmittelbar nach der Wahl darauf an, die wichtigsten Gebietigerämter mit bekannten und verdienten Recken des Ordens neu zu besetzen. Graf Günter von Schwarzenberg blieb zunächst Großkomtur, um seine Erfahrungen an seinen designierten Nachfolger weiterzugeben. Heinrich Dusemer übernahm das Amt des Marschalls, Siegfried von Sitten wurde Oberster Spittler des Ordens. Hartung von Sonnenborn übernahm das Trapieramt und wurde damit Komtur zu Christburg.

Ludolf König, genannt von Weizau, behielt als bewährter Treßler das Schatzamt.

Die Würde eines Landkomturs zu Kulm erhielt der Ritter Heinrich Reuß, der vorher als Komtur der Burg Birgelau im Krieg gegen Polen erfolgreich gekämpft hatte.

Auf diesem Kapiteltag wurde ferner beschlossen, den neugewählten Papst Benedikt XII. mit dem Orden zu versöhnen und die unselige Zeit des Haders mit Johannes XXII. vergessen zu machen. Damit konnte auch Kaiser Ludwigs Zwist mit dem Heiligen Stuhl beendet werden.

Ein Schreiben des Papstes zeigte dem Deutschen Orden sehr bald, daß Benedikt XII. die früheren freundschaftlichen Verhältnisse mit dem Orden wieder herstellen wollte.

Dieser Sinneswechsel wurde nicht zuletzt durch einige posi-

tive Meldungen über den Orden an den Heiligen Stuhl beeinflußt – so z.B. jene des Kustos der Minoritenbrüder in Preußen
und der Guardiane dieses Ordens von Thorn, Kulm, Neuenburg, Braunsberg, Leslau und Raczianz an den Papst. Darin
wurden die Verdienste des Ordens und seiner Ritter »um das
Haus Israel bei Bekämpfung der grausamen Preußen« gebührend gewürdigt.

Benedikt XII. erhielt eine Lobpreisung des Ordens über dessen Eifer im Gottesdienst, wegen der Ehrbarkeit der Sitten und
der Beobachtung der Ordensregeln und der Strenge der Strafen gegen Übertretungen derselben und, daß er sich wegen seiner Gastfreundschaft gegenüber allen Religiosen, besonders
aber gegenüber den Brüdern des Minoritenordens, verdient
gemacht hätte:

»Ohne die Heldenmütigkeit und die einmütige Anstrengung
des Ordens im Glaubenskampf gegen die Versuche der Ungläubigen in dem ganzen Land alle Gläubigen zu verdrängen, es in
eine Einöde zu verwandeln und dem allgemeinen Verderben
preiszugeben, wäre dies alles längst geschehen.« (Originalur-
kunde dieses Schreibens datiert in: »Marienburch« a.d. 1335
in Octava Assumpcionis Marie vorg. mit 13 Siegeln im Geheimen Archiv Schiebl. XLVIII, Nr. 2).

Auch die Priore des Prediger-Ordens in Elbing, Danzig, Kulm,
Thorn, Dirschau und Brzese baten den Heiligen Vater, »die
Ordensritter als wahre Glaubenskämpfer in seinen Schutz und
Gunst zu nehmen.«

Diese Entscheidung fiel dem Papst leicht, da auch Polen
scheinbar zum Einlenken bereit war, nachdem die Könige von
Ungarn und Böhmen als Schiedsrichter in den strittigen Fragen zwischen Polen und dem Orden einen Schiedsspruch verkünden wollten.

Dazu luden sie eingangs November 1335 König Kasimir III.
von Polen, Herzog Rudolph von Sachsen, Markgraf Karl von
Mähren, der Sohn des böhmischen Königs, Herzog Bogeslaw
von Schlesien, daneben eine Reihe Erzbischöfe und Bischöfe
auf die Burg Wissegrad in Ungarn ein.

Von Seiten des Ordens waren zugegen, der Landkomtur von Kulm, Heinrich Reuß, Markward von Sparenberg als Komtur von Thorn, und Konrad von Brunigsheim, der Komtur zu Schwetz.

Nach einem rauschenden Fest wurden die polnisch-deutschritterlichen Streitpunkte verhandelt. Johann von Böhmen erklärte als Vorsitzender des Schiedsgerichts, daß er nichts sehnlicher als den Frieden zwischen ihnen allen wünsche.

Nach langen Verhandlungen wurde einstimmig der Schiedsspruch gefällt: »Die Landschaften Kujawien und Dobrin, welche erblich an die Krone von Polen gefallen sind, soll König Kasimir III. forthin in Frieden und Ruhe besitzen und auf seine Nachkommen vererben. Dies mit Ausschluß jener Güter und Besitzungen, die in diesen beiden Landschaften der Orden bereits vor Kriegsbeginn in Besitz hatte und deren Besitz ihm auch ferner verbleiben solle.

Das Land Pommern soll der Orden nach seinen alten Grenzen hinfort und ungestört auf immer in Besitz behalten, indem König Kasimir III. es ihm zu einem ewigen Almosen und um des Friedens willen überläßt und auf alle seine Rechte und Ansprüche Verzicht leistet.« (siehe Voigt, Dr. Johannes: a.a.O.).

Alle gegenseitig verübte Schäden sollte abgetan sein und niemals mehr davon die Rede sein.

Alle im Laufe des Krieges von ihren Gütern in Kujawien, Dobrin, Kulmerland und Pommern geflüchteten Lehnsleute sollten wieder auf ihre Güter zurückkehren oder diese frei veräußern dürfen.

Der Friedensspruch von Wissegrad erfolgte am 24. November 1335. Hochmeister Dietrich von Altenburg, der auf der Marienburg geblieben war, hatte nun berechtigte Hoffnungen, daß es in Zukunft zu einer langen Friedenszeit kommen werde, während derer der Orden seine inneren Angelegenheiten, vor allem den Weiterbau des Landbaues, der Deichbauanlagen, der Regulierung von Flüssen und Entsumpfung von Niederungen betreiben konnte.

König Kasimir III. kehrte im Januar 1336 nach Krakau

zurück. Dort versuchte er seine Reichsgroßen und die Städte dazu zu bewegen, diesen Schiedsspruch und die Verzichtsbriefe auf Pommern, das Kulmerland und Michelau unterschreiben zu lassen. Seine Großen des Reiches verweigerten dies, womit die Hoffnungen auf einen dauerhaften Frieden dahinschwanden.

Bereits im Februar 1336 erschien aus dem Reich und dem benachbarten Ausland wieder ein großer Streithaufen in Preußen. Er wurde vom Markgrafen Rudolf von Brandenburg geführt. In seiner Begleitung befanden sich Graf Philipp von Namur, der Graf von Henneberg und eine Reihe Ritter aus Frankreich und Österreich mit über 200 gut bewaffneten und berittenen Reisigen.

Ende Februar brach der Ordensmarschall, der diesem Heer eine starke Streitmacht beigestellt hatte, zum »Heidenkampf« auf. Als erste wurde die Burg Pillenen, nordostwärts Rossiena gelegen, angegriffen. Ihr Kriegsoberst Marger schlug alle Angriffe zurück.

Der Burggraben wurde nun an einer breiten Stelle zugeschüttet, um ihn überschreiten zu können. Wurfgeschütze und Belagerungsmaschinen zertrümmerten die Burgwehren und Befestigungswerke. In letzter Stunde ließ Fürst Marger mitten im Burghof ein Feuer entfachen und alles Gut hineinwerfen. Danach erwürgten die Männer ihre Frauen, Väter ihre Kinder und legten ihre Leichen in die lodernden Flammen. Zum Schluß stach ein Krieger den anderen nieder. Mehreren Hundert wurden vom Opferbeil einer Priesterin die Köpfe abgeschlagen.

Fürst Marger aber stürmte ein letztes Mal mit einigen Getreuen den eindringenden Rittern entgegen. Er wurde zurückgedrängt, floh in ein Erdgeschoß, tötete sein dort wartendes Weib und tötete sich dann selbst.

Die ganze Burg verbrannte, mit ihr alle Verteidiger und Insassen. Nur einige wenige Bewohner der Umgebung wurden gefangengenommen.

Das Heer kehrte nach Preußen zurück. Es hatte bei der wochenlangen Belagerung der Burg herbe Verluste erlitten. Dieser Heerzug war mit dem Ende vieler hunderter Ritter und Reisiger teuer erkauft.

Inzwischen waren polnische Truppen nach Preußen eingedrungen. Sie wurden zurückgetrieben. Dietrich von Altenburg wollte keinen Gegenangriff befehlen, ließ aber eine Klageschrift an Kaiser Ludwig senden und bat, König Kasimir nachdrücklich an sein gegebenes Versprechen zu erinnern. Gleichzeitig ging der Hochmeister daran, weitere Verteidigungsmaßnahmen zu treffen. So ließ er gegen Pfingsten 1336 auf dem Werder Romayn (einer Insel des Romowe) an der Memel zwischen Welun und Bisten, eine neue Festung, die Marienburg, errichten, um den dortigen Memelübergang zu sichern. Der Bau blieb zunächst unvollendet.

Weitere Verstärkungsarbeiten an den bestehenden Ordensburgen wurden in Angriff genommen – so vor allem auch am Hauptsitz des Ordens, der Marienburg, nahe Dirschau.

Die Ordensresidenz wurde noch mehr befestigt und bewehrt und vor allem vergrößert. Während der vergangenen 25 Jahre nach dem ersten Bezug durch die Ordensoberen, hatte sich die Zahl der Ordensritter bedeutend vergrößert. Vor allem mußte auch die Hauptkirche verlängert werden, da sie zunächst nur für ein Konvent eines Komturhauses gedacht war. Unter der Burg wurde eine Kapelle als Totengruft für die Hochmeister angelegt, und zwar unter dem verlängerten Teil der Hauptkirche.

An der Südostseite der Kirche ließ der Hochmeister das Standbild der Jungfrau Maria mit dem Jesuskind auf dem Arm, eine friedliche Lilie in der Rechten, in der äußersten Mauernische der St. Annenkapelle aufstellen.

Eine Reihe Ordensstädte erinnern an das Wirken dieses Hochmeisters als ihres Stifters. Die Stadt Wehlau wurde auf sein Geheiß hin begonnen und dem Schutz des Marschalls und Komturs zu Königsberg, Heinrich Dusemer von Arffberg, 1336 gegründet.

Ein Jahr vorher waren die Städte Liebmühl und Landsberg entstanden, die vom Komtur von Christburg, Hartung von Sonnenborn, und jenem von Balga, Heinrich von Muro, übernommen wurden.

1336 wurde noch Preußisch-Eylau gegründet, während das Stadtgebiet von Deutsch-Eylau bedeutend erweitert wurde. Die exponiert an der Weichsel gelegene Stadt Neuenburg wurde stärker befestigt und mit einer Reihe von Wehrtürmen versehen.

Um Handel und Wandel der Städte untereinander in Gang zu bringen und die städtische Ordnung zu mehren, berief der Hochmeister die vornehmen Bürger der Stadt Elbing zu einem Landtag ein. Hier wurde die Einführung eines gleichen Maßes und gleicher Gewichte im gesamten Ordensland erlassen.

Erst im Jahre 1337 griffen die Ordenskrieger erneut zu den Waffen, als ein großes Heer von Helfern zur Bekämpfung der Heiden ins Land kam. Angeführt wurde es durch König Johann von Böhmen.

Eine große Zahl von Fürsten, Grafen, Herzögen und Rittern begleiteten diesen einsatzfreudigen König – unter ihnen der junge Herzog Heinrich von Bayern, Herzog Ludwig von Burgund und König von Tessaloniki, der Enkel Ludwigs des Heiligen. Herzog Wenzelslaw von Liegnitz, Markgraf Karl von Mähren, Sohn des Königs von Böhmen, kamen im Gefolge des Königs. Darüber hinaus waren noch in Preußen eingetroffen: Pfalzgraf Otto der Erlauchte von Rhein, der Graf von Piemont, jener vom Hennegau, und die Grafen Adolf von Berg, Siegfried von Wittgenstein, Wilhelm von Arnsberg, Heinrich und Günter von Schwarzenberg, Eberhard von Zweibrücken und Johannes von Falkenburg.

An edlen Rittern und Herren waren Otto von Bergau, Arnold von Blankenhain, Konrad von Saleiden, Johannes von der Lippe, Otto von Rifenscheid, Johannes von Klingenberg, Friedrich von Dohna und Wanko von Wartenberg, dazu viele andere Reisige mit im Heer.

Mit einigen Begleitern zog der Hochmeister dem König von Böhmen entgegen und empfing ihn in Leslau. Auch König Kasimir III. war dort zugegen. Der Friede zwischen dem Orden und Polen wurde hier noch einmal beschworen. König Johann von Böhmen ritt nur bis zur Weichsel mit, ehe er mit seinem Gefolge nach Schlesien zurückritt, wo er in dringender Sache erwartet wurde.

Alle übrigen Ritter und hohen Herren folgten dem Hochmeister nach Preußen, der sie an der Spitze dieses Heeres reitend bis zur Marienburg auf dem Werder führte, die nun im Schutze der Waffen vollends aufgebaut wurde.

Herzog Heinrich von Bayern ließ gleichzeitig damit an der Grenze Samaitens, direkt an der Memel, eine zweite Burg errichten, die ihm zu Ehren »Bayerburg« genannt wurde und eine Streitmacht von 100 Kämpfern, 40 Ordensrittern und 40 Schützen als Besatzung erhielt. Eine Anzahl Withinge und Wehrmänner vervollständigten diese Besatzung. Sie kamen aus dem Samland und Natangen zur Bayerburg.

Als das Heer mit dem Hochmeister in Thorn eintraf, war auch König Johann aus Schlesien zurückgekehrt und stieß hier zum Verband. Es ging nach Leslau in Kujawien, wo neue Verhandlungen mit König Kasimir III. von Polen begannen. Aber die polnischen Großen hatten den Frieden von Wissegrad noch immer nicht genehmigt.

Noch einmal ließ sich der Hochmeister die Rechte auf Pommern durch den König von Böhmen bestätigen. Auch dessen Sohn Karl, Markgraf von Mähren, leistete auf alle Rechte an diesem Ordensland Verzicht. In der Urkunde zu Leslau des Jahres 1337 erklärten beide, daß sie nicht nur des Ordens Privilegien über alle heidnischen Lande, sondern auch über den Besitz des Kulmerlandes, Pommerns, Preußens und Livlands und die anderen »umhergelegenen und gewonnenen Gebiete stets und immerdar erhalten und beschützen« würden, so oft man ihre bewaffnete Hand um solchen Schutz ersuche.

König Kasimir III. erklärte, daß er den Orden in allen Fällen in seiner Sache vertreten werde, wenn der König von Ungarn oder dessen Gemahlin irgend einen Anspruch auf die genannten Lande erheben würden. Er verpflichtete sich, von diesen beiden Verzichtsleistungen zu besorgen und legte das Gelübde ab, niemals den Heiden gegen den Orden zur Hilfe zu eilen, weder öffentlich noch heimlich.

Diese Versprechungen machte er im Beisein von Janislaus von Gnesen, Bischof Mathias von Kujawien, Otto von Kulm und Bertold von Pomesanien, der Herzöge Semovit von Masowien und Wlodka von Dobrin, Wladislaw von Kosel und anderen.

Hochmeister Dietrich von Altenburg erklärte am selben Tage die Genehmigung des Friedensvertrages. Da er nunmehr fest auf das Eintreten dieses Friedens rechnete, widmete er sich der Ordnung des Ordensstaates im Innern. Er genehmigte dem Kloster Oliva das Vorrecht des Störfanges und der Bernsteinausbeute und berief zum Sommer 1337 ein großes Ordenskapitel auf die Marienburg ein.

Hier wurde eine Reihe neuer Gesetze vorgelegt, beraten und verabschiedet, die die Amtsverwaltung der Ritter, ihre Gottesdienstordnung und ihr Leben in den Ordensburgen, sowie die inneren Verhältnisse des Ordens betrafen. Dieser Kapiteltag fand am Tage des heiligen Bartholomäus statt.

Das Schulwesen, das dem Hochmeister sehr am Herzen lag, wurde durch eine neue Domschule zu Königsberg verbessert. Dietrich von Altenburg ließ einen für diese besonderen Aufgaben tauglichen Mann als Schuldirektor einstellen.

Als es zu einem Streit wegen des Schulbesuches und der Auswahl der Schüler kam, bestimmte der Hochmeister nicht nur die Stadtteile, deren Kinder die Schule der Hauptkirche oder die Schule der Pfarrkirchen besuchen sollten, sondern darüber hinaus traf er Anweisung, daß alle Schüler nach zwei Jahren in einer der Lehranstalten die Schule wechseln müßten, um in eine andere Schule der Stadt überzuwechseln. Dadurch sollte eine vielseitige und allumfassende Bildung aller Schüler sichergestellt werden.

Auf diese Weise wurde das Schulwesen auch in den anderen Städten verbessert und zugleich allen Schülern zugänglich gemacht. In Wehlau sprach der Ordensmarschall Heinrich Dusemer im Jahre 1339 den Bürgern eine freie Schulwahl zu.

Die Verratsaktion einiger Withinge, die in diese Zeit fiel, sollte den Ordenshasser Gedimin dazu verhelfen, die Bayerburg, die diesen Withingen zur Verteidigung anvertraut worden war, im Handstreich in Besitz zu nehmen. Das Vorhaben mißlang, weil dem Orden durch einen deutschen Edelknaben auf der Bayerburg dieser teuflische Plan gemeldet wurde. Der Edelknabe, der im Dienste Gedimins stand, floh zur Bayerburg, weihte die Ritter in den Plan ein, und diese nahmen die auf der Burg gebliebenen Withinge gefangen und stellten sich bereit.

Als einer dieser Withinge, der den Feind heranführen sollte, die Burg mit der feindlichen Vorhut erreichte, sah er anstelle der geöffneten Tore seine Kumpane über die Burgmauer schauen. Sie waren dort von den Rittern wegen ihres Verrats geköpft worden.

Gedimin ließ daraufhin den in seinem Lager befindlichen Withing niedermachen und versuchte, die Burg zu erstürmen, die unter dem Kommando des Ordensmarschalls Heinrich Dusemer stand, den der Hochmeister nach Erhalt der Warnung dorthin befohlen hatte.

Es gab ein schlimmes Gemetzel. Die Hälfte der Feinde wurden erschlagen. König Gedimin wurde von einem Pfeil tödlich getroffen. Die übrigen flohen und ließen für das Ordensheer reiche Beute zurück.

In der Verfolgung der Überlebenden wurden von Dusemers Truppen auf der Flucht weitere 1200 »Heiden« erschlagen.

Der bereits in hohem Alter stehende Hochmeister erlebte kurz darauf die besondere Würdigung Kaiser Ludwigs IV., der ihn seinen »Fürsten und Geliebtesten des Reiches« nannte und ihm schrieb:

»Ich gewähre aus kaiserlicher Macht dem Deutschen Orden das ganze Land Litauen, nebst Samaiten, Karsau und Rußland, soweit es die Heiden innehatten, zu eigenem und ewigem Besitz.«

Der Hochmeister wurde im Namen des Ordens mit der Verwaltung der weltlichen Verhältnisse und der gesamten Gerichtsbarkeit des gesamten Fürstentums investiert.

Das folgende Jahr 1338 zeigte dem Orden, daß der Papst nicht mehr auf seiner Seite stand, weil er Einflüsterungen des Bischofs von Krakau erlegen war, der den Orden des Unrechts und verbrecherischer Machenschaften anklagte:

Der Papst, von der Wahrheit dieser Worte überzeugt, schickte die beiden Nuntiare Probst Galhard von Chartres und Domherr Peter Gervais mit einer Vollmacht nach Preußen. Wenn nicht sofort das Unwesen des Ordens aufhöre, sollten sie ihn im Namen des Papstes auffordern, binnen sechs Monaten vor der Kurie zu erscheinen.

Als Kaiser Ludwig IV. erfuhr, daß der polnische König im Verein mit dem Erzbischof von Gnesen und dem Bischof von Krakau und allen anderen Bischöfen Polens den Orden vor dem päpstlichen Stuhl verleumdet hatte, schrieb der Kaiser an den Hochmeister, daß er keiner Vorladung, von welcher Seite sie auch kommen möge, Folge leisten dürfe.»Vorzüglich Uns steht die Verteidigung des Ordens zu. Wir ermuntern Euch daher, stärket Euren Geist in der Tugend der Beständigkeit und erhaltet Euch unter dem Schilde Unseres kaiserlichen Schutzes.

Laßt Euren Mut nicht durch Furcht und Schrecken brechen, denn Unsere mächtige Hand ist rüstig und bereit, gegen alle die Euer Land und Euren Orden überziehen, den wir auf das zärtlichste lieben, und mit Fleiß und Eifer für seine Wohlfahrt wachen werden.« (Brief Kaiser Ludwigs IV. vom 22. Juli 1338 aus Frankfurt).

Noch vor Jahresende begab sich der Hochmeister nach Thorn, wohin die päpstlichen Bevollmächtigten eingeladen hatten und einen Gerichtstag für das Jahr 1339 ansetzte.

Die beiden Nuntiare versuchten eine gütliche Ausgleichung herbeizuführen, um die Auseinandersetzungen zwischen der Krone von Polen und dem Deutschen Orden zu beenden.

König Kasimir III. erklärte denn auch, daß er die zwischen ihm und dem Orden getroffenen Vereinbarungen einhalten werde, wenn dieser ihm 14000 Gulden zahle.

Hochmeister Dietrich fühlte sich zu einer solchen Geldleistung nicht verpflichtet und erwiderte, daß er diese niemals leisten werde. Hätte der Hochmeister diese Summe gezahlt, wäre von ihm aus der geschlossene Friede gewissermaßen als ungenügend erklärt worden.

Nach einigen weiteren ergebnislosen Verhandlungen wurden der Hochmeister, seine Gebietiger und Komture am 15. September 1339 erneut erfolglos vorgeladen. Die erschienenen Nuntiare verlasen nunmehr folgendes Edikt:

»Der Hochmeister Dietrich von Altenburg und alle vorgeladenen Gebietiger und Komture werden um der Verwüstung und Verbrennung der Kirchen in Polen willen hiermit in den Bann erklärt. Die Aufhebung desselben ist nur dem Papst vorbehalten. Der Orden wird zur Wiederherstellung und zum Schadenersatz aller unbeweglichen Güter verurteilt. Er soll alle zum Reiche Polen gehörenden Güter und Länder, die er mit Heeresmacht überzogen, verwüstet und sich gewaltsam zugeeignet hat, als da sind Kulmerland, Pommern, Michelau, Dobrin und die Gebiete von Leslau und Brzese, dem König von Polen zurückgeben und ihm den Verlust an Einkünften und den erlittenen Schaden mit der Summe von 194500 Mark polnischer Münze vergüten und ferner endlich dem König auch die Prozeßkosten von 1600 Mark ersetzen.«

So lautete der Spruch der päpstlichen Nuntiare, den sie in der polnischen Metropole Krakau fällten.

Der Deutsche Orden wies – wie vorher schon – jegliche Anerkennung dieses Gerichtes und dieses Schuldspruches zurück. Die Vereinbarungen mit dem König von Polen waren bereits lange vorher getroffen und besiegelt worden. Davon ging der Orden keinen Jota ab.

Um gegenüber einfallenden Feinden gewappnet zu sein, ließ der Hochmeister nach Beratung mit dem Kapitel weitere Verteidigungsanlagen errichten. Die Bayerburg wurde durch weitere Wehranlagen befestigt und das auch 1339 wieder ins Land kommende Kreuzfahrerheer zog zur Eroberung der Heidenburg Welun aus. Deren Besatzung hielt stand und wegen der strengen Kälte zog sich das Heer wieder nach Preußen zurück.

Mit Beginn des Jahres 1340 wurden die Anstrengungen zur bestmöglichen Verteidigung des Landes fortgesetzt. Da man annahm, daß Polen die Wiedereroberung von Pommern als erstes Ziel angehen würde, ließ der Hochmeister eine mit starken Wehrtürmen versehene Pfahlbrücke beim Haupthaus der Marienburg über die Nogat errichten, damit die Kriegstruppen so schnell wie möglich darüber hinweg nach Pommern vorstoßen konnten. Damit war dann auch die Verbindung der Pommernkämpfer mit der Marienburg sichergestellt.

Die beiden Burgen von Danzig und Schwetz wurden ebenfalls mit neuen Festungswerken versehen. Wälle und Gräben mit Mauern wurden errichtet.

Dieser Angriff fand jedoch nicht statt, da für Polen ebenso wie für den Orden eine neue Gefahr heraufgezogen war:

Aus dem Innern Rußlands hervorbrechend, stürmten die Tataren unter ihrem Khan Usbek von Osten her in Richtung Polen. König Kasimir III. bat den Papst um Hilfe. Dieser bot alle Mittel auf, um den Ansturm dieses »wahren Feindes der Christenheit« zu stoppen.

Dieses zum Anlaß nehmend, schrieben die Bischöfe Otto von Kulm, Berthold von Pomesanien und Johannes von Samland an den Papst, um dessen Vorladung für den Hochmeister folgendermaßen abzublocken:

»Der Befehl des Papstes zum persönlichen Erscheinen des Hochmeisters ist bereits in der Art, wie er erfolgte, aufgehoben. Darüber hinaus aber werde sich Dietrich von Altenburg wegen der drohenden Einfälle der Heiden und besonders der Tataren, die gleichsam schon vor den Toren des Landes stehen, nicht aus dem Lande entfernen, um zur Abwehr der Tataren bereit zu sein. Dem Beschluß des Kaisers der Tataren, gemeinsam mit den Fürsten und den Königen, besonders der Litauer und Russen in das Ordensland Preußen, Kurland und Livland einzudringen, das Land gänzlich zu verwüsten und es seiner Herrschaft zu unterwerfen, werden wir nicht weichen. Niemals hat es eines so tatkräftigen Verteidigers bedurft, als den Meister Dietrich von Altenburg. Er kann sich nicht aus dem Land entfernen, ohne die Christenheit dieses Landes in größte Verzweiflung zu stürzen.

Der Hochmeister kann nicht glauben, daß es der Absicht des Heiligen Stuhles gemäß ist, wenn seine Nunzien, die sich als Richter für die Sache des polnischen Königs und vom apostolischen Stuhl beauftragte Exekutoren, den Orden so mißgünstig als verdächtig ansehen. Daß sie kraft der vom apostolischen Stuhl erschlichenen Vollmachtsbriefe eine Gerichtsbarkeit ausüben, die ihnen durch die heiligen Kirchengesetze untersagt ist, diese erschlichene richterliche Gewalt ist an sich schon nichtig und kraftlos.« (siehe Voigt, Dr. Johannes: a.a.O.).

Der Papst war beeindruckt und ließ die Urteile durch einige Kardinäle seines Vertrauens überprüfen. Damit ging das Jahr 1340 zu Ende und 1341 legte der Hochmeister auch noch den bestehenden Streit mit den Städten Danzig und Elbing bei.

Der Handel blühte auf. Den Thornern wurden die gesperrten Handelsstraßen nach Galizien wieder geöffnet, als der Hauptmann dieser russischen Provinz Demetrius Dezko deren Kaufleuten völlige Sicherheit versprach. Allen Thorner Händlern, die sich in seinem Lande niederlassen wollten, sicherte er entsprechendes Besitztum zu.

Mit Italien trat Preußen ebenfalls wieder in wirtschaftliche Beziehungen. So ging von Thorn ein starker Handel zur italienischen Stadt Piacenza aus.

Die fraglichen oftmals zu Streitpunkten ausartenden Differenzen um die Grenzen der Bistümer Samland und Ermland wurden bereinigt und mit dem Kloster Oliva dessen Gerichtsbarkeit, der Fischhandel und andere Gerechtsame, neu geordnet und 1341 ein Vergleich geschlossen, der die Ansprüche des Klosters und des Ordens gegenseitig aufhob und Oliva alle erworbenen Besitztümer bestätigte.

Während der neuen Verhandlungen mit Polen trafen anfangs Oktober 1341 der Erzbischof von Gnesen und weitere geistliche und weltliche Standesherren in Thorn ein. Der Hochmeister reiste mit einigen Begleitern dorthin.

Noch vor Beginn der Verhandlungen erschien mitten in der

Nacht der Großkomtur Ludolf König beim Markgrafen Karl von Mähren, Vertreter des böhmischen Königs Johannes, und teilte diesem mit, daß der Meister – bereits vorher nicht mehr gesund – durch die Reiseanstrengungen sehr entkräftet sei und nun schwer auf dem Krankenlager liege.

Auf Befragungen, wann mit einer Besserung zu rechnen sei, erklärte der Großkomtur, daß es keine Hoffnung auf Genesung mehr gäbe. Er bat Fürst Karl von Mähren eiligst zum Hochmeister zu kommen.

Der Fürst eilte sofort zu ihm. Als man den Hochmeister von dessen Kommen unterrichtet hatte, richtete sich dieser im Krankenbett auf und ließ sich sein Ordenskleid anlegen, um den Fürsten geziemend zu empfangen.

Die beiden sprachen einige Zeit über die zu treffenden Maßnahmen. Zum Schluß empfahl der Hochmeister den Orden und seine Brüder des Fürsten Fürsorge und Schutz. Danach sank er ermattet zurück. Wenige Stunden darauf starb Dietrich von Altenburg.

Mit großem Trauergeleit wurde »der letzte seines Stammes« (wie Huth in der Geschichte der Reichsstadt Altenburg S. 235 berichtete) von Thorn aus zum Haupthaus nach der Marienburg zurückgebracht und in der St. Annen-Kapelle beigesetzt, die er sich als letzte Ruhestätte hatte einrichten lassen. Auf seinem Grab wurde eine Steinplatte mit der Inschrift eingelassen:

> »Do unsers herren Christi iar
> was M dri C,XLI gar
> do starb der meistere sinerich
> von Aldenburc bruder Diterich.
> Hiezey in die meister begraben.
> Der von Aldenburc hat angehaben-
> Amen.«

(Der Todestag wurde im Anniversarienbuch mit dem 6. Oktober 1341 angegeben.)

LUDOLF KÖNIG VON WEIZAU
(1342–1345)

Der Hochmeister und die Landesverwaltung

Nach dem Tode Dietrichs von Altenburg trat der Großkomtur des Ordens, Ludolf König, die stellvertretende Nachfolge an, um die Zwischenzeit bis zur Wahl eines neuen Hochmeisters dem Orden vorzustehen.

Da die Friedensverhandlungen von Thorn noch nicht abgeschlossen waren, Ludolf König aber nicht befugt war, in so heiklen Sachen im Namen des Ordens zu entscheiden, galt die Wahl des neuen Hochmeisters als dringend.

Bereits zu Beginn des Jahres 1342 trafen die ersten Ordensoberen in Preußen ein – an der Spitze der Deutschmeister und der Meister von Livland.

Das Wahlkapitel tagte in der ersten Januarhälfte. Auf dem Wahltage wurde Ludolf König von Weizau aus Sachsen zum neuen Hochmeister ernannt. Die Wahl erfolgte einstimmig, da der Gewählte in der Zeit seines Großkomturates große Verdienste um den Deutschen Orden erworben hatte.

Nicht weniger als sieben Jahre diente er als Treßler und verstand es, den Ordensschatz zu mehren und damit viele Landkäufe des Ordens zu ermöglichen. 1338 wurde er durch Dietrich von Altenburg zum Großkomtur ernannt. Auch dieses Amt verwaltete er mit der ganzen Kraft seiner Persönlichkeit.

Gleichzeitig wählte das Ordenskapitel Heinrich von Boventen aus dem Rheinland zum neuen Großkomtur.

Der Hochmeister setzte das Revirement der Ordensgebietiger fort und bestimmte den bisherigen Komtur von Danzig, Winrich von Kniprode, zum neuen Ordensmarschall. Damit eröffnete er diesem eine Laufbahn bis hin zum Ordensoberen.

Oberster Spittler wurde Alexander von Komre.

Das Amt des Obersten Trapiers übernahm Konrad von Bruningsheim. Ordenstreßler wurde der Komtur von Torn, Friedrich von Spira.

Diese »Wandlungen der Gebietiger«, wie man jede Gesamtneubesetzung der Ordensspitze nannte, erfolgte in der Mehrzahl noch 1342, zum Teil auch noch 1343.

Für den neuen Hochmeister kam es vordringlich darauf an, die Verhandlungen mit Polen so rasch wie möglich wieder aufzunehmen. Dennoch befleißigte er sich zunächst gemäß der politischen Lage, die nach dem Tode Benedikts XII. und dem Amtsantritt von Clemens VI. entstanden war, zunächst der Zurückhaltung. Er wandte sich der Landesverwaltung zu und bemühte sich, das Wohl und Wehe der Bewohner des Ordensstaates zu verbessern. Dazu reiste er durch das ganze Land, um sich einen generellen Überblick über die Lage der Bauern und der Dörfer sowie über Handwerker und Bürger zu verschaffen. Er stellte eine Reihe von Eigentumsüberschreibungen, auch für die alten Stammespreußen, aus und versuchte – von seinen landwirtschaftlichen Beratern unterrichtet – den besseren Anbau der Äcker zu bewirken.

Städte und Klöster besuchte er ebenfalls und verlieh ihnen neue Vergünstigungen und Rechte. Der Handel von Thorn beispielsweise wurde durch ihn mit dem Bau neuer und größerer Handelshäuser und Lager verbessert. Es kam ihm auch darauf an, die alte Art des Warenverkaufes direkt aus den Lagerhäusern in die Kaufhäuser und Kramläden zu verlagern.

Die Wohnhäuser, die schlecht gesichert waren und der Raubsucht der damaligen Zeit Vorschub leisteten, mußten besser geschützt werden. Zu diesem Zweck ließ er auch die rechte Stadtseite von Danzig stärker befestigen. Darüber hinaus initiierte er den Bau der Danziger Marienkirche, die zu einer der bekanntesten Kirche des Nordostens wurde. Dieses imposante Bauwerk konnte unter ihm nicht mehr vollendet werden.

Dem nahe Danzig gelegenen Kloster Oliva wurde der besondere Schutz des Ordens nicht nur zugesagt, sondern auch durch die Bestätigung aller alten Vorrechte praktisch vollzogen. Die

Bernsteinfischerei, der Heringsfang und das Strandrecht gehörten dazu. Der Streit zwischen den Klöstern Pelplin und Oliva, der bereits seit langem über ungewisse Grenzen gloste, wurde von ihm beseitigt, die Streitigkeiten mit dem Nonnenkloster Sarnowitz beendet und diesem alle von den pommerschen Fürsten gegebenen Freiheiten, Rechte und Begünstigungen bestätigt.

In dieser Zeit hatte Papst Clemens VI. die Bischöfe von Meißen, Krakau und Kulm ermahnt, das Friedenswerk zwischen Polen und dem Deutschen Orden zu beschleunigen und zu einem guten Ende zu bringen.

Im Mai 1343 wiederholte er diese Mahnung. Da die beiden Abgesandten des Papstes, Bischof Johannes Grotho von Krakau bei König Kasimir, und Bischof Otto von Kulm beim Hochmeister eine »friedfertige Gesinnung vorfanden«, bestimmten sie im beiderseitigen Einvernehmen, daß beide Seiten sich in den ersten Julitagen in Kalisch treffen und den Frieden bekräftigen sollten.

Mit seinen engsten Vertrauten und Rechtsgelehrten zog Hochmeister Ludolf König ins Haus Morin in Kujawien ein. Von hier aus wollte er das Friedenswerk vollenden.

Am 8. Juli erfolgte dort das Friedenswort König Kasimirs. Dieser entsagte noch einmal seinen Ansprüchen auf das Kulmerland, das Haus Nessau und die beiden Höfe Orlow und Morin in Kujawien und bestätigte dem Orden diesen Besitz. Darüber hinaus leistete er Verzicht auf das Land Michelau und Pommern für sich und alle seine Nachfolger, auch im Namen seiner Gemahlin Adelheid.

Er werde, so seine Aussage, den Titel eines Herzogs von Pommern weder in Siegeln noch in Schriften jemals wieder gebrauchen noch annehmen. Ferner gelobte er feierlich, den Heiden nie wieder, ob in Rat oder Tat, gegen den Orden Hilfe zu leisten. Alle Ordensuntertanen in polnischer Gefangenschaft waren unverzüglich in Freiheit zu setzen. Dies sollte auch im umgekehrten Falle geschehen. Beide Seiten verpflichteten sich, die zurückgekehrten Bürger in keiner Weise zu belästigen. Seinen Reichsständen mußte der König von Polen die Verzichtsleistungen auf ihre Forderungen gegen den Orden abringen und den Orden davon freisprechen.

Dies alles schien dem Orden noch nicht zu genügen, weil er den sturen Trotz der polnischen Edlen kannte. Er verlangte außerdem auch von den polnischen Edlen eine Bürgschaftsleistung zur Aufrechterhaltung des Friedens.

Dementsprechend verzichteten Herzog Samovit von Masowien, Semovit Herr von Wisna, Semovit Herr von Czima und Boleslaw Herr von Ploczko auf ihre Rechte an Pommern, dem Kulmerland und Michelau und versprachen feierlich, allezeit den Frieden zu halten. Das gleiche erklärten die Herzöge Kasimir von Gnivkow und Ladislaw von Lanccicz und Dobrin.

Auch die Woiwoden und Castellane Polens bezeugten, daß sie niemandem, selbst ihrem König nicht, Beistand leisten würden, wenn er wegen der genannten Länder den Krieg erneuern werde. Der Hochmeister und seine Gebietiger verzichteten ihrerseits auf die bisher noch besetzten Länder Kujawiens und Dobrin und zogen ihre Besatzungstruppen von dort ab.

Nach diesen Vorarbeiten erschienen am 23. Juli 1343 bei dem zwischen Leslau und Morin gelegenen Dorf Wirbitzino, wo zwei prächtige Zelte aufgestellt worden waren, zunächst Erzbischof Jaroslaw von Gnesen und die deutschen Notare des Ordens, um die Friedensurkunden auszutauschen.

Danach trafen sich der König von Polen und der Hochmeister mit zahlreichem Gefolge zu einer ersten Zusammenkunft. Der Erzbischof von Gnesen trat vor die beiden Männer hin, verkündete feierlich den vollendeten Friedensschluß und trug der Versammlung den Inhalt dieses Friedensvertrages vor.

Beide Fürsten wechselten die Hauptfriedensbriefe aus und beschworen durch den Friedenskuß die beiderseitige Freundschaft. König Kasimir III. schwor den Frieden auf die Krone seines Hauptes, während der Hochmeister diesen durch Berühren des Ordenskreuzes bekräftigte. Als Zeugen für diesen Vertrag traten die Bischöfe von Leslau Matthias, Johannes von Posen, Clemens von Ploczk, Otto von Kulm, Berthold von

Pomesanien und Hermann von Ermland auf. Alle entsagten sie jeglichen Forderungen gegenüber der anderen Seite.

Somit war das Friedenswerk, dessen Ausführung lange Jahre gedauert hatte, für den Orden erfolgreich vollendet.

Landeskultur und die Verhältnisse zu Estland und Litauen

Hochmeister Ludolf König setzte seine zeitweise unterbrochene Tätigkeit zur Wohlfahrt des Landes fort und gab der Bitte Elbings nach, in ihrem Streit gegen Lübeck zu vermitteln. Dabei ging es um Rechtsfragen. Jeder, der sich in Elbing zu Unrecht verurteilt sah, konnte nunmehr – wenn auch erst auf ein Jahr – eine erneute Rechtsentscheidung über seinen Fall vor dem Gericht zu Lübeck anhängig machen. Damit war im Ordensland Preußen das erste Berufungsgericht geschaffen.

Als in der St. Georgsnacht des 23. April 1343 eine Verschwörung der Estländer ausbrach und diese ins Land Harrien einfielen, wurden 1800 Deutsche in diesem Land umgebracht. Kirchen und Klöster wurden niedergebrannt. Selbst auf der Insel Oesel ermordeten estnische Bewohner alle Deutschen, derer sie habhaft werden konnten. Der dortige Ordensvogt und das gesamte Konvent wurden umgebracht.

Da dieses Land Estland einen dänischen Statthalter hatte, ernannten die Dänen den Hochmeister des Ordens zu ihrem Hauptmann und Schutzherrn des Landes. Sie übergaben ihm Reval, das von deutschen Ordensrittern befreit wurde, Wesenberg und die umliegenden Lande, um diese der dänischen Krone zu erhalten.

In ihrer großen Bedrängnis und der Angst, von den Litauern niedergemacht zu werden, ließ der Bischof von Reval durch die Domstifte, Ritter und Vasallen die Deutschordensritter nach Livland rufen, um Kirche und Menschen zu schützen. Die Zahl der estnischen Empörer vermehre sich täglich und sofortige Hilfe sei nötig.

Als dem Ordensmarschall Reval übergeben worden war, schickte dieser Nachricht an den Hochmeister mit der Bitte, seine Kriegsmacht zu verstärken. Durch Spione hatte er erfahren, daß die Estländer einen Überfall auf Livland vorbereiteten, mit dem Ziel, auch dort alle Christen zu erschlagen.

Drei preußische Komture, Johannes Nothaft von Birgelau, Konrad von Gartow aus Engelsburg und Heinrich Dusemer aus Strasburg, brachen sofort mit 700 Reisigen nach Livland auf. Dort vereinigten sie sich mit den Kämpfern des Landmeisters von Livland und bildeten drei Heeresgruppen, die ins feindliche Gebiet von Harrien geführt wurden.

Sie schlugen den Aufstand mit allen Mitteln nieder, wandten sich danach Oesel zu, deren aufständische Bewohner inzwischen einen eigenen König namens Wesse gewählt und sich in einem dichten von einer Wehrschanze umsäumten Sumpfgebiet verschanzt hatten.

Diese Befestigungen wurden im ersten Ansturm genommen.

Für die 500 Christen, welche die Heiden ermordet hatten, wurden 2000 Heiden hingerichtet.

Trotz der unbarmherzigen Härte des Kampfes dauerte es noch den ganzen Winter, ehe der Landmeister von Livland diesen Aufruhr erstickt hatte.

Inzwischen war in allen Teilen Deutschlands zu einem neuen Kreuzzug gegen Preußen aufgerufen worden. In Böhmen und Mähren, Ungarn und Holland schlossen sich viele Ritter mit ihren Männern diesem Heerzug gegen die Heiden an. Alle Streitgruppen sammelten sich in Breslau. Von hier aus brachen sie rechtzeitig auf, um noch vor Wintereinbruch in Preußen zu sein.

Als Führer des Gesamtverbandes galt König Johann von Böhmen, der nun zum drittenmal gegen die Heiden zog. Ihm zur Seite stand der jugendliche König Ludwig von Ungarn. In ihrer Begleitung befanden sich Karl von Mähren, Graf Wilhelm IV. von Holland und die Grafen Günther von Schwarzenberg, Heinrich von Holstein und viele andere Grafen, Freiherren und Ritter.

Der Heerzug hatte sich noch nicht weit in Richtung Litauen bewegt, als die Nachricht eintraf, daß die beiden Großfürsten von Litauen, Olgjerd und Kynstutte, ins Samland eingefallen seien. Nach kurzer Beratung stimmten alle Fürsten dem Vorschlag zu, daß der Hochmeister sofort mit einem Heeresteil gegen das Samland marschieren und es verteidigen solle.

Die Litauer zogen sich vor dem Herannahen des Ordensheeres nach Livland zurück. Mit den Samaiten im Bunde richteten sie in den Gebieten von Mitau, Riga, Neuermühlen und Segewalde große Verwüstungen an.

Die Könige von Böhmen und Ungarn rieten dem Meister bei seiner Ankunft dort, der das Samland bereits frei gefunden hatte, dem Raubheer nach Livland zu folgen, um dort den Feind an weiteren Zerstörungen zu hindern.

Ludolf König hielt es jedoch für zweckmäßiger, die gesamte Streitmacht nach Litauen zu führen, also nicht das eigene Land zu verteidigen, sondern den Feind in seinem Lande zu schlagen und deren Land zu verwüsten.

Es gelang den Königen nicht, den Hochmeister von der Gefahr dieses Vorhabens zu überzeugen. Anfang 1344 zog dieser mit dem gesamten Heer der Kreuzritter nach Litauen, verwüstete durch Raub und Feuer einige Meilen Landes und zog sich dann zurück, da es nach der Flucht der Bewohner in die dichten Wälder an der Gelegenheit zu ritterlichen Kriegstaten gebrach. (siehe Voigt, Dr. Johannes: a.a.O.)

Die einsetzende milde Witterung zwang das Heer jedoch zur raschen Rückkehr nach Preußen.

Das Mißlingen dieser Heidenfahrt mit einem völlig erfolglosen zehntägigen Ritt durch Feindesland, ohne jede Beute, trotz der gewaltigen Zahl der Krieger, war verheerend. Die Kriegsgäste aus dem Ausland und Deutschland machten den Hochmeister und dessen Herren für diesen Mißerfolg verantwortlich. Sie erklärten, er habe durch diese mutwillige und leichtsinnige Handlung Leben und Wohlfahrt von Tausenden seiner Untertanen seinem Eigensinn geopfert. Ihm allein sei es zuzuschreiben, daß Könige und Fürsten mit ihren Streitern ohne

Kampf und ruhmlos sowie ohne jede Verdienste in die Heimat zurückkehren müßten.

Damit waren die Tage von Ludolf König gezählt, denn ein erfolgloser Hochmeister konnte und durfte das Ordensland nicht mehr führen.

Diese Vorwürfe setzten dem Hochmeister sehr zu, zumal auch der Landmeister von Livland mit seinen Vorwürfen nicht zurückhielt.

Diese Beschuldigungen trafen den Hochmeister schwer, schließlich war er als Mann von hitziger Gemütsart bekannt. Als dann auch in seiner engeren Umgebung das Verdammungsurteil über ihn ausgesprochen wurde, konnte er sich zu keiner Aktion mehr aufraffen, zu keiner Verrichtung sammeln. Diese Phasen der geistigen Lethargie steigerte sich zu schwerer Geistesverwirrung und arteten nach den Worten zeitgenössischer Geschichtsschreiber zeitweise in Wahnsinn.

Das ganze Jahr 1344 konnte sich Hochmeister König nur in seltenen Fällen zu einer geordneten Arbeit aufraffen und seine Regierungsgeschäfte versehen. Die Geistesverwirrung kehrte in immer kürzeren Abständen zurück. Als er gar einmal versuchte, sich das Leben zu nehmen, mußten die Gebietiger ihm einen persönlichen Diener zuordnen, der ständig in seiner Nähe blieb.

Ab und zu konnte Ludolf König noch kleine Reisen durch das Land unternehmen. Während dieser Zeit regierte der Großkomtur gemeinsam mit dem Ordensmarschall. Dennoch waren auch im Jahre 1345 noch immer Anzeichen seiner Amtsführung sichtbar, allerdings stets in Dingen von geringer Bedeutung.

Im Sommer 1345 konnte man sich noch immer nicht zu einer Amtsenthebung entschließen. Als aber im September 1345 der Hochmeister seinen Leibdiener unter dem Vorwand, ihn beim Gebet gestört zu haben, mit einem Messer angriff und schwer verletzte, waren die Würfel gefallen.

In der darauffolgenden Beratung der Gebietiger wurde beschlossen, den Meister zu bitten, sein Amt von sich aus niederzulegen, und sich die Schmach einer Amtsenthebung zu ersparen.

Als die Abgesandten zu ihm kamen, fand man Ludolf König bereit. Er erklärte, seiner Meisterwürde sofort zu entsagen. Dafür erhielt er das Komturamt zu Engelsburg im Kulmerland, das er erbeten hatte. Die Landesverwaltung wurde bis zur neuen Hochmeisterwahl dem Ordensmarschall Heinrich Dusemer von Arffberg übertragen. Gleichzeitig wurden die Meister von Deutschland und Livland sowie die obersten Gebietiger in Deutschland und Livland zur neuen Meisterwahl nach der Marienburg eingeladen.

Noch bevor dieses Wahlkapitel zusammentraf, griffen die lettischen Fürsten Olgjerd und Kynstutte am 1. November 1345 mit kampfstarken Reitertruppen an. Diese durchritten Sudauen und gelangten bis nach Rastenburg. Diese Stadt überfallend, hieben sie 45 Verteidiger vor den Toren derselben in Stücke, eroberten diese, setzten alles in Brand und führten alle Bewohner, Männer, Frauen und Kinder, in die Sklaverei hinweg. Binnen weniger Stunden war Rastenburg in eine Steinwüste verwandelt. Danach ritten die Angreifer mit ihrer Beute zurück.

Am 13. Dezember 1345 waren alle Ordensgebietiger auf der Marienburg eingetroffen. Der bisherige Hochmeister erschien als erster im Kapitel, um vor allen Versammelten seine Erklärung über die Amtsentsagung offiziell zu wiederholen. In offener Versammlung legte Ludolf König sein Amt nieder, um den Weg zu einer neuen Meisterwahl freizumachen.

Diese Wahl fiel auf seinen bisherigen Stellvertreter Dusemer von Arffberg.

Das Schicksal Ludolf Königs erregte im ganzen Land besonderes Mitleid. Ihm wurde die Ordensburg Engelsburg übergeben. Dieses Amt verwaltete er in aller Stille und erfolgreich, ja er erholte sich von seiner Schwermut, wurde ganz geheilt und wirkte auf der Engelsburg bis ins Jahr 1348, in dem er starb.

In der Kathedrale zu Marienwerder wurde er bestattet.

HEINRICH DUSEMER
VON ARFFBERG (1345–1351)

Früheres Wirken

Heinrich Dusemer entstammte einem adeligen pommerschen Geschlecht und hatte sich in mehreren Positionen des Ordens bereits rühmlich hervorgetan. Seit über zwanzig Jahren Ordensritter, wurde er 1327 als Konventbruder in Königsberg erstmals genannt, als ihm der damalige Hochmeister das Pflegeamt zu Tapiau übergab.

Einige Jahre darauf wurde er als Komtur von Ragnit eingesetzt, um danach die Verwaltung der Ordensvogtei im Samland zu übernehmen.

In den Jahren 1333 bis 1334 war er darüber hinaus auch Bernsteinmeister in Lochstätt. Danach wurde er als Komtur der wichtigen Komturei Brandenburg eingesetzt. Alle diese Dienststellungen sind durch Urkunden belegt und in den Verschreibungen der Freien von Samland genannt.

Ab Ende November 1334 amtete er bereits als Komtur zu Brandenburg. In dieser Eigenschaft legte er im Jahre 1335 mit Zustimmung des Hochmeisters Luther von Braunschweig auf dem linken Ufer des Alle-Flusses die Stadt Friedland an. Sie wurde vom Hochmeister mit 28 Hufen zu kulmischem Recht ausgestattet.

Während verschiedener Heidenkämpfe stellte er sich als großer Kämpfer und Taktiker heraus und zeichnete sich mehrfach durch besondere Tapferkeit aus.

Dies alles bewog Dietrich von Altenburg, ihn zum Ordensmarschall zu ernennen und ihm damit zugleich das Komturamt zu Königsberg zu übertragen, das er bis 1339 innehatte.

Wegen der bedrohten Grenzen übertrug ihm der Hochmeister schließlich das Komturamt von Strasburg. Von dort aus wurde er durch Ludolf König nach Livland geschickt, wo er den Aufstand der Estländer niederschlug. Nunmehr war er auch für das oberste Ordensamt prädestiniert.

Aktionen des Hochmeisters

Während der folgenden Litauereinfälle, die von den Fürsten Olgjerd und Kynstutte gegen den Orden geführt wurden, stellte Heinrich Dusemer die Sicherheit der Grenzen mit neuen Befestigungen her. An der Pissa ließ er die Johannisburg errichten. Von hier aus waren die Litauer beim letzten Überfall gegen Rastenburg ins Ordensland eingedrungen. Dies galt es für die Zukunft zu verhindern.

Der neue Meister von Livland, Goswin von Herike, der dieses Amt von Burchard von Dreyleben – nach dessen Ernennung zum Komtur zu Strasburg – übernommen hatte, begann im kommenden Winter eine weitere Heerfahrt nach Litauen. Die Streitkräfte beider Meister versammelten sich vor der Burg Memel. Von hier aus drangen sie nach Samaiten ein, stießen bis nach Auken vor, verheerten das Land, ohne Widerstand zu finden.

Ein weiterer Angriffsschlag führte in das Gebiet vor Germedien und hatte den gleichen Erfolg. Damit waren die kriegerischen Handlungen für dieses Jahr beendet.

Nach diesen Erfolgen wandte sich der neue Hochmeister der Errichtung neuer Dörfer zu. Alle Landbewohner wurden durch den Orden mit besonderen Vorteilen bedacht. Auch die Withinge wurden nach Kräften belohnt und konnten sich weiter in Preußen ausbreiten. Sie siedelten besonders im Raume Natangen und im Gebiet von Christburg und erfreuten sich nach und nach alle des Preußischen Rechts. Geflohene Litauer wurden aufgenommen, nachdem sie sich zum christlichen Glauben bekannt hatten und mit verliehenem Besitz ausgestattet.

Die Förderung der Viehzucht, vor allem der Schafzucht wurde vom Hochmeister besonders angestrebt, so daß es schließlich Bauern gab, die Herden von sechs- bis achthundert Schafen besaßen. Der Städtebau florierte. Vor allem wurde Marienwerder mit dem Bau einer neuen Kathedrale bedacht. Elbing erfuhr eine Erweiterung seiner Neustadt, die lübisches Recht erhielt. Vor allem aber wurde auch Thorn besonders begünstigt und konnte seinen Tuchhandel mit Polen weiter ausbauen, der ebenfalls von König Kasimir besonders gefördert wurde. Als Anerkennung der dem Orden vielfach geleisteten Dienste erhielt Thorn die niedere und hohe Gerichtsbarkeit.

Daß der Hochmeister auch in den anderen Städten streng auf das Gerichtswesen achtete war notwendig, denn im gesamten Ordensland nahmen die Straftaten – vor allem Gewaltverbrechen – zu.

Beispielsweise wurden vor dem Stadtgericht in Kulm in manchen Jahren dieser schwierigen Periode zwischen 16 und 24 Fälle von Totschlag, Mord und schwerer Körperverletzung verhandelt, die Verbrecher gerichtet und oftmals mit dem Tode bestraft.

Im Jahre 1344 kamen allein vier in der Stadt begangene Mordfälle, im folgenden Jahre sechs und 1346 gar acht zur Verhandlung. Im Jahre 1377 waren dies trotz der rigorosen Bestrafung bereits 16 geworden.

Andere Verbrechensfälle waren Hausfriedensbruch, Verstümmelung der Glieder und Straßenraub. Häufig waren auch Notzucht, Entmannung und Zauberei die Ursache. Aus diesen Gründen mußte das Gerichtswesen durchgreifend reformiert werden.

Auch die Konsolidierung der inneren Verhältnisse in Pommern mußte infolge der sich ständig vergrößernden Zahl der Grundbesitzer vorangetrieben werden, um den optimalen landwirtschaftlichen Anbau des Landes zu erzielen.

Alle jene alten aus der Zeit des Herzogtums stammenden Fron-, Hand- und Spanndienste, die jeden Bauern und Landmann schwer belasteten und ihnen die günstigste Zeit zur eigenen Feldbestellung nahmen, weil sie dann für den Grundherrn zu arbeiten hatten, wurden zunächst gegen Geldabgabe vermieden, dann aber zur Gänze erlassen. Eine Errungenschaft, die den Landbau im Ordensstaat Preußen schlagartig steigenden Ertrag brachte.

Unterhalb der Ordensburg Tuchel wurde eine neue Stadt gleichen Namens gegründet. Maßgeblicher Förderer derselben war der Tucheler Komtur Dietrich von Lichtenhain. Vom Hochmeister erhielt die Stadt in ihrer Handfeste die besondere Begnadigung, daß jede Hofstätte mit einem Garten und zwei Morgen Wiesenland ausgestattet und »für immer von jedem Hause unteilbar seien«.

Dafür nahm die Stadt die Verpflichtung auf sich, dem Hochmeister alljährlich zu Martini sechs Eimer Honig zu liefern. (Von dieser Abgabe wurde Tuchel im Jahre 1352 befreit).

An die Stelle des altbewährten Großgebietigers Heinrich von Boventen trat im Jahre 1346 Winrich von Kniprode, der bis dahin Marschall gewesen war. Das freie Marschallamt wurde Siegfried von Dahenfeld übertragen. Das Amt des Spittlers behielt zunächst Alexander von Kornre, der später durch Hermann von Kudorf abgelöst wurde. Neuer Trapier des Ordens war Konrad von Bruninghausen, der einige Zeit später durch Ludwig von Wolkenburg abgelöst wurde.

Das wohl wichtigste Amt des Ordens, die Finanzverwaltung desselben, übernahm als Treßler Johann von Langerak.

Im Spätsommer 1346 traf überraschend König Waldemar III. von Dänemark in Begleitung seines Bruders Otto und Herzog Erich von Sachsen-Lauenburg auf der Marienburg ein. Sie waren von einer großen Schar tüchtiger Kämpfer begleitet, um gegen die Litauer zu reiten. In Wirklichkeit ging es ihnen um die Befriedung der noch immer nicht zur Ruhe gekommenen Gegenden Estlands.

König Waldemar war zu Beginn dieses Jahres bereits einmal über Lübeck, durch einen Teil Preußens reisend, nach Reval geritten, um sich über die dortige Lage persönlich zu unterrichten.

Damals war auch der abermalige Verkauf Estlands an den Deutschen Orden (der das Land bereits früher schon einmal käuflich erworben hatte) in die Wege zu leiten. Da in der Zwischenzeit Prinz Otto, der Bruder König Waldemars, zugunsten seines Bruders auf den Thron von Dänemark Verzicht geleistet hatte, hatte er den Beschluß gefaßt, als Ritter in den Deutschen Orden einzutreten. Dadurch schien der Verkauf Estlands an Preußen leichter zu werden. König Waldemar reiste also im August 1346 dieses Jahres abermals nach Preußen. Am 29. August wurde der Kaufvertrag unterzeichnet. Der Orden übernahm das Land mit allen Burgen und Städten zur vollkommenen Landeshoheit für einen Betrag von 19000 Mark reinen Silbers kölnischen Gewichts.

König Waldemar betonte, daß er »um der guten Werke der Ordensbrüder teilhaftig zu werden, mit seines Bruders Zustimmung dem Orden alles schenke, was das Land in seinem Preise mehr wert sein könne«: (siehe Kaufvertrag: »Actum et datum Marienburg a.d Millesimo Trecentesimo Quadragesimo Sexto de collationis s. Johannis Bapt. im Geheimen Archiv Schiebl. XXVII, Nr. 3)

Der dänische König verweilte mit seinem Gefolge noch mehrere Wochen auf der Marienburg. Es galt noch die Zustimmung des Markgrafen Ludwig von Brandenburg und dessen Vaters, Kaiser Ludwigs, abzuwarten.

Am 21. September stellte Markgraf Ludwig seine Anrechte auf das Land für eine Summe von 6000 Mark reinen Silbers Kölnischen Gewichts dem Orden zur Verfügung. Damit hatte der Orden für ganz Estland 25000 Mark in Silber gezahlt.

Kaiser Ludwig erteilte bald seine Bestätigung, während der Orden auf eine solche von der Kurie in Rom länger warten mußte, bis sie schließlich auch von Papst Clemens VI. erteilt wurde. Die förmliche Übergabe des Landes wurde durch den dänischen Statthalter an den Meister von Livland, Goswin von Herike, vollzogen. Erst Ende des Jahres 1346 wurde dann der Verzichtsbrief auf Estland dem Hochmeister durch König Waldemar übergeben. Im Januar 1347 reiste Markgraf Ludwig zur Marienburg, wo er vom Hochmeister mit allem Glanz empfangen wurde.

Als er wieder abgereist war, brachen im Februar 1347 erneut

die beiden Großfürsten Kynstutte und Olgjerd mit ihren litauischen Truppen ins Ordensland ein und stürmten gegen Rastenburg. Zunächst aber zogen sie sengend und mordend durch das Bartherland bis vor die Burg Gerdauen. Vier volkreiche Dörfer wurden in deren Umkreis vernichtet. Danach wurde die Leunenburg berannt. Deren Besatzung hielt eisern stand, so daß das Raubheer nur die Vorburg mit einer dort liegenden Kirche in Brand steckte. Zwischen Rastenburg und Rößel wurden alle Dörfer geplündert und verbrannt, ehe dieser Heerhaufe mit vielen Sklaven abdrehte. Die Leunenburg mußte vom dortigen Ordensconvent aufgegeben werden. Der Hochmeister hob wenig später auch den Convent zu Insterburg auf.

Die reiche, leicht gewonnene Beute ließ den Feind nicht ruhen. Die Litauer drangen nun auch ins Samland ein, wo sie ebenfalls großen Raub machten.

Dies war für Hochmeister Heinrich Dusemer Anlaß genug, zu einem entscheidenden Kriegszug zu rüsten, um diesen Feind für immer zum Schweigen zu bringen. Anstelle der bisherigen Kriegsreisen sollte eines der größten Heere aufgeboten werden, die das Ordensland je gesehen hatte. In Deutschland und allen Ländern Europas wurde für diese entscheidende Heerfahrt geworben.

Ein Generalkapiteltag in den ersten Junitagen 1347 auf der Marienburg, sah den Meister von Deutschland, Wolfram von Nellenburg, und jenen von Livland, Goswin von Herike, dabei. Auch der zurückgetretene Hochmeister Ludolf König war zugegen. Zunächst wurde eine Reihe neuer Gesetze verabschiedet, welche die Ordensbrüder betrafen. So sollten ihre Kleiderordnung verbessert, ihre Vergnügungsreisen ins Land hinein unterbunden und die teilweise zur Zügellosigkeit ausufernde Lebensweise in den Conventen gestrafft werden.

Danach trug der Hochmeister die Begebenheiten zur Erwerbung von Estland vor. Da dieses Land zu weit von der Marienburg entfernt lag, also von ihr aus und durch den Hochmeister nicht wirksam regiert werden konnte, wurde beschlossen, das Land gegen eine Kaufsumme von 20000 Mark Silber dem Orden von Livland zu übergeben – unter der Bedingung, daß es der Hochmeister gegen Rückzahlung dieser Summe zurückerhalten könne.

Dieser Vorschlag wurde angenommen und der Meister von Livland zum obersten Verwalter und Hauptmann über die Gebiete Reval, Harnen und Wirland ernannt.

Der Hauptbeschluß war die Kriegsreise nach Litauen mit einem größtmöglichen Heer »zur Vernichtung dieser räuberischen Heiden«.

Diese vom Hochmeister favorisierte Angelegenheit forderte von allen Beteiligten den letzten Einsatz und den ganzen Sommer über ihre hektische Aktivität.

Im Herbst wurde diese große Vorbereitung jäh durch einen neuerlichen Angriff aus Osten unterbrochen. Wieder war es der Großfürst von Litauen, der mit einer starken Truppe über Ragnit durch den Grauden-Wald nach Insterburg führte und bis Wehlau gelangte. Diese Stadt leistete den wilden Horden keinen Widerstand, alle Bewohner waren geflohen. Sie wurde verwüstet, bevor die Litauer ihren Vorstoß in Richtung zur Alle ins Gebiet Wohnsdorf fortsetzten.

Hier fand der Feind durch eine Truppe - unter dem Ordensritter Werner von Holland – den ersten starken Widerstand. Doch dieser kleine Verband vermochte den Feind nicht zu stoppen. Ritter Holland wurde mit 14 seiner Männer erschlagen. Eine bedeutende Zahl an Kriegern teilte mit ihnen das gleiche Schicksal. Alle übrigen wurden gefangen und weggeschleppt.

Der Hochmeister erwartete dringend die Hilfe aus dem Reich und dem befreundeten Ausland, die ab Januar 1348 eintraf. Aus Frankreich und England kamen die Ritter nach Preußen, um sich unter die Fahne des Deutschritterordens zu stellen.

Der Hochmeister hatte inzwischen die Komture Pommerns, des Kulmerlandes und Preußens mit der gesamten Wehrmannschaft zusammenfassen und in den Bereitstellungsraum vorziehen lassen. Damit belief sich die gesamte Heeresmacht auf 40000 wohlbewaffnete und berittene Kämpfer.

Die Engländer wurden von Graf Thomas von Offart geführt, der bereits 17 Jahre zuvor eine Kreuzzugsreise nach Preußen angeführt hatte. Der Hochmeister übernahm die Führung aller Streitkräfte, während Ordensmarschall Siegfried von Dehnenfeld das Ordensheer führte, dessen einzelne Gruppen von Winrich von Kniprode und Ludwig von Wolkenberg, dem Ordenstrapier, befehligt wurden.

Unter der Ordensfahne mit dem großen Bildnis der Jungfrau Maria ging es zunächst nach Insterburg. Hier blieb der Hochmeister auf Anraten seiner Gebietiger mit einem Teil der Streitmacht zurück, um überraschenden Überfällen aus anderen Richtungen entgegenwirken zu können. Die Führung übernahmen die genannten Ordensoberen, nunmehr unter Marschall Winrich von Kniprode.

Die Grenze nach Litauen wurde am Sonnabend dem 26. Januar 1348 überschritten. Es ging nach Süden auf Kauen zu. Sieben Tage zog das Ordensheer über das Land. Raub und Mord und Brand wurden verbreitet und auf Befehl des Marschalls weder Alter noch Geschlecht geschont.

Der achte Tag aber sah den Angriff der Feinde, die sich diesem verheerenden Schlag entgegenwarfen. Großfürst Olgjerd hatte inzwischen mit Nowgorod, das er belagerte, Frieden geschlossen und war mit Verstärkungen aus Rußland, vor allem aus den Städten Wladimir, Brzesk, Smolensk und Polotsk, herangekommen.

Ordensmarschall Winrich von Kniprode zog sich soweit zurück, bis er sich an der südlich der Wilia fließenden Strebe mit dem gesamten Heer in geschlossener Schlachtordnung zum Kampf stellte. Wenn der Feind hier angriff, dann stand er mit dem Rücken zur Strebe.

Am 2. Februar 1348 begann der litauische Angriff mit einem Lanzen- und Pfeilregen, der manchen Ordensritter niederwarf. Danach kam es zum Handgemenge bei dem sich die Ordensritter mit großer Tapferkeit schlugen. Der Kampf wurde am blutigsten im Bereich der Hauptfahne des Ordens ausgetragen, welche die Litauer erobern wollten.

Bei ihrer Verteidigung fielen 50 der tapfersten Ritter, unter ihnen der Komtur von Danzig, Gerhard von Stregen, und der Bischofsvogt von Samland, Johannes von Lonstein.

Trotz des Feindeinbruchs in die erste Schlachtreihe des Ordens ging dieser nun zum Gegenangriff über und warf alles nieder, was sich ihm in den Weg stellte. Sowohl die Litauer als auch die Russen wandten sich zur Flucht. Alles stürmte – und genau zum hinter ihnen liegenden Fluß. Das Ordensheer überflügelte die Litauer rechts und links und verhinderte ihr Entkommen seitlich am Fluß entlang und drängten von den Flügeln aus den Feind zusammen.

Dieser versuchte über das Eis des Flusses zu entkommen, das unter dem Gewicht hunderter Litauer brach, die in die eisigen Fluten stürzten. Dem Führer dieses Heeres, Fürst Olgjerd, gelang es, mit einigen wenigen Reitern nach Welun zu entkommen.

Es war ein entscheidender Sieg, der größte den das Ordensheer jemals errungen hatte. Er mußte mit dem Tod von 4000 Rittern und Kämpfern erkauft werden. Der Feind verlor 18000 Mann. Dieser Sieg wurde der Jungfrau Maria zugeschrieben, deren Fahne die Ordensritter mit ihrem Blut und Leben verteidigt hatten.

Beutebeladen erreichte das Ordensheer Königsberg. Hier wurde der Bau eines Klosters in Angriff genommen und der Mutter Maria geweiht. Im nächsten Jahr zogen hier 13 Jungfrauen des Bernhardinerordens ein.

Noch im Laufe dieses Jahres wurden zwei neue Heerestruppen aufgestellt und durch den Vertreter des Ordensmarschalls, Siegfried von Dahenfeld, nach Samaiten geführt. Insgesamt wurde der gesamte Raum sechs Tage lang geplündert.

Im Sommer des Jahres trafen weitere Kämpfer aus Deutschland ein. Sie zogen vor die Burg Welun, die als Schutzfeste des nahegelegenen heiligen Waldes galt. Vier Tage lang wurde diese Burg berannt, bevor der Feind, in Stärke von 1500 Mann aufgab. Burg Welun wurde in Brand gesteckt, die gesamte Besatzung mit Weib und Kind nach dem Samland geführt, dort getauft und auf die ländlichen Besitzungen verteilt.

Der Orden hatte mit diesen Siegen Hochachtung und Ansehen der deutschen Fürstenhäuser erringen können. Die Fürsten Frankens, Hessens, Bayerns und Österreichs schenkten dem Ritterorden ihre besondere Gunst. Ritterliche Brüder strömten ins Ordensland, um für diesen zu streiten. Eine Reihe von ihnen wurden wegen ihrer hohen Verdienste um den Orden als Halbbrüder aufgenommen.

Fast in jedem Jahr zogen zahlreiche Gruppen ins Ordensland um »im Glaubenskampf wider Christi Feinde« der Seele Seligkeit den einstigen Lohn des Himmels zu erlangen, und – nicht zuletzt – einen Ritternamen zu erringen. »Dieser konnte nirgends zu höherem Ruhm und mit einer schöneren Weihe gewonnen werden, als im heidnischen Lande, von Männern, die in Schwert und Kreuz Rittertum und Religion vermählten.« (siehe Voigt, Dr. Johannes: a.a.O.).

Die letzten Jahre des Hochmeisters

In den letzten Jahren des Hochmeisters Heinrich Dusemer von Arffberg galt es vor allem die Landesverwaltung auszubauen, den Frieden seiner Untertanen zu erhalten sowie Gedeihen und Wohlstand der Städte zu mehren. Handelsverträge mußten geschlossen werden – vor allem mit Polen, unter Gewährung einer freien Handelsstraße durch Polen, auf der allen Kaufleuten aus Preußen volle Sicherheit gewährt wurde. So erhielten die Handelsherren aus Preußen freien Durchzug über Sandomir nach Ungarn.

Daß nach wie vor der Tuchhandel aus Thorn an der Spitze stand, war den Verbindungen zu verdanken, weil von dort aus über die Weichsel zur See hin und in entgegengesetzter Richtung, ins Innere Polens, die Handelswege frei waren. Auch alle übrigen Handelsgüter ließen sich unter dieser Liberalisierung verkaufen und kaufen.

Von Elbing aus wurde der Handel zur See verbessert. Hier war es der Getreidehandel, denn in den Werdern um Elbing gedieh Getreide prächtig. Neben Elbing war auch noch Danzig am Handelsverkehr mit den Niederlanden beteiligt.

Der Orden unterstützte diesen Aufschwung nach Kräften. Elbing, das bedeutende Dammarbeiten am Werder ausführte, wurde für alle Zeiten von der Dammpflicht ausgenommen. Neben Thorn, Danzig und Elbing wuchs auch Königsberg mehr und mehr zur vierten großen Handelsstadt im Ordensland heran und erhielt die gleichen Rechte wie diese. Um eine einheitliche Münze besorgt, ließ der Hochmeister ordenseigene Münzen in Gestalt von Groschen prägen, von denen je 20 auf eine Mark gingen.

Eines allerdings machte dem Hochmeister Sorgen. Mit dem steigenden Wohlstand machte sich überall im Ordensland auch Wohlleben, Schwelgerei und Genußsucht im Übermaß bemerkbar. Ihm blieb nichts anderes übrig, als reisenden Ordensbrüdern den Aufenthalt in den Städten zu verbieten und besonders vor Elbing zu warnen, wo Völlerei und Trinkgelage an der Tagesordnung zu sein schienen.

In dieser Zeit wurden vom Hochmeister die Städte Seesten und Sensburg neu gegründet. Thorn erhielt eine stärkere Befestigung. Schippenbeil wurde mit einem Gründungsprivileg bedacht.

Besorgt zeigte sich der Hochmeister auch um die Hebung des Wohlstandes der Menschen auf dem Lande. Er förderte die Viehzucht, besonders die Zucht von Schafen, um dem Tuchhandel weiter aufzuhelfen.

Auf eigene Kosten ließ er einen der vielen Flüsse umleiten, um die Mahlwerke einiger Mühlen besser nutzen zu können. Darüber beauftragte er den Komtur von Balga und den Vogt von Natangen, neuen Ansiedlern die Ansiedlung durch Landvergabe zu ermöglichen und damit die vielen leerstehenden Höfe nach den Litauer Brandzügen wieder zu besetzen.

Meister Dusemer erwarb sich im Preußenland die Hochachtung und Verehrung aller. Strenge Gerechtigkeitsliebe hatten die Neuordnung des Gerichtswesens zur Folge. Seine Liebe für die Landwirtschaft äußerte sich in den besonderen Vergaben an Bauern, Einzöglinge und Kölner.

Alles dies wurde plötzlich durch besondere Schicksalsschläge in Frage gestellt. So suchte die Pest im Jahre 1350 auch das Ordensland heim. Es war der dritte Pestausbruch und wurde als schrecklichste seit Menschengedenken angesehen.

Die Pest hatte bereits in England 40000 Tote gekostet und in Skandinavien und Polen viele Tausende niedergestreckt. Nunmehr suchte sie auch das Ordensland heim.

»Der Bruder floh den Bruder, das Kind die Eltern, der Gatte die Gattin, weil jeder körperliche Kontakt fast unfehlbar ein Todesurteil war. Alle Gottesdienste hörten auf. Feiern und Begräbnisse entfielen, alle Ordnung und die Gesetze gingen unter.« (siehe Schulze Dirschau, Hermann: Der deutsche Osten).

Preußen hatte ebenso wie alle anderen Länder, die von dieser Seuche verheert wurden, furchbares Leid zu ertragen. In einem Jahr starben in Danzig 13000 Menschen. In Thorn raffte die Pest 4000 Bürger hinweg und in Elbing waren es gar 6000, die dieser Geißel zum Opfer fielen. Königsberg hatte 8000 Menschen zu beklagen und der Orden verlor 117 Ordensbrüder.

Ein weiteres schreckliches Unglück geschah dem Kloster Oliva. Hier versuchten einige Küchenbuben an einem stillen Freitag, als die Mönche nach der Messe im Refektorium Brot und Wasser zu sich nahmen, den verrußten Schornstein zu reinigen. Dazu steckten sie eine Masse trockenen Strohs in den Kamin und zündeten es an.

Das Feuer loderte aus dem Schornstein hinaus. Funken wurden vom starken Wind auf das Dach des Schlafhauses getrieben und setzten es in Brand. Wie ein Sturmwind breiteten sich die Flammen über die Kirche und sämtliche Klostergebäude aus. Vom Kloster Oliva blieben nur noch die Grundmauern stehen.

Mit Elan gingen alle an den Wiederaufbau dieses bekannten Hauses. Äbte und Bischöfe, der Hochmeister und alle Gebietiger stifteten für den Wiederaufbau, der binnen Jahresfrist – von einigen Innenarbeiten ausgenommen – wiedererstand.

Im Nachsommer 1351 berief der Hochmeister, auch er mußte der Krankheit und dem hohen Alter Tribut zahlen, zu einem großen Kapiteltag ins Haupthaus des Ordens. Dort legte er am 14. September 1351 sein Amt freiwillig nieder und äußerte den Wunsch, seinen Lebensabend in der schönen Ordensburg Brathean verbringen zu dürfen. Dies wurde ihm einstimmig zugesichert. In dieser ruhigen Umgebung lebte er noch ein Jahr, ehe er verstarb. Seine Ruhestätte fand Heinrich Dusemer von Arffberg in der St. Annen-Kapelle zu Marienburg.

WINRICH VON KNIPRODE
(1351–1382)

Erster Ritter des Ordens

Die Wahl des neuen Hochmeisters, die am 16. September 1351 auf der Marienburg stattfand, fiel auf den Großkomtur des Ordens, Winrich von Kniprode. Er sollte über 30 Jahre lang den Orden bis zu seinem Tode am 24. Juni 1382 führen.

Winrich von Kniprode stammte aus der kleinen Ortschaft Kniproth, am rechten Rheinufer gelegen, nur wenige Kilometer unterhalb von Köln.

Sein Geburtsjahr ist nicht bekannt, ebenso wenig über seine Jugendzeit. Er wurde als Ordensbruder in untergeordneter Stellung im Jahre 1334 das erstemal genannt, als er als Kompan (Stellvertreter oder Adjutant) des Pflegers von Preußisch Holland eine Urkunde unterzeichnete.

Im Jahre 1338 wurde er von Dietrich von Altenburg zum Komtur von Danzig ernannt. Drei Jahre darauf ernannte ihn Hochmeister Ludolf König zum Komtur von Balga und wieder zwei Jahre später im Jahre 1343 wurde er Ordensmarschall. Das war eine kontinuierliche Beförderung bis in die Spitzenpositionen des Ordens hinein. In dieser Eigenschaft war er auch zugleich Komtur von Königsberg.

Als Marschall und damit Befehlshaber des Ordensheeres war der Heidenkampf eine seiner vordringlichen Aufgaben. Er hatte die Grenzen zu sichern, dazu unterstanden ihm auch die Kreuzfahrerheere, die nach Preußen kamen.

Im Jahre 1346 wurde er durch Heinrich Dusemer zum Großkomtur und seinem ersten Rat ernannt und übernahm die Landesverwaltung für einen Zeitraum von fünf Jahren.

Winrich von Kniprode war nach den Berichten der Zeitgenossen eine »ehrfurchtgebietende Erscheinung, von würdiger fürstlicher Haltung. Sein Geist vereinte alle Züge und Eigenschaften in sich, die den Ritter und Helden ziert.« (siehe Voigt, Dr. Johannes: a.a.O.)

Nach Antritt seines Hochmeisteramtes wechselte er die Gebietiger aus. Das Amt des Großkomturs übernahm Heinrich von Boventen. Ordensmarschall wurde Siegfried von Dahenfeld. Oberster Spittler Hermann von Kudorf, Trapier Ludwig von Wolkenberg und Treßler Johann von Langerak.

Alle waren sie im Dienst des Ordens erfahren und vielfach bewährt. Die ersten zu meisternden Widernisse lagen in der ungebändigten Urnatur, die wieder einmal im Ordensland zuschlug.

Nachdem ein riesiger Komet alle Menschen des Ostens in Angst und Schrecken versetzt hatte, wütete im Raume Danzig noch im Jahre 1351 ein Orkan von bisher nicht erlebter Stärke. 60 Schiffe kenterten im Hafen und 37 Türme aller Art stürzten ein.

Danach kehrte die Pest nach Danzig und in andere Ordensstätte zurück. Aller Handel kam zum Erliegen und der Sittenverfall der Menschen nahm zu. Alle edlen menschlichen Gefühle wurden unter diesen Zwängen der Naturkatastrophen im Geleit dieser Pestseuche hinweggespült.

Zu alledem kam der erneut aufflammende Klein- und Buschkrieg im östlichen Preußen. Die Litauer drangen das erstemal wieder tief nach Samland ein.

Von der Operationsbasis Königsberg aus, zugleich ja auch Sitz des Ordensmarschalls, gingen die Kämpfe gegen die Litauer weiter. Königsberg wurde für den gesamten Orden so etwas wie eine Kriegsschule und ein Hort der Verteidigung.

Winrich von Kniprode war nicht nur der Regent des Ordenslandes Preußen, sondern auch dessen erster Ritter und Kämpfer. In den folgenden 30 Jahren war es dieser Hochmeister, der nicht nur die wirtschaftliche Blüte fortsetzte, sondern auch den Aufschwung der Städte forcierte. Er verhalf dem Handel des Ordensstaates auch auf politischem Gebiet weit über die See zu den Ostseeländern zur Anerkennung und Respekt. Der innere Aufbau des Landes hatte Vorrang gegenüber äußeren Machtbestrebungen. Kriege mit Polen wurden vorerst vermieden.

Der Anfang des Niederganges: Krämer statt Ritter

Nach Kasimirs III. Verzicht auf Pommerellen stand dieser mit dem Orden auf gutem Fuße und förderte gleicherweise wie die Ordensoberen den deutsch-polnischen Handel.

In Bezug auf die inneren Verhältnisse kam es von der dezentralistischen Verwaltung der Anfangszeit mehr und mehr zu einer Zentralisation in der Verwaltung, und damit zur Einsetzung von zentralen Behörden und Ämtern, womit sich der Orden zur Struktur eines modernen Staates bekannte.

Wichtig für den Hochmeister war es, die riesigen Getreidemassen der Erzeugung des Ordenslandes als Exportgut zu vermarkten. Darüber hinaus wurde der Bernstein als Ordensregal verwaltet.

Nunmehr trieb der Orden auch auf eigene Faust Handel mit den Städten. Dazu hatte er eine zentrale Organisation geschaffen, an deren Spitze die beiden Großschäffer von Marienburg und Königsberg standen.

Daß diese Entwicklung den Orden von seiner ursprünglichen Bedeutung weg und gesinnungsmäßig materialisierte, zeigen die folgenden Konflikte mit den Städten auf, die sich aus deren Konkurrenz zum Orden ergaben.

Dazu kamen gerade in dieser Zeit auch Fälschungen von vermeintlichen Privilegien des Papstes, darin sich der Orden selber das Recht zum Handeltreiben, Geldverleihen und zu Zinsgeschäften zusprach.

Die materielle Blüte des Landes gefährdete, wie an vielen Fällen anschaulich unter Beweis gestellt wurde, das Festhalten an den eigenen Ursprüngen und die Treue gegenüber der Ordensidee.

In dem Augenblick, als der äußere Höhepunkt Preußens erreicht war, setzte der innere Abschwung ein. Im Unterschied

144

zu anderen Orden zeigte sich, daß dieses Absinken nicht nur den Orden selber, sondern die Existenz des Ordensstaates Preußen in Frage stellte.

Kriegführung und Eroberung, zunächst Mittel im Dienste der Ordensidee, mit welchen die Heiden überwunden und der christliche Glaube verbreitet wurde, wurden aus Mangel an zu bekehrenden Heiden seltener. Was zuerst Missionskrieg, Eroberung und Einbeziehung heidnischen Bodens in die christliche Werteordnung gewesen war, und den völligen Einsatz aller Ordensbrüder auf Blut und Tod gefordert hatte, ging zu Ende.

Als schließlich auch der Deutsche Orden eine Macht des Geldes geworden war, als man gar damit begann, sich kriegerische Hilfe zu erkaufen und Söldner anzuwerben, nahm auch der Verfall der Ritterschaft seine Lauf. Der Orden folgte nun ebenfalls – das Geld dazu stand zur Verfügung – der Entwicklung des Kriegswesens, in welcher Söldnerscharen die Drecksarbeit verrichteten.

Mit dem Tage, da auch der Orden Söldnerscharen in seinen Dienst nahm, sie die heißen Kastanien aus dem Feuer holen ließ, wurde er sich selber untreu, brach er mit der eigenen Auffassung, die auf einer alle Ritter bindenden Idee bestand, und verzichtete auf seine ureigensten Aufgaben.

Durch Geldkäufe Territorien zu erwerben, mochte noch angehen, andere für sich kämpfen zu lassen, aber stand dem ursprünglichen Wesen vom ritterlichen Kampf entgegen, machte ihn zum Handel und verstieß gegen das Grundgesetz ihres eigenen Daseins.

Daß der Handel darüber hinaus politische Zusammenhänge schuf und zunächst die sechs wichtigsten Handelsstädte des Ordens, Danzig, Königsberg, Thorn, Kulm, Elbing und Braunsberg in eine feste Bindung zur Hanse zwang, bewirkte, daß die Hanse gleichsam das gesamte Ordensland vertrat und der Orden an hansischen Rechten partizipierte.

Die Außenpolitik dieser sechs Städte war demzufolge auch nicht auf den Orden, sondern auf die Hanse fixiert. Dies zeigte sich an den hier nur angerissenen Kämpfen der Hanse gegen

König Waldemar IV. Atterdag von Dänemark. Der Sieg der Hanse, der im Frieden von Stralsund 1370 verbrieft wurde, wurde zum Erfolg des Ordens, ohne daß dieser am Kampf beteiligt war.

Mit den Hansestädten des Ordens war also auch der gesamte Ordensstaat in die wirtschaftlichen und politischen Zusammenhänge des Ostseegebietes hineingewachsen und zu einer großen Ostseemacht geworden.

Daß nach dieser Entwicklung vor allem die Kultur des gesamten Landes und seiner Bürger neben der ritterlichen aufblühte und sich zu behaupten wußte, zeigten die Städte und Zentren der Geldmächte, die teilweise zu selbständigen Mittelpunkten des geistigen Lebens geworden waren.

Während auf den Ordensburgen diese geistige Regsamkeit zurückging, nahm sie in den Städten mehr und mehr zu. Die ritterliche Geschichtsschreibung verlor in dem Maße ihren Spitzenrang, wie sich das geistige Schaffen in den Städten weiterentwickelte und zu eigener Größe aufstieg.

Damit war der Beginn der Überwindung ritterlicher Lebensart durch die Stadtbürger eingeholt und nach und nach hinter sich gelassen worden. Daß damit verbunden auch der Sieg der Geldwirtschaft einherging, zeigte schließlich auf, daß das Wesen des Deutschen Ordens und damit auch die Grundlagen seines Staates nicht mehr der Zeit entsprechend waren.

Die großen Städte unternahmen denn auch Schritt für Schritt die Lockerung und schließlich ihre Loslösung vom Ordensstaat, bis hin zu jenen Ereignissen, die schließlich den Untergang des Ordensstaates Preußen und des Ordens selber einleitete – dem Bund der preußischen Städte gegen Gewalt.

Je mehr die zunächst einzigen und grundlegenden Aufgaben des Deutschen Ordens, die Heidenmissionierung und die Errichtung des Christentums in den Heidenländern entfiel, obwohl die ärgsten jener Heidenvölker, die Litauer, nach einem hundertjährigen Kampf nicht einmal endgültig besiegt waren, nachdem der eindeutige Doppelzweck der Kriegszüge des Ordens gegen Samaiten und Litauen nicht mehr galt, waren die weite-

146

ren Kämpfe nichts anderes mehr als gegenseitige Eroberungs- und Verteidigungsschlachten.

Da der Ordensstaat Preußen seine Außenpolitik nach dem tiefer werdenden Eindringen in fremdes Land ausrichten mußte, hatte diese Außenpolitik jenen Spielregeln zu folgen, die sich aus den Beziehungen und Verhältnissen der einzelnen Mächte und Kräfte zueinander ergaben. Dadurch verstärkte sich zwangsläufig der politische Gegensatz zu Polen.

Auch durch diese machtpolitischen Bedingungen und realpolitischen Notwendigkeiten wurde der Missionscharakter des Heidenkampfes, der gegen die Prussen noch völlig eindeutig war, aber gegen Litauen bereits abgewandelt wurde, zur Farce. Daß Livland ebenso wie der Ordensstaat Preußen ein quasi selbständiger deutscher Staat geworden war, änderte nichts an der Tatsache, daß dieses Land durch die gemeinsame Organisation des Deutschen Ordens zusammengewachsen war.

Es war der harte litauische Druck auf die Verbindung Preußens zu Livland, jene Landbrücke, die der Orden ebenso wie Livland brauchten, um einander helfen zu können, der den Hochmeister des Ordens dazu zwang, in fast jedem Jahr eine »Reise« nach Litauen zu unternehmen, bei denen es stets auf beiden Seiten um Mord und Totschlag, um Sengen und Brennen ging.

Diese Landbrücke brauchte der Orden ebenso wie Livland und ersterer war dauernd bemüht, die letzte entscheidende Aufgabe, die dem Ordensstaat Preußen gestellt war, zu verhindern. Daß er sie letztendlich nicht erfüllen konnte, besiegelte sein Schicksal.

Wie diese Verbindung auch von Seiten der Kurie bewertet wurde zeigt ein Brief von Papst Gregor XI. an Kaiser Karl IV., in dem er schrieb:

»Welche Liebe, welche Huld und Geneigtheit der Deutsche Orden, diese sicherste Schutzmauer der Christenheit, dieser würdige Pflanzer des christlichen Glaubens und glorreiche Bekämpfer der Ungläubigen in den Augen der Fürsten und der

147

ganzen christlichen Welt verdient, das erkennt deine Herrlichkeit aus der Kunde von den großen Taten der Mitglieder dieses Ordens viel zu gut, und es würde deshalb auch unsere Emp-
fehlung bei dir völlig überflüssig sein.«

Doch diese Eloge war bereits auf Vergangenes gehalten.

Daß es für den deutschen Adel denn auch keine größere Ehre
als den Ritterschlag auf einer Litauerfahrt gab, schien selbstverständlich. Ja, die Ritterschaft in fast ganz Europa war auf
der Fahrt nach Osten als Kreuzfahrer irgendwann schon einmal unterwegs gewesen.

Dies kam nicht zuletzt daher, daß die echte lebende Ritterschaft in ganz Europa dahinschwand und nur noch im Ordensland Preußen ritterlicher Ruhm zu erringen war.

Während sich in Europa die ritterlichen Formen auflösten,
steigerten sie sich im Ordensland Preußen im Schatten der
mächtigen großartigen Marienburg, die hoch über der Nogat
hinausgewachsen war, noch ein letztes Mal in einer ungeahnten Weise.

Damit trat auch der Mönch und Beter im Deutschen Orden
mehr und mehr zurück, um dem Ritter und Kämpfer weiteren
Raum zu geben. Neben der ritterlichen Lebensart des Reitens
und Kämpfens verkamen die mönchischen Lebensformen zu
einem fast nebensächlichen Beiwerk – womit auch diese Beson-
derheit des Ordens dahinging.

Der Krieg gegen die Litauer wandelte sich vom Heidenkampf
zu einem kriegerischen Messen der Kräfte mit vielfach sehr
unritterlichen Begleiterscheinungen.

Es wird von Zeitgenossen und späteren Geschichtsschreibern
mehr und mehr bekannt, daß die Ritter aus Deutschland und
anderen Ländern Europas nicht mehr zur Heidenfahrt sondern zu einer fröhlichen Hetzjagd nach Samaiten einfielen, falls
das Wetter ihnen zusagte, um dort Heiden zu jagen, frei nach
dem Motto:

»Haid ein, pusch ein, unverzagt,
recht als derr füchs und hasen jagt.«

Wie nannte es beispielsweise der zeitgenössische Chronist Peter Suchenwirt, der sich im Gefolge des jungen Herzogs Albrecht III. von Österreich im Jahre 1377 unter den über 2000 Reisigen seiner Herren befand?

»ihn trug sein Herz und auch sein will,
daz er zu ritter werden wollt.«

Nachdem diese »angehenden Ritter eine »heidnische Hochzeit« überfallen hatten und »ein tanz mit den Heiden war getreten«. Nach erfolgreichem Gemetzel wurden neben dem Herzog 74 weitere Adelige »für diese Heldentaten« zu Rittern geschlagen.

Dennoch und trotz beiderseitiger Massaker und aller dieser Meldungen, von denen die Geschichtsbücher überquellen, erlebte das Rittertum unter Winrich von Kniprode seine tiefste Ausprägung, herrschte die Kulturform der Herrenschicht, die als »Brüder des teutschen Hauses St. Mariens« das Land Preußen beherrschten.

So erschien denn auch Hochmeister Winrich als der Ritterbruder des Ordens, der die edelsten Formen ritterlichen Daseins und ritterlicher Tapferkeit mit seiner Weisheit, seiner Erfahrung verwaltete. Mit gütiger und dennoch fester Hand lenkte er die vielfältigen Kräfte des Landes. Es war vor allem seine fürsorgliche Bauernpolitik, die große Werte für den Ordensstaat schuf.

Reformierung des Staates und seiner Menschen

Beim Einfall der Litauer unter ihren Fürsten Kynstutte und Olgjerd ins Samland 1352 zogen auch Kämpfer des Fürsten Patirke von Smolensk, einem Sohn Kynstuttes, ins Preußenland. In vier Kampfgruppen aufgeteilt tauchten sie am Kurischen Haff ebenso auf wie im Raume Schaken und an der Deime. Allein aus der Gegend Schaken und Caymen wurden 700 Männer und 500 Frauen und Kinder geraubt. An Händen und

Füßen gebunden wurden sie auf die Schlitten geworfen und ebenso wie die erbeuteten Viehherden fortgeschleppt.

Als der vierte Heerhaufen unter dem Fürsten von Smolensk entlang der Deime in Richtung Labiau zog, wurde er von dem Komtur Henning Schindekopf in einen Hinterhalt gelockt und vernichtend geschlagen. Auf dem Weg zum Kurischen Haff brach das dünne Eis der Deime und 1500 litauische Reiter ertranken. Fürst Patirke wurde von Henning Schindekopf gerettet und gefangengenommen. Henning Schindekopf ließ ihn in einem Wagen seinem Vater wieder zuführen.

In der folgenden friedlichen Zeit wandte sich Hochmeister Winrich der Ordnung in den Landesburgen und der Bildung der Ritterbrüder zu. Eine Reihe neuer Besitzer erhielten durch ihn Begnadigungen im Erbrecht, andere freie Marktgerechtigkeit beim Verkauf ihrer Erzeugnisse.

Vor allem aber wandte sich Winrich von Kniprode gegen das aus dem Ruder gelaufene Leben in den Städten, in denen die Reichen gegeneinander mit Schmuck und Glanz protzten. Durch eine neue Kleiderordnung gestaltete er das Bürgerleben um. Darin verfügte er:

»Bürgermeister, Schultheißen und Ratsherren sollen im Winter einen langen Mantel und ein Marderfell um den Hals, im Sommer einen Hut mit drei silbernen Knöpfchen und einen Gürtel mit silbernen Spangen nebst Degen mit silbernen Scheiden tragen.

Den Kaufmann soll ein seidenes Wams und ein goldener Ring auszeichnen, auf welchem sein Kaufmannszeichen eingegraben ist, womit ein jeder seine Waren zu bezeichnen hat.

Der gemeine Bürgersmann soll lundisches Gewand und kein anderes etwa teueres tragen, doch mit silbernen Heften oder Malgen geschmückt. Alle soll der männliche Schmuck des Bartes zieren.

Der Kopfputz der Frauen sollen Sammethauben in der Form der Fürstenhüte, nur obenhin mehr gespitzt und zugebogen, sein. Die reicheren mögen sie mit Goldstoff oder goldenen Borden schmücken.

Den Jungfrauen, als Ratsherren-Töchtern, soll vergönnt sein, ihr Haar mit Perlenkränzen oder silbernen Spangen, minder vornehmeren das ihrige mit gebogenen oder ungebogenen Flittern zieren.

Diese Tracht soll den Bürgern und den deutschen Bauern auf dem Lande sehr wohl gefallen haben.« (Einzelheiten zur allgemeinen Kleiderordnung wurden von Simon Grunau Tr.XIII c. 1 und durch Lucas David, Bd. VII, S. 29–33 wiedergegeben).

Die Stellung des Bürgers und die Bestimmung seines Lebens und Wirkens im Ordensstaat Preußen wurde ebenfalls durch den Hochmeister präzisiert.

Für Winrich von Kniprode genügte es nicht, alle Kraft und alles Streben lediglich auf das innere stille Leben, den Handel und die Gewerbe zu wenden.

»Der Bürger muß wehrhaft und waffenfähig sein«, lautete seine Devise.

Dies veranlaßte den Hochmeister, die Bürger der Ordensstädte auf die stetig drohende Kriegsgefahr vorzubereiten. Dies bedeutete, sie in der Kunst der Führung aller Waffen einzuüben. Dies konnte nicht nur durch sturen Drill erfolgen, sondern mußte auch jedem Teilnehmer etwas besonderes geben.

Winrich führte aus diesem Grunde in den Ordensstädten die Sitte des Vogelschießens ein. Gute Schüsse wurden mit Preisen belohnt und für den besten Schuß gab es die Eintagswürde eines Schützenkönigs, der ein Jahr lang in der Schützengilde als erster galt. In den örtlichen Zwingern und Schießgärten wurden nach seiner Weisung außerdem Schießübungen nach der Scheibe veranstaltet. Binnen weniger Jahre wurden diese Waffenübungen zu einem beliebten Sport in ganz Preußen. Daß damit im Kriegsfalle dem Orden Tausende gut geübter Bogenschützen zur Verfügung standen, war der ernstere Sinn dieser Vergnügungen.

Diese Bürger waren für den Hochmeister äußerst wichtig. Sie traten zum Schutz ihrer Städte und dem der Ordensburgen auf den Plan, wenn der Feind das Land angriff. Damit war eine Streitmacht entstanden, die immer zur Verfügung stand und nicht nur – wie die Ritter-Kreuzzüge – einmal, höchstens zweimal im Jahr.

Darüber hinaus war der Hochmeister bemüht, den Rittern eine höhere Bildung zu ermöglichen, um außer dem Kampf gegen die Heiden auch ihre geistigen Kräfte zu wecken und ihre adelige Gesinnung zu stärken. Darüber hinaus versetzte er einige der geistig regen Ritter in die Lage als Komtur einen Bezirk zu führen oder als Ordensrichter zu dienen.

Dazu war es notwendig, den inneren Zustand der Ritterkonvente des Landes unter die kritische Lupe zu nehmen. Deshalb schickte Kniprode den Komtur von Thorn; einer der gebildetsten Ritter, mit einem geistlichen Ordensbruder aus dem Konvent des Haupthauses zur Seite, durch ganz Preußen. Der Komtur hatte unbegrenzte Vollmacht, alles strengstens zu untersuchen, Verstöße gegen Regeln, Gesetze und Gewohnheiten des Ordens an Ort und Stelle mit Härte zu ahnden.

Durch diese Helfer wurde der Hochmeister über alle Vorkommnisse im Orden unterrichtet. Danach ordnete er an, daß jedem Ordenshaus in Preußen, das einen vollen Konvent, also mindestens zwölf Ritterbrüder und sechs Ordenspriester hatte, zwei besonders gelehrte Ordensbrüder zugeführt wurden. Der eine davon mußte die Gottesgelehrtheit und der andere das Recht beherrschen. Diese sollten alle anderen Brüder in Sachen des Glaubens und des Rechts unterweisen.

Zur Pflanzschule für den Nachwuchs in den Führungsschichten des Ordens erkor er die Marienburg. Hierher berief der Meister die besten Gelehrten aus Deutschland, Italien und anderen Ländern – vor allem Rechtsgelehrte. Diese hatten eine Schule für Ordensritter zu leiten, aus der die Komture anderer Ordenshäuser oder Richter hervorgehen würden. Botschafter für den Kaiserhof oder die Kurie wurden hier ebenfalls zu diesem Dienst erzogen. Sie sollten die Sache des Ordens mit Gewandtheit und Wissen vertreten.

Auf der Marienburg entstand ein gelehrter Verein – eine Art von Rechtsschule für jene Ritter, die sich den Anforderungen für diesen Unterricht als gewachsen erwiesen. Lichtpunkte von

Bildung und Gelehrsamkeit entwickelten sich hier. Aus diesen wurde ein Konsistorium von rechtserfahrenen Männern gewissermaßen ein Hoher Gerichtshof ins Leben gerufen. Dieser erwarb binnen weniger Jahre einen ausgezeichneten Ruf, nicht nur im Orden selber, sondern auch bei Fürsten und Städten des Auslandes wurden sie immer wieder um besonderen Rat angegangen.

Diese Friedensarbeit wurde im Februar 1353 durch litauische Überfälle unterbrochen. Das kleine Ordensheer wurde umzingelt und geschlagen. Ein Teil der Gefangenen wurde von den Litauern ermordet. Gern hätte der Hochmeister diese Untat gerächt. In diesem Herbst fand jedoch wegen der ungünstigen Witterung keine »Kriegsreise« statt.

Die Stammpreußen und die Landwirtschaft

Einige Käufe rundeten den Ordensstaat weiter ab. Winrich von Kniprode bereiste das Land und lernte in den Städten und Ansiedlungen die Bedürfnisse und Schäden kennen, die es zu erfüllen oder zu beseitigen galt. Mehrfach zeichnete er alte Stammpreußen durch besondere Vergünstigungen aus. Er gestattete ihnen neue Dörfer zu gründen und das Schultheißenamt mit einem der Ihren zu besetzen.

So bekam der Preuße Nenozodis sechs Hufe (auch Huben = ca. 10 Hektar) Landes auf Erbrecht mit der Befreiung von den Zinslasten für sechs Jahre zugesprochen. Die beiden Preußen Jannesite und Sangede, die das Dorf Schönfeld gegründet hatten, erhielten für alle Bewohner desselben 13 Freijahre und das Erbrecht an den einzelnen Höfen.

Wichtig für alle Bauern aber war, daß der persönliche Hand- und Spanndienst zunächst mit Geld abgegolten werden konnte und später ganz aufgehoben wurde. Durch die Vergabe freier Jagdgerechtigkeit wurde der große Schaden, den das Wild anrichtete, gemildert.

Oftmals wurden weite Landstrecken ausgegeben, die von den

Menschen gerodet wurden. Dort wuchsen Dörfer in die Höhe und vergrößerten den Wohlstand des Landes.

Daß der Honigbau sich besonderer Liebe erfreute und daß auch die Obstbaum-Veredelung und -zucht nicht zu kurz kamen, zeigen die auf diesem Gebiet errungenen Fortschritte auf. Das Landschulwesen wurde verbessert und vom samländischen Domkapitel bedeutend erweitert.

Als der Papst eine härtere Gangart gegen die heidnischen Litauer anmahnte, wurde eingangs Februar 1355 unter Ordensmarschall Siegfried von Dahenfeld ein neuer Kreuzzug nach Samaiten angetreten. Fünf Tage wurde das Gebiet von Medenicken, weitere Tage die Räume Wayken und andere verwüstet.

Im Sommer folgte ein ähnlicher »Kreuzzug«. Als es Winter wurde, fiel ein dritter Kreuzzug – zum Segen für die Heiden – aus. Die Ordensburg Ragnit war nämlich in einer starken Feuersbrunst bis auf die Grundmauern niedergebrannt. Alle Kriegsausrüstung, Pferde, Vieh und sämtliche Vorräte wurden ein Raub der Flammen. Als die Burg weitgehend wiedererbaut war, brach ein neuer Brand aus und vernichtete sie abermals. Erst der dritte Aufbau glückte.

Der Hochmeister reiste in der letzten Bauphase selber nach Ragnit. Auch er war vom Pech verfolgt. Als er eines Tages auf der »Baustelle« Anweisungen gab, stürzte er zu Boden und brach sich den rechten Schenkel.

Als Kaiser Karl Vl. deutscher König wurde, bestätigte er den Orden im Jahre 1354 in allen Freiheiten und Rechten, die ihm seit Kaiser Friedrich II. verliehen worden waren.

Im Rechtsstreit des Ordens mit dem Meister von Livland gegen den Erzbischof von Riga gelang es Winrich von Kniprode, Papst Innozenz für den Orden günstig zu stimmen, indem er ihm zwei ausgezeichnete Zelterpferde schickte. Der Papst bedankte sich, ermahnte vor allem den Orden, die Fortsetzung des Kampfes gegen die Heiden anzuordnen.

Der damit fällige Kriegszug nach Samaiten fand im Jahre 1357 statt, als Ritter und Edle aus Deutschland, Frankreich,

England und Schottland zum Heidenkampf nach Preußen zogen. Bei Ragnit wurde die Memel überschritten, das Land Wayken erneut verheert und in den Gebieten Rossiene, Subna und Galva bis hinunter nach dem südlicher gelegenen Bisten das Land ausgebrannt.

Als sich die einzelnen Gruppen auseinanderzogen und auf schnelle Beute aus waren, überfiel eine feindliche Kampfgruppe das Verpflegungslager des Ordens, erschlug die 150 Wächter und nahm alle Vorräte weg. Ordensmarschall Siegfried von Dahenfeld, der den Zug führte, wurde nach diesem Debakel nicht mehr für solche Einsätze aufgestellt.

Die folgenden beiden Jahre verliefen für Preußen friedlich.

Diese Atempause benutzte Winrich von Kniprode zu einer Visitation des Ordenslandes. Er ritt mit großem Gefolge nach Pommern und erwarb dort die Klöster Lukna und Bissow. Danach besuchte er das Kloster Oliva bei Danzig.

Als der Meister auf dem Hauptaltar der Klosterkirche Reliquien vom Holz des Kreuzes Christi sah, ferner solche vom Heiligen Grab und vom Calvarienberg, vom feurigen Busch des Propheten Moses und vom Kleid der Jungfrau Maria, war er tief gerührt.

Die Heiligtümer von sieben Aposteln, ein Zahn Maria Magdalenas und Reliquien vieler weiterer Heiliger erblickend, tat er alles, um die eine oder andere Reliquie für die Hauptkirche der Marienburg zu erwerben.

Nach seiner Rückkehr schickte er den Ordensbruder Lippold von Eglen nach Paderborn und ließ dessen Bischof bitten, dem Orden einige Reliquien des heiligen Liborius zu schenken. Der Bischof schickte dem Orden zwei echte Reliquien des Heiligen, damit deren Gotteskraft dem Deutschen Orden den Sieg über die Widersacher im Glauben verleihen möge. (siehe Urkunde Paderborn a.d. 1359 domin. qua cantatur Jubliate, im geh. Archiv Paderborn).

155

Die Pest und die Litauer

Das Jahr 1360 brachte Preußen abermals die Pest ins Land. Allein in Elbing fielen ihr 13000 Menschen zum Opfer. Als Ordensmarschall war inzwischen der bewährte Henning Schindekopf tätig, der ehemalige Komtur zu Balga und Vogt von Natangen. Er hatte das Amt von dem am 23. Juli dieses Jahres verstorbenen Marschall Siegfried von Dahenfeld übernommen. Schindekopf führte die Kreuzzügler nach Welun und verheerte diese Stadt. Der Hochmeister ließ indessen mit vereinten Kräften nahe Ragnit die Burg Neuhaus errichten. Henning Schindekopf folgte seinem Beispiel und befahl die Windenburg zu bauen, welche die Einfahrt aus dem Haff in die Memel sichern sollte.

Während dieser Arbeit ging die Burg Memel aus Unvorsichtigkeit in Flammen auf. Der Marschall teilte seine Streitkräfte, um auch diese Burg wieder aufzubauen. Weitere Gefechte und deren Abwehr folgten.

Als Elbing von der Pest heimgesucht wurde, brach Mitte August 1360 ein starker Orkan los, der in den Häfen starke Schäden anrichtete und die Getreidefelder verwüstete. Im Jahre 1361 gelang es dem Orden im Kampf gegen die Litauer deren Großfürsten Kynstutte, gefangenzunehmen. Dieser war durch den Ritter Hanke von Eckersberg aus dem Sattel geworfen worden. Fürst Kynstutte wurde auf die Marienburg geschafft.

Von Meister Winrich mit Schonung und Hochachtung behandelt, aber dennoch ständig von zwei Rittern bewacht, saß er vier Wochen in Haft, ehe es ihm gelang, den Kammerdiener Alf zu bestechen, einen getauften jungen litauischen Menschen. Der verhalf ihm zur Flucht. In einem weißen Ordensmantel mit schwarzem Kreuz gelang es Kynstutte mit seinem Helfer auf zwei von diesem entwendeten Pferden das Haupthaus zu verlassen. Die Wache öffnete dem vermeintlichen Ordensritter das Tor. Kynstutte erreichte Masowien. Von Liebstadt aus

schickte er dem Hochmeister die »geliehenen« Pferde mit Dank
zurück. Darüber hinaus dankte er dem Hochmeister für die
gute Herberge im Ordenshaupthaus.

Beim Einfall der Litauer 1361 nach Preußen wurde Kynstutte ein weiteres Mal gefangengenommen. Er konnte auch diesmal aus der Haft entkommen.

Neue Kämpfe gegen Litauen

Winrich von Kniprode war nunmehr fest entschlossen, die
Litauer zu vernichten, da er wußte, daß diese nicht mit den
Überfällen auf das Ordensland aufhören würden.

Dazu bot sich 1362 die beste Gelegenheit, als eine große
Anzahl Edler mit ihren Reisigen aus mehreren Ländern Europas
nach Preußen zogen. In Königsberg versammelten sich die
Kampfgruppen der Kreuzfahrer mit den unter Großkomtur
Wolfram von Baldersheim und Ordensmarschall Henning Schin-
dekopf dorthin reitenden Verbänden der Ordenskämpfer.

Danach reiste auch der Hochmeister, begleitet von Bischof
Bartholomäus von Samland, unter der Ordensfahne der Jung-
frau Maria dorthin, und setzten sich an die Spitze des riesigen
Heerzuges.

Alles brach in Richtung zur Memel auf. Am 13. März 1362
ging ein großer Heeresteil auf die bereitliegenden Schiffe um
memelaufwärts, vorbei an Welun und Bisten, Kauen zu erreichen.

Die dortige litauische Burg wurde nach der Truppenlandung
belagert. Sie wurde von Waydot, einem Sohn Kynstuttes, verteidigt. Die Ritter schwuren »unter den Mauern dieser Burg eher
zu sterben, als das Heidenhaus ungewonnen zu verlassen.«

Bei dieser Belagerung wurde das erstemal in der Geschichte
des Kampfes im Ordenslande ein Pulvergeschütz benutzt, um
die Burg sturmreif zu schießen. Der Chronist sprach davon,
daß »dennoch woren nicht die groß in Steynbüchsen sondern
alleine lothebüchßen« eingesetzt. (siehe Lindenblatt: a.a.O.).

Die Burg wurde systematisch zertrümmert. Nachdem ein festes Vorwerk an der Wilia durch den Blydenmeister Marquard aus Marienburg niedergeworfen war, und die Ordensritter von hier aus ungehindert in die Burg eindringen konnten, war deren Schicksal besiegelt.

Die Verteidiger hatten die Parchamsmauer dicht bei dicht besetzt, um den letzten Ansturm zu stoppen. Plötzlich stürzte die Mauer mit den darauf stehenden Verteidigern zusammen und begrub auch noch etwa 400 Kämpfer des Ordensheeres unter sich.

Durch ein in Brand gestecktes Gebäude erlitten die Ordenskrieger weitere Verluste. In den Flammen fanden auch der Vogt von Mohrungen, Johann von Zeno, und zwei Ordensritter, die die Heerfahne von Elbing trugen, den Tod.

Der Kampf tobte weiter und Wochen vergingen. Am Palmsonntag befahl der Hochmeister, von allen Seiten zu stürmen. Doch einige Tage vor Ostern kam ein Bote des Fürsten Kynstutte, der außerhalb der Burg und der Einwirkung des Ordensheeres lagerte, und ließ den Hochmeister um eine Unterredung bitten, der dieser entsprach.

Als Fürst Kynstutte sagte, daß die Belagerer niemals in die Burg kommen würden, wenn er dort die Führung habe, entgegnete der Hochmeister gelassen: »Wenn es euch nötig dünket, so nehmet die Euren so viele ihr wollt und begebt euch frei zur Burg hinauf. Wir hoffen zu Gott, ihr werdet sie nicht verteidigen und behaupten können.«

Fürst Kynstutte kehrte zu den Seinen außerhalb des Umklammerungsringes zurück. Dies schien ihm doch zu unsicher. Nach weiteren Treffern der Belagerungsgeschütze wurde die Hauptmauer eingerissen und die Burg durch hineingeworfenes Feuer verbrannt.

Die Überlebenden wagten einen Ausbruch durch das Tor zur Wilia, wo der Komtur von Ragnit, Heinrich von Scheningen, mit seinen Männern und Burchard von Mansfeld, der Kumpan des Ordensmarschalls, standen.

600 Litauer wurden an dieser Stelle »erwürgt«. 500 hatten

die Flammen verzehrt und eine große Zahl war in der brennenden Burg erstickt.

Nur Kynstuttes Sohn Waydot und 36 seiner Bojaren überlebten dieses schreckliche Ende. Sie entkamen und gerieten in Gefangenschaft.

Am Abend des Ostertages, die Burg war nur noch ein glosender Aschehaufen, versammelten sich die Ritter über ihren Trümmern und stimmten das Lied an:

>>Christ ist erstanden!<<
Dieses endete mit den Worten:
>>Wir wollen alle fröhlich sein,
die Heiden sind in arger Pein,
Kyrie eleison.<<

Das Ordensheer marschierte zur Marienburg zurück. 1363 traf eine neue Kämpferschar im Preußenlande ein. Mit dem Hochmeister an der Spitze brach dieses Heer in das Gebiet Erogeln und Pernare ein und verheerte es. In der Nähe des alten prussischen Heiligtums Romove zwischen der Wilia und Nawese wurde >>alles durch Feuer verwüstet und das Volk teils erschlagen, teils gefangen hinweggeführt.<<

Mit dem Heer des Meisters von Livland drangen die Ritter noch weiter in Feindesland hinein. Ein heidnischer Priester mußte sie >>von Dorf zu Dorf und von einem verborgenen Schlupfwinkel zum anderen<< führen.

>>So hatten die Gebietiger, vor allem der kühne Komtur von Ragnit, Heinrich von Scheningen, und Burchard von Mansfeld das heidnische Land acht Tage lang in Weite und Breite mit Feuer und Schwert durchzogen.<< (siehe Wiegand: a.a.O.)

Der Befehl des Hochmeisters war damit erfüllt: >>Die Heiden im Nachbarland unablässig zu bekämpfen, ihre Kraft dadurch immer mehr zu schwächen und ihren kriegerischen Trotz zu demütigen. Dadurch wird unser Land mehr und mehr gegen Raubgier und Plünderungslust gesichert.<< (siehe Voigt, Dr. Johannes: a.a.O.). Kriegszüge gegen Litauen, Einfälle der

Litauer ins Ordensland wechselten in der Folgezeit einander ab.

Im Verständnis seiner Epoche war Winrich von Kniprode nicht nur im Ordensland und Deutschland, sondern auch in Frankreich, Italien und England eine der »ruhmwürdigsten und ausgezeichnetsten Männer seiner Zeit. Er war als einer der großen Helden seines Ordens gewürdigt worden. Für den Papst war der Orden »die sicherste Schutzmauer der Christenheit und der glorreichste Bekämpfer der Ungläubigen! (siehe Papstbrief an Kaiser Karl in: Raynald, Annales, eccles. anno 1366, Nr. 29)

Im Jahre 1368 erteilte Papst Urban V. dem Orden und den Komturen von Elbing, Danzig, Christburg, Brandenburg, Balga, Osterode, Schwertz, Thorn, Leipe, Strasburg, Ragnit, Dünamünde, Segewalde, Wenden, Goldingen, Jerwen, Fellin und Narwa die Erlaubnis, auf ihren Kriegsreisen gegen die Ungläubigen vor Anbruch des Tages vor einem tragbaren Altar Messen halten zu lassen. (siehe Papstbulle Montefiascone IV cal. Septemb. p.a. sexto 29. August 1368)

Burgen wurden beiderseits der Grenzen nach Litauen erachtet und vom Feind niedergerissen. In der Schlacht bei Rudau 1370, bei der die Litauer wieder von Kynstutte geführt wurden, kam es am 17. Februar bei dem Dorf Quedenau zur Schlacht. Kynstutte hatte seine beiden Söhne Witowd und Jagal mit eigenen Truppenteilen ausgestattet. Auf dem Felde zwischen Transzau und Mülsen fiel Ordensmarschall Henning Schindekopf, von einem tödlichen Pfeil mitten im Gesicht getroffen. Er starb wenige Zeit später.

Die Schlacht wurde siegreich beendet. Kynstutte mußte die Flucht ergreifen. Aber 26 Ordensritter und über 200 ihrer Kämpfer blieben tot auf dem Schlachtfeld zurück. Unter ihnen Kuno von Hattenstein, Komtur zu Brandenburg, und sein Hauskomtur Heinrich von Stockheim, sowie der Korntur von Theden, Petzold von Kurwis. An der Stelle, wo Ordensmarschall Henning Schindekopf gefallen war, ließ Winrich von Kniprode eine steinerne Gedenksäule errichten.

Der »Sommerremter« im Hochmeisterpalast stammt
aus den Jahren 1390 bis 1395.

Albrecht von Brandenburg-Ansbach, 1511–1525, residierte als letzter
Hochmeister des Ordens im Ordensstaat Preußen,
ehe er sich Polen unterwarf.

Hermann von Salza, 1209–1239, Hochmeister. Bronzestatue auf der Marienburg.

Winrich von Kniprode, 1352–1382, ist der am längsten amtierende Hochmeister.

Siegfried von Feuchtwangen, 1303–1311, war der erste Hochmeister, der nach Westpreußen zog und den Grundstein zum Ordensstaat Preußen legte.

Albrecht von Brandenburg, der letzte Hochmeister.

Die Wappen
der Hochmeister
auf der Marienburg
1308–1467

Siegfried
von Feuchtwangen
1303–1311

Karl von Trier
1311–1324

Werner von Orseln
1324–1330

Luther
von Braunschweig
1331–1335

Ludolf König
1342–1345

Heinrich Dusemer
1345–1351

Winrich von Kniprode
1352–1382

**Konrad Zöllner
von Rotenstein
1382–1390**

**Konrad
von Wallenrode
1391–1393**

**Konrad
von Jungingen
1393–1407**

**Ulrich von Jungingen
1407–1410**

**Heinrich von Plauen
1410–1413**

**Michael Küchenmeister
von Sternberg
1414–1422**

**Paul Belenzer
von Rusdorf
1422–1441**

**Konrad
von Erlichshausen
1441–1449**

**Ludwig
von Erlichshausen
1450–1467**

Blick auf die Nogat-Seite des Hochschlosses, links der Hochmeisterpalast, rechts einer der gedrungenen Brückentürme.

Westfassade des Hochmeisterpalastes und sein nördliches Ecktürmchen mit den reichen Skulpturen.

Das Eingangstor zum Mittelschloß.

Marienwerder – der weltberühmte Danzker erstreckt sich auf hohen
Bogengängen mehr als 60 Meter zur Nogat hin.

Blick auf Marienwerder über den Ort.

Kriegsreisen und Kriegsfehden kennzeichneten auch die folgenden Jahre. Einer der letzten großen Kreuzzüge war jener des Herzogs Albrecht II. von Österreich mit einem Heer von 2000 Pferden, zum Kampf gegen die Heiden. Im Frühling 1377 traf er in Preußen ein, »weil sein Herz ihn trieb, den Ritterschlag zu erlangen« wie in Peter Suchenwirts Werk zu lesen ist. In seiner Begleitung 62 Ritter und Edle, unter ihnen vier Brüder aus dem Lichtensteiner Geschlecht und fünf Grafen.

In Thorn wurden sie vom Hochmeister begrüßt. Von hier aus zog die Streitmacht ins Haupthaus nach Marienburg, wo Winrich von Kniprode ein ausgezeichnetes Gastmahl gab. Dann zog diese Truppe nach Königsberg. Ein Gastgelage folgte dem anderen. Ehrengeschenke wechselten ihre Besitzer und erst am zehnten Tage gab der Hochmeister auf der Königsberger Burg das Hochmahl am Ehrentisch – dessen Tischgedecke waren aus Gold und Silber, die Trinkbecher ebenfalls.

Musik, Minnesänger und Jubelgesang erheiterten die Gäste. Während sich diese Kriegsgäste »ergötzten«, war im Ordensland des Marschalls Kriegsaufgebot ausgerufen und zum Kampf gerüstet worden.

Von Königsberg aus brach das Heer unter Herzog Albrecht, der Hochmeister an der Spitze, auf, durchzog das Samland und erreichte über Insterburg die Szeschuppe, um diese auf vier geschlagenen Brücken zu überqueren und zur Memel weiterzureiten. Dort begannen sie auf 610 Fahrzeugen die Überfahrt. (Alle Angaben von Peter Suchenwirt: a.a.O.).

Rittertat und Ritterschlag

Nach Überschreiten der Grenze nach Samaiten ging es zur Sache. Im ersten »Heidendorf«, das sie erreichten, wurde eine heidnische Hochzeitsgesellschaft überrascht, überfallen und niedergemacht und hernach alles verbrannt. 60 Heiden kamen hier auf das Konto der angehenden Ritter. Graf Hermann von Cilly erteilte vor der Versammlung der Heerführer Herzog

161

Albrecht den »ehrenreichen Ritterschlag« mit den Worten: »Besser Ritter als Knecht.«

Am selben Tage wurden weitere 74 »Kämpfer des Glaubens« zu Rittern geschlagen. Alles »zu Ehren der Heiligen Jungfrau.« (Die preußische Chronik weicht von der Darstellung des Ritterschlages ab, als sie in der preußischen Chronik p. 39 aufzeichnet, daß der Hochmeister dem Herzog den Ritterschlag erteilt habe. Die Ursache und Anlaß wurden aber auch hier wie oben beschrieben genannt.)

Am nächsten Tag zog das Heer weiter. Es wurde abermals eine große Zahl von Heiden mit Weib und Kind gefangen, andere umgebracht. Die Scharen der gefesselten Gefangenen wurde dem Heer hinterhergetrieben, was Suchenwirt mit den Worten treffend kommentierte:

»Man vieng ir vil, und altzu hant
die hend man in tzu samen pant.

So fürt man sie gepunden
Gleich den jagenden hunden.«

Nach 108 Ritterschlägen für diese »Siege« ging es bei starken Regengüssen, Stürmen und Hagelschlag nach Memel zurück. In Königsberg traten die Ritter, vom Hochmeister reich belohnt, die Heimreise an.

Im September 1379 wurde ein Friedensvertrag von zehnjähriger Dauer durch Jagel, dem obersten Herzog der Litauer, und seinen zwei Brüdern sowie seinem Sohn Witow unterzeichnet.

Winrich von Kniprode, der wegen seines hohen Alters in den letzten Jahren nicht mehr am Heidenkampf teilgenommen hatte, wandte sich erneut den inneren Zuständen des Landes zu. Er bereiste die Häuser des Ordenslandes in Preußen ebenso wie jene in Deutschland, Italien und anderen Ländern. Er überwachte auch die genaue Ausführung der Ordensgesetze und ließ weiter Wälder roden, um Platz für neue Siedlungen zu schaffen. Moraste wurden trockengelegt. In der Nähe der Flüsse, vor allem der Nogat und der Weichsel, ließ er die Wälle befestigen und sichern. Auf seine Anordnung wurde jenen Bauern, denen das Saatgut fehlte, solches aus den Ordenslagern zur Verfügung gestellt.

Mit den steigenden Erträgen des Ackerbaus wuchs auch die Zahl der Landbevölkerung. Damit die Viehzucht, hier nach wie vor die Schafzucht, gefördert wurde, ließ man den Landbewohnern alle freien Weiden für ihre Herden zuweisen.

Aus den Ordensbüchern ist ersichtlich, daß das Haus Brandenburg im Jahre 1380 1316 Schafe hatte. In Kreuzberg stand eine Herde von 329 Tieren. Bis zum Jahre 1392 steigerte sich diese Zahl auf insgesamt 4400 Stück. Die Häuser Elbing, Balga und Christburg verzeichneten ähnliche Zahlen.

An Rindvieh standen in allen Höfen von Brandenburg und Kreuzberg 685 Stück. Hinzu kamen 1033 Schweine. Das Haus Elbing hatte 1384 1700 Schafe, 278 Rinder, Christburg wiederum zählte auf den Weiden im Jahre 1382 480 Rinder, 1900 Schafe und 900 Schweine. Zehn Jahre später wurden hier 3200 Schafe, 540 Rinder und 960 Schweine gezählt. Das Komturamt zu Balga besaß 1386 2100 Schafe, 300 Schweine und 219 Rinder. Alles dies war durch die Tätigkeit des Hochmeisters für die Landwirtschaft entstanden.

Die Bienenzucht wurde ebenfalls ständig vergrößert. Zum einen, weil sehr viel Honig für das Metbrauen benötigt wurde, zum anderen, weil das gewonnene Wachs einen regen Handel mit den Niederlanden erreichte und zur Hälfte auch für Kerzen in den vielen Ordenshöfen benutzt wurde.

Daß es auch einen florierenden Weinbau gab, ist urkundlich verbürgt. In den Räumen Thorn und Kulm bis nach Elbing hinunter wurde der Wein vermehrt angebaut. Das Jahr 1379 erwies sich als das beste aller Zeiten, denn schon zu Jakobi konnten die Trauben gelesen werden. In diesem Jahr waren die Kirschen bereits zu Pfingsten reif und um Johanni war die Ernte größtenteils eingefahren.

In den Dörfern waren die Besitzer der zinshaften Krüge nur berechtigt mit Brot, Bier, Salz, Heringen und anderen Lebensmitteln zu handeln.

An handwerklichen Stätten ragten vor allem die Kupferhäm-
mer im Raume Mehlsack hervor, die alle Arten kupferner Gefä-
ße fertigten.

Das Gerichtswesen im Ordensland

Zur Wohlfahrt der Bürger in den Städten und der Bauern auf
dem Lande gehörte ein funktionierendes Gerichtswesen ebenso wie die Erneuerung der Gründungsprivilegien der Städte.
So erteilte beispielsweise der Hochmeister der Stadt Danzig
zur besseren Handhabung ihres Gerichtswesens das Kulmische Recht. Die Rechtspflege aller Ordensstädte wurde nach
festen Bestimmungen geordnet.

Die Stadt Hela am Putziger Wieck erhielt 1378 ihre erste
Handfeste und wurde mit Lübeckischem Recht versehen. Ihre
Strafsachen wurden nach Elbing verwiesen.

Der Weinverkauf war den Weinhändlern der Städte mit
Zustimmung der einzelnen Ordensgebietiger freigestellt. Abga-
ben an den Orden lagen auf Schiffen und Fischfang. Sie bestanden in Fischen und Pfeffer, nach denen rege Nachfrage herrschte.

Die Einwohnerzahlen der größeren Städte nahmen weiter zu,
so daß viele Neustädte gründen mußten, um allen Bürgern
Unterkunft bieten zu können.

Die Handelsverhältnisse mit der Hanse, und damit auch mit
Westeuropa, Skandinavien und Frankreich, konnten trotz einiger Zwistigkeiten verbessert werden. Der Handelsverkehr des
Ordens wurde zwei Beamten übertragen. Diese Großschäffer
saßen zu Marienburg und Königsberg, von wo aus der Haupt-
handel des Ordens ausging. Sie hatten in den Handelszentren
Europas ihre Agenturen, die je nach Auftrag die dorthin
geschickten Kaufgüter, insbesondere Bernstein, Wachs, Kupfer, Pelzwerk, zu verkaufen und die verlangten Waren einzu-
kaufen hatten.

Das Ständewesen in den Städten verschaffte diesen gegenüber anderen Städten und Gruppierungen einen besonderen Vorteil. Durch die Trennung der Stände bildete sich der Kaufmannsstand und der kaufmännische Adel stärker aus. Aus ihm wurden in allen größeren Handelsstädten die Magistrate, Bürgermeister, Ratsleute und Consuln gewählt. Damit hatten sie die gesamte Verwaltung der Städte übernommen. Daß sie an Willen und Zustimmung der Landesherren gebunden waren, verstand sich von selbst. Alle Veränderungen und Befestigungen, beispielsweise der Stadtmauern, Neufassungen in den Willküren und städtischen Einrichtungen und Anordnungen der Verwaltungen, mußten dem Hochmeister oder den betreffenden Komturen vorgelegt und von diesen bestätigt werden.

Die Gilde des vornehmen Kaufmannsstandes vereinigte sich in allen Hansestädten und Handelsstädten Preußens in angeschlossene Gilden, die den Namen der »Artusbrüderschaft« trugen und sich in ihrem jeweiligen Artushof trafen, beispielsweise in Thorn, Danzig, Elbing und Königsberg.

Diese Vereinigungen gingen bereits auf einen Vorschlag Siegfrieds von Feuchtwangen zurück. In diesen Artushöfen, auch Junkerhöfe genannt, wurden neben Waffenübungen auch Versammlungen abgehalten. Dort betrieben die reichen Kaufleute ihre Handelsgeschäfte, wurden Streitigkeiten geschlichtet oder verhandelt. Sie wurden das, was die deutsche Gildenhalle in London, oder die großen Kaufhöfe der deutschen Kaufleute in Nowgorod und Wisby waren. Allerdings wurden dort auch während der Versammlungen Trinkgelage gehalten und Mahlzeiten sowie allerlei Vergnügungen dargeboten.

Die Vorsteher dieser Artushöfe, in Danzig waren es zwölf, hatten alles zu richten und zu schlichten, was den Hof betraf. Wenn ihr Gericht keinen befriedigenden Entschluß fassen konnte, wurde die Entscheidung dem Rat übertragen. (siehe dazu das Privilegium und Gerechtigkeit des Hofes zu Danzig, in: Uphagensche Bibliothek zu Danzig)

Handel und Wandel in Marienburg wurde, wie in vielen anderen Städten in Deutschland, in Lauben, übermauerten Gängen oder Gewerbehallen getrieben. Um den Markt oder auf der Hauptstraße waren Verkaufsstände eingerichtet. Dort wurden die Waren ausgelegt und verkauft.

Einzelnen Gewerben wurden Stadtteile oder Straßen zugeteilt, wo sie ihre Waren anbieten durften. Es waren dies vor allem: Brotbänke, Fleischbänke, die Schuhgasse und andere Gewerbe. Die Zahl der Gewerke orientierte sich an der Steigerung der menschlichen Bedürfnisse.

Zur Zeit des Hochmeisters Winrich von Kniprode gab es die Zünfte der Fleischer, Schuhmacher, Fischer, Höker, Krämer, Bäcker, Gürtler, Kannengießer, Schröter, Goldschmiede, Grobschmiede, Leineweber, Tuchmacher und einige weitere kamen hinzu.

In Kulm, das für seine Tuchherstellung bekannt war, hatten der Ordenskomtur mit Zustimmung der Ratsmänner ein Gesetz verabschiedet, nach welchem alles Gewand, das falsch oder aus falschem Tuch gemacht war, verbrannt werden mußte. Wen man bei Fälschungen ertappte, der wurde aus der Tuchmachergilde Kulms ausgeschlossen.

Die vom Komtur und den Ratsleuten durch Willkür gesetzmäßig festgesetzten Löhne sollten fest bleiben, »ein Jahr wie das andere«.

Als Herr über Klöster und Kirchen im Ordensland ließ der Hochmeister vor allem das Marienkloster zu Königsberg vollenden, in Wehlau ein Kloster für Minoriten-Mönche der Vollendung zuführen und ein weiteres in Wartenberg bauen. Ein Jahr nach Winrichs Tod kehrten auch die Kartäuser in ihr Kloster bei Danzig ein, das er zu bauen befohlen hatte. In allen Städten wurden – falls noch nicht geschehen – Spitäler errichtet.

Als 1381 in Danzig erneut die Pest Tausende Tote forderte, half er jenen Witwen und Waisen, die durch diese Seuche ihren Ernährer verloren hatte, was ihm den Titel »Vater der Witwen und Waisen« eintrug.

Im Heiliggeistspital zu Marienburg ließ er eine Abteilung zur Verpflegung armer Witwen und Waisen einrichten.

Als Winrich von Kniprode am 24. Juni 1382 mit seinem

Ordensspittler über diese Einrichtung sprach, erlitt er einen Schlaganfall, dem er am selben Tage erlag. Mehr als 31 Jahre lang hatte er die Verwaltung als Hochmeister geführt, den Staat erhalten, an seinen hauptsächlichen Kriegszügen aber auch an seinen segensreichen Handlungen für Land und Leute entscheidend mitgewirkt. Keiner der Hochmeister vorher und keiner nachher kann mit seinem Werk verglichen werden.

Die vier Bischöfe des Landes, eine große Zahl von Gebietigern und Ordensbrüdern aus dem ganzen Ordensland erwiesen ihm die letzte Ehre, als er in der St. Annengruft bestattet wurde. Sein Grabstein blieb bis auf die heutige Zeit erhalten. Er zeigt in kaum noch erkennbaren Umrissen das Bild eines Ritters im Harnisch.

Die Umschrift ist gänzlich unkenntlich geworden und nur unter Mühen läßt sich der Name des Hochmeisters entziffern.

Die ritterliche Gestalt eines der größten Meister, die der Orden jemals hervorgebracht hat, war in Winrich von Kniprode verkörpert. Mit ihm und um ihn ragte der Hochmeisterpalast empor, das großartigste Bauwerk der Ordensbaukunst, das erst unter ihm seine letzte vollkommene Gestalt erhielt.

Als Winrich von Kniprode am 24. Juni 1382 starb, hinterließ er das Ordensland in gesichertem Stande und in nach innen und außen gefestigter Form. Es war Winrich von Kniprode, welcher der ganzen Welt den Ordensstaat Preußen in voller Größe und Glanz präsentierte. Er war nicht nur Regent des Ordenslandes Preußen, sondern sein erster Ritter und Streiter.

KONRAD ZÖLLNER
VON ROTENSTEIN (1382–1390)

Ein Ritter aus altem Geschlecht

Am 5. Oktober 1382 wurde das Wahlkapitel auf der Marienburg eröffnet. Die Wahl des neuen Meisters erfolgte einstimmig. Es war der ehemalige Ordenstrapier und Komtur von Christburg, Konrad Zöllner von Rotenstein, der als Gebietiger des Ordens auf große Erfolge zurückblicken konnte.

Geboren in dem ältesten deutschen Bistum zu Würzburg war dieses Geschlecht bereits im 13. Jahrhundert dort wohlbekannt. Es hatte geraume Zeit das kaiserliche Zollamt verwaltet. Deshalb erhielt diese Familie den Beinamen Zöllner.

In einer deutschen Ballei erzogen und arbeitend wurde er im Osten zunächst in das Pflegeamt von Preußisch-Mark eingesetzt. Danach wurde er Kompan des Komturs von Christburg und diente von 1368 bis 1372 als Komtur in Danzig.

Während dieser Zeit tat er sich wegen der klugen und effizienten Verwaltung dieser Komturei hervor. Winrich von Kniprode ernannte ihn 1372 zum Ordenstrapier, mit dem das Komturamt zu Christburg verbunden war. Zehn Jahre lang regierte er hier ebenso erfolgreich wie in Danzig. Er bewährte sich auch auf verschiedenen Heidenfahrten und trat als Ritter durch Tapferkeit und Kühnheit hervor.

In Deutschland diente etwa zu dieser Zeit sein Bruder Marquard Zöllner von Rotenstein als Komtur von Mergentheim, dann als Pfleger der Ballei in Franken und als Landkomtur der Ballei Thüringen. Zuletzt war er Landkomtur zu Bozen. Er gehörte zu den vornehmsten Ordensrittern in Deutschland.

In seinen Verhandlungen mit Jagal von Litauen gelang es Konrad Zöllner von Rotenstein auf einem Verhandlungstag Ende Mai 1383 auf dem Werder an der Dobissa zu einem ersten Verhandlungsgespräch zu kommen, ohne daß dieses ein Ergebnis brachte. Von Christmemel aus mußte er die Rückfahrt unverrichteterdinge antreten. Er nannte diesen Mißerfolg, der durch Jagels nichtigen Vorwand zum Abbruch führte, dessen »großen obirmut und obrige hochfahrt.« (Gerüchte wollten nicht verstummen, daß Jagal den Hochmeister eingeladen hatte, um ihn mit den Seinen in einem Hinterhalt gefangenzunehmen. Doch die Begleitung des Hochmeisters war für einen solchen Handstreich zu stark gewesen.)

Die Feindschaft führte in eine Kriegsfahrt nach Litauen. Das Heer zog memelaufwärts. An der Seite des Hochmeisters auch der dem Orden verbündete Witowd mit den Samaiten, der Ordensmarschall und andere Gebietiger. Am 11. September 1383 wurde Traken erreicht und die dortige Burg Skirgals belagert. Eine Mauer derselben wurde niedergelegt und durch diese Lücke hindurch die Burg erstürmt. Mit der Burg Traken verlor Skirgal auch sein Herzogtum Traken.

Als der Hochmeister in Richtung Wilna weiterreiten ließ, die Hauptstadt der Litauer berannt und in Brand gesetzt wurde und die Ritter dreimal stürmten und dreimal abgewiesen wurden, zog sich das Ordensheer von dem brennenden Wilna zurück. Traken wurde befestigt, aber noch vor Wintereinbruch nach sechswöchiger Belagerung von Jagal und Skirgal zurückerobert.

Nach einigen käuflichen Erwerbungen und Überschreibungen rüstete der Hochmeister zu einem neuen Zug in Richtung Kauen, um dort eine neue Grenzbefestigung zu errichten. Ende Mai 1384 ging es los. Im Zuge befanden sich eine Vielzahl an Wagen mit dem zum Bau der Festung benötigten Material. Als sie Kauen erreichten, wo die Grundmauern einer früheren Burg zu erkennen waren, wurde der Burgbau begonnen, während ein Teil des Heeres zu einem Streifzug nach Kernow losritt. Hierbei wurde die Streitmacht des Komturs von Ragnit, Wigand von Baldersheim, mit 500 Reisigen von einem litauischen Kriegshaufen unter deren Hauptmann Sudemund begleitet. Dieser Verband drang in Richtung Kernow vor und erbeutete eine Menge Material und Tiere. Auf seinem Rückzug geriet er – die Beute war bereits mit einer Bedeckung vorausgeschickt – bei Wilker in die Falle einer starken Litauerschar, die ihnen unter Jagals und Skirgals Führung den Weg verlegt hatte.

Zum Kampf gezwungen, kam es zu beiderseits schweren Verlusten. Der Komtur fiel mit vielen seiner Männer im Kampf und auch die Hauptzahl der Wehrmänner aus Preußen bezahlte diesen Streif- und Beutezug mit ihrem Leben. 23 Ordensbrüder wurden auf dem Gefechtsfeld erschlagen. Diesmal hatten die Litauer große Beute an Pferden und Waffen gemacht.

Als der Hochmeister diese Nachricht erhielt, ließ er den Burgbau verstärken. Diese wurde nach Fertigstellung der Jungfrau Maria geweiht und Marienwerder genannt.

Die große Veränderung in Polen

Königin Elisabeth von Ungarn, die Witwe König Ludwigs, entschloß sich 1394 aufgrund polnischer Bitten, ihre Tochter Hedwig nach Krakau zu schicken, um sie dort zur Königin von Polen krönen zu lassen. Damit waren die Hoffnungen des Herzogs von Masowien und des Markgrafen von Brandenburg auf diesen Thron verloren.

Gleichzeitig mit dieser überraschenden Wende faßte Jagal von Litauen den verwegenen Plan, um Königin Hedwigs Hand anzuhalten und damit, nach einer Heirat, König von Polen zu werden. Zwar war Königin Hedwig bereits Wilhelm von Österreich, dem ältesten Sohn Herzog Leopolds von Österreich, versprochen und Hedwigs Mutter hatte ebenso wie der Deutsche Orden in Preußen ein sehr großes Interesse daran, daß dieser geschlossene Ehevertrag auch eingehalten wurde. Insbesondere der Deutsche Orden versprach sich davon einen neuen polnischen König, der mit dem Ordensstaat gutnachbarliche Beziehungen pflegen würde.

Jagal, der nunmehr seinen polnischen Namen Jagiello trug,

mußte nunmehr Herzog Witowd von Litauen für sich gewinnen und räumte diesem das ganze väterliche Besitztum ein, wenn er sich vom Deutschen Orden lossagen und ihn – Jagiello – unterstützen würde.

Witowd söhnte sich mit seinem ehemaligen Feind und Vetter Jagiello aus. Um den Bruch mit dem Orden perfekt zu machen, zog er mit einer bewaffneten Mannschaft gegen die Georgenburg des Ordens. Dort angekommen, ließ er den Hauskomtur Dietrich von Cruste und mehrere seiner Ritter zu einem Gastmahl auf Georgenburg einladen.

Diese Burg war in der Zwischenzeit von Witowds Schwager Sudemund mit einem Litauer-Kriegshaufen in Besitz genommen worden. Die dortige Mannschaft und deren Kommandant, Ritter Johannes von Altenhof, wurde mit mehreren anderen erschlagen.

Nachdem auch Hauskomtur Dietrich von Cruste in Fesseln gelegt worden war, wurde die Burg geplündert und niedergebrannt.

Von hier aus stürmte Witowd nach Marienburg, eroberte diese im Handstreich, nahm die Ritter gefangen und legte auch diese Ordensburg in Schutt und Asche.

Durch geflohene Ordensritter wurde davor gewarnt, daß auch Ragnit, Splittern und Neuhaus in Gefahr seien, weil die Litauer den ganzen Raum durch diesen bösen Handstreich erobern wollten.

Mit diesem Verrat von Witowd begann nicht nur ein viele Jahre währender Kampf gegen diesen, sondern gleichzeitig auch die noch länger andauernden blutigen Auseinandersetzungen mit Polen.

Neben Witowd und Jagiello beteiligten sich noch elf weitere Fürsten Litauens an diesem Feldzug, der gegen den Orden mit einem so überraschenden Handstreich begonnen worden war. Um die Burg Marienwerder bei Kauen wurde blutig gerungen. Ihr Verteidiger Komtur Heinrich von Clee konnte dank der Hilfe einiger Blindenmeister (Geschützführer eines mittelalterlichen Wurfgeschützes, das nach dem System der Schleuder arbeitete) dem Feind großen Schaden zufügen und dessen bestes Geschütz durch einen Volltreffer ausschalten.

Der Kampf dauerte über vier Wochen. Als sich der Sieg den Litauern zuwandte, kam eine Streitmacht unter Ordensmarschall Konrad von Wallenrod heran. Der Komtur von Ragnit ritt mit einem Spähtrupp voraus. Als dieser Verbindung mit Marienwerder aufnahm, wurde dabei der Komtur des Hauses durch einen Steinwurf getötet.

Dennoch glaubten die Verteidiger noch mindestens 14 Tage standhalten zu können.

Als Jagiello davon erfuhr, ließ er seine Angriffe verdoppeln und gleichzeitig den Graben mit Holz und Strauchwerk ausfüllen. Am frühen Morgen des folgenden Tages begann der Sturmangriff, der bis zum Mittag andauerte. Die Angreifer konnten einen Teil der Burg gewinnen.

Inzwischen war der Ordensmarschall mit seiner Entsatztruppe kurz vor dem Ziel umgekehrt, weil die Pferde kein Futter mehr hatten und eine bittere Kälte einsetzte. Die Besatzung mußte sich schließlich auf Gnade und Ungnade ergeben. Der Rückzug so kurz vor dem Ziel wurde von den Verteidigern als Verrat am ganzen Orden betrachtet.

Der Verlust der Ordensburgen dieses Jahres hatte den Orden selbst 150 Ordensbrüder gekostet, während 55 weitere den Weg in die Gefangenschaft antreten mußten. Drei der wichtigsten Burgen des Ordens waren nun im Besitz des Feindes und ein starker Verbündeter war übergelaufen.

Der große Schachzug

Dieser Sieg war Anlaß genug für Jagiello, eine große Gesandtschaft nach Krakau zu entsenden, die von seinem Bruder Skirgal geführt wurde. Skirgal sollte auf einer Versammlung der polnischen Magnaten um die Hand der Königin Hedwig anhalten. Dafür wollte Jagiello das Christentum annehmen und sich taufen lassen. Alle seine Brüder und Vettern würden ihm nachfolgen und das gesamte Volk der Litauer und der Samaiten würde ein gleiches tun. Alle polnischen Gefangenen würden freigelassen.

Vor allem sicherte Jagiello zu, die Vereinigung aller seiner Erblande und die eroberten russischen Gebiete mit dem Reich Polen herbeizuführen.

Als letzten Punkt, den Jagiello zu erfüllen versprach, galt die Durchsetzung aller Rechtsansprüche Polens auf Pommerellen, das Kulmerland, Schlesien, Dobrin, Welun und alle übrigen »dem polnischen Reich entrissene Gebiete«.

Daß er jene 200000 Gulden zahlen werde, die Herzog Leopold von Österreich Polen versprochen hatte, sobald zwischen Königin Hedwig und seinem Sohn Wilhelm die eheliche Gemeinschaft vollzogen sei, kam noch hinzu.

Das war für die polnischen Magnaten eine zu verlockende Apanage, die Jagiello mitbringen würde – anders die Königin. Diese war von früher Jugend an mit ihrem Verlobten Wilhelm am österreichischen Hof erzogen worden und Wilhelm in Liebe zugetan. Der rohe Heide Jagiello erschreckte sie. Wilhelm aber gehörte ihr Herz.

Das Herz aber hatte auch in diesem Falle keine Rolle zu spielen, weder für die litautischen Gesandten noch für die polnischen Großen, die öffentlich bekundeten, daß sie gegen Wilhelm die größte Abneigung hegten.

Königin Hedwig überließ die schwere Entscheidung ihrer Mutter. Sie hoffte, daß Königin Elisabeth auf den Verträgen mit Herzog Leopold und damit auf Wilhelm als dem zukünftigen Gemahl ihrer Tochter beharren werde. Doch weit gefehlt!

Königin Hedwig hatte nicht mit der Macht der polnischen Magnaten gerechnet, die eine Gesandtschaft an ihre Mutter Elisabeth sandten, um dort deren Entscheidung zugunsten Jagiellos zu erlangen. Es war inzwischen 1385 geworden. Königin Elisabeth entschied sich für Jagiello und den damit verbundenen Machtzuwachs des polnischen Reiches ihrer Tochter und gab die endgültige Entscheidung darüber an die Stände des Reiches weiter.

Inzwischen war Wilhelm von Österreich nach Krakau gereist, um dort seine Ansprüche auf Hedwig geltend zu machen. Er wurde mit eisiger Ablehnung empfangen. Mit Schmähungen überhäuft kehrte er erfolglos nach Österreich zurück. In der preußischen Chronik wurde dieses Ereignis auf Seite 41 dargestellt:

»toten herzog Wilhelm so vil smoheit, daz her us dem riche moste entrynnen. Dorumme her Konrad von Czyrnaw syn Homeister reit zcu aller cristen Konigen und clagete yn das eyn sulchs gros ungerecht dem irharen fürsten geschehn werd.«

Eine polnische Gesandtschaft lud derweilen Jagiello nach Krakau ein, Hedwigs Hand und die Krone Polens zu empfangen.

Damit erwuchs dem Ordensland Preußen der erbittertste Feind, der schließlich entscheidend dazu beitrug, daß 1525 der Ordensstaat zu bestehen aufhörte und das Herzogtum Preußen an dessen Stelle trat, das dem polnischen König den Treueid zu leisten hatte.

Der Kampf gegen zwei Seiten, Litauen und Polen, konnte nun nicht mehr gewonnen werden.

Zu Beginn des Jahres 1386 vollzog sich das Schicksal des Ordenslandes dergestalt, daß Jagiello nach Krakau reiste, um dort getauft und zugleich mit Königin Hedwig vermählt zu werden.

Jagiello besaß die Unverschämtheit, den Hochmeister zu dieser Feier einzuladen, weil er ihn als Taufzeugen und Hochzeitsgast dabei haben wollte. Die Einladung wurde der Wichtigkeit wegen von Demetrius von Goray, dem Vizeschatzmeister Polens, aus Sandomir überbracht.

Daß der Hochmeister an einer solchen Feier teilnehmen könne, auf der dem jungen Herzog von Österreich die Braut und die Krone Polens genommen wurde und, daß man Wilhelm in Krakau so schmählich behandelt hatte, war unmöglich. Der Hochmeister empfand sie als Schimpf gegen Deutschland und alle seine Fürsten, also vor allem auch gegen den Orden.

Im Januar 1386 brach Jagiello mit allen Großen seines Reiches und seinen Verwandten nach Krakau auf. An seiner Seite Herzog Witowd.

Seine Braut war von den polnischen Großen wie eine Gefangene bewacht worden. Um den Bräutigam richtig zu präsentieren und der Braut zu zeigen, daß er ein wohlgestalteter Mann und kein bärtiger und krummer Heide sei, berichtete ein Abgesandter, der Jagiello im Bade hatte sehen dürfen, der Königin, daß er von reizvoller Schönheit sei.

Als Fürst Jagiello in Krakau eintraf, war Hedwig von ihm sehr angetan und ihr Widerwille gegen den Heiden verwandelte sich in Liebe und Verlangen. Daß sie offenbar mit Wilhelm schon das Bett geteilt hatte, schien Jagiello nicht zu stören. Daß dies so war, wird aus zwei verschiedenen Quellen bezeugt. So schrieb Lindenblatt voll Bitternis: »daß die polen die edle Frau Hedwig zur Heirat mit dem Heiden gezwungen haben« sei bitter für ihn, zumal nach seinen Worten »der herczog Wilhelm von Osterrich alreit hatte beslofen hedewig.«

Aus der Chronik des geheimem preußischen Archivs p 41 hatte auch Kotzebue in seinem Bd. II S. 423 folgenden Text übernommen: »Herczog Wilhelm und Hedewig czusammene czu Krokaw auf dem huße gelegit und hatten sich yr fleischlicher libe zo lip, daz der herczog vil dorume gestrafei wart, daz her yn der yogunt seyn Weyp zu zere libete.«

Wenige Tage nach seiner Ankunft in Krakau wurde Jagiello vom Erzbischof von Gnesen getauft und erhielt den Namen Wladislaw. Auch Witowd, der durch den Deutschen Orden bereits einmal getauft worden war, erhielt noch einmal die Taufe und nannte sich seither Alexander. Alle Begleiter des Herzogs wurden ebenfalls mit dem geweihtem Taufwasser besprengt.

Einige Tage später erfolgte die Hochzeit. Seit diesem 17. Februar 1386 war Wladislaw polnischer König. Am Tage seiner Heirat hatte er die Vereinigung Litauens, Samaitens und des ihm durch Kampf zugefallenen Teiles von Rußland mit dem Königreich Polen vollzogen.

Damit sah sich das Ordensland Preußen einem gewaltigen

Feind gegenüber, dessen Macht von Samaitens Westgrenze durch die weiten Landstriche Litauens nach Polen bis weit über die Weichsel reichte.

Abwehrmaßnahmen des Ordens

Von Seiten des Ordenslandes Preußen mußten Verbündete gegen diese Umklammerung gesucht werden. Der Hochmeister fand sie in Gestalt der beiden Fürsten von Pommern Herzog Wartislaw und Boguslaw von Stettin, die mit dem Orden ein Schutz- und Trutzbündnis eingingen: In diesem, am 10. Juli 1386 zu Lewenburg geschlossenen Bündnis bestätigten die beiden Fürsten, daß alle ihre Ritter, Knechte, Mannen und Städte darin eingeschlossen seien.

Der andere Nachbar des neuen Polen, Herzog Semovit von Masowien, war immer schon ein erbitterter Feind Jagiellos gewesen. Dies um so mehr, als der neue Wladislaw durch die Vereinigung Litauens zu einer großen Bedrohung geworden war.

Der gesamte Ordensteil in Deutschland hatte seit der Übernahme der Führung durch Siegfried von Venningen als Deutschmeister und nach dessen Visitationen einen Schuldenberg von 106160 Gulden. Dies rief im Amt des Hochmeisters Entsetzen hervor. Immerhin hatte der Hochmeister durch Konrad Zöllner von Rotenstein bereits vorher 16400 Gulden nach Deutschland überweisen lassen. An eine Zurückzahlung war nach dieser Hiobsbotschaft nicht zu denken. Wie konnte es möglich sein, daß sich bei den 662 Ordensbrüdern mit dem Kreuz, 123 Kaplanen; Pfründner, Halbbrüder, Halbschwestern, die im Bereich des Deutschmeisters lebten, und allesamt ihre eigenen Einnahmequellen hatten, ein solcher Schuldenberg aufgehäuft hatte? Es wurde nie geklärt, wie diese Schulden entstanden waren , noch wer sie verursacht hatte. Offenbar bestand daran in Deutschland kein Aufklärungsbedarf.

Im Jahre 1387 trafen wieder viele Kreuzritter in Preußen ein. Unter ihnen so erlauchte Namen wie Herzog Wilhelm VI.

von Holland, Wilhelm Il. von Henneberg und viele Ritter und Knechte.

Bisher hatte man in Polen diesen Kreuzritterzügen positiv gegenübergestanden, da es galt den Angstgegner Polens, Litauen, zu züchtigen. Nun aber, war Litauen quasi eine polnische Provinz. Polnische Hauptleute und Verwaltungsbehörden hatten sich dorthin begeben. Sie erhielten aus Krakau Order, die Ritterzüge nach Kräften zu belästigen, zu beunruhigen und ihren Weiterzug mit allen Mitteln zu verhindern.

Diplomatische Noten an Polen änderten nichts an der Tatsache, daß dies weiterhin geschah. Die Befehle von Papst Alexander IV. und die Gefahr eines Bannfluches dagegen fruchteten nichts.

Der Hochmeister und die Wissenschaft in Preußen

Daß die Bewohner des Ordenslandes Preußen den litauisch-polnischen Völkern an Kultur und Sprache überlegen seien, wurde von Konrad Zöllner von Rotenstein erkannt und dementsprechend weiter gefördert.

Die Notwendigkeit einer erhöhten Bildung und die Gewinnung neuer Erkenntnisse in Wissenschaft, Feldbau und Kriegskunst lag ihm so sehr am Herzen, daß er trotz dieser schweren Zeit den Plan faßte, in Preußen eine neue Universität zu gründen. Sie sollte so ausgestattet werden, wie jene ein Jahr vorher in Heidelberg gegründete Hochschule.

Als Sitz dieser Universität wurde die alte Hauptstadt des Landes, Kulm gewählt, obgleich sie nicht mehr die erste Handelsstadt des Ordens war. Der Hochmeister wußte aber um die Möglichkeiten, die sich hier ergaben. Immerhin war in der Umgebung der Stadt die landwirtschaftliche Erzeugung größer als in den Hansestädten Thorn, Elbing und Danzig.

Als Konrad Zöllner seinen Plan dem Papst meldete, war dieser begeistert. Dies würde für den ganzen Norden in religiöser und wissenschaftlicher Hinsicht ein großer Sprung nach vorne werden. Er stellte der geplanten Bildungsanstalt, die Universität von Bologna, als Grundlage und Beispiel vor. Dort wären den Studierenden alle Privilegien, Freiheiten und Vorrechte eingeräumt worden, die ein solches Institut befruchteten.

Jede Fakultät der neuen Kulmer Hochschule sollte das Recht haben, ausgezeichneten Schülern die Erlaubnis zu Vorlesungen zu erteilen, und die Erlangung der Magister- und Doktorwürde zu ermöglichen. Wer in Kulm die Prüfung bestand und die Erlaubnis zum Lehrstuhl oder den Doktorgrad erhalten hatte, sollte ab sofort an allen Universitäten zu Vorlesungen berechtigt sein.

Diese päpstlichen Vorschläge wurden in Genua geschrieben und gingen am 9. Februar 1386 an den Orden. In dem freisinnigen, von jedem hierarchischen Zwang entfernten Ordensstaat mußte eine solche Universität als »Fackel der Wissenschaft den ganzen Orden hell beleuchten.« (siehe Voigt, Dr. Johannes: a.a.O.)

Vom Zeitpunkt ihrer Gründung an blieb jedoch das Schicksal der Universität Kulm im dunkeln. Eine Nachricht aus dem Jahre 1405 deutet darauf hin, daß sie zu dieser Zeit noch bestanden hat. »Sie verkümmerte nach dem Verfall von Kulm zu einem normalen Mönchskollegium« (siehe Schulz-Dirschau: a.a.O.)

Christianisierung in Litauen

König Wladislaw von Polen hatte mit seiner Gemahlin, begleitet vom Erzbischof von Gnesen und weiteren hochgestellten Begleitern, die Reise nach Litauen unternommen, um die Litauer zu Christen zu machen.

Auf Wladislaws Befehl hin wurden in ganz Litauen die heiligen Haine der Heiden abgeholzt, die Götzenbilder zertrümmert und die Opfersteine umgestürzt. Alle heiligen Schlangen wurden getötet. Im Königshof zu Wilna, wo noch immer zu Ehren Perkunas – des baltischen Himmels- und Donnergottes –

ein heiliges Feuer brannte, wurde dieses gelöscht, eine Kirche erbaut und vom Erzbischof von Gnesen eingeweiht.

Die Litauer wurden zu Tausenden zusammengetrieben und an den diversen Flußufern mit geweihtem Wasser besprengt. So wurden einmal an drei Tagen nicht weniger als 30000 Menschen getauft.

Als oberster Hirte dieser neuen Christengemeinde amtierte Andreas Vasillo, Beichtvater der Königin Hedwig. Er wurde erster Bischof von Wilna. An den Papst aber erging die Meldung: »Litauens Volk ist christlich geworden und hat sich zum neuen Glauben bekehrt.«

Bischof Drobogast von Posen brachte der Kurie diese frohe Botschaft. Gleichzeitig hatte der Hochmeister die gesamte Komödie der verweigerten sowie der eingegangenen Hochzeit mit allem Drum und Dran der Kurie gemeldet: Papst Urban VI. aber wollte es mit keiner Seite verderben. Er begrüßte Wladislaw im Frühjahr des nächsten Jahres als Polens König, gab seiner Freude über die Bekehrung so vieler Heiden Ausdruck und bat wegen der langen Verzögerung der Antwort um Entschuldigung.

Die Sache war entschieden. Entschieden war damit auch der Untergang des Ordensstaates Preußen.

Preußens Lage und die Gebietiger-Wechsel

Nachdem man im Orden im März 1387 die Krönung des neuen Bischofs von Samland, Heinrich Kuwal, gefeiert hatte, ging der Hochmeister zu einer Reorganisation der Ordensführung über. Der bisherige Ordensmarschall Konrad von Wallenrod wurde neuer Großkomtur. Der Komtur von Rheden, Engelhard Rabe, wurde Ordensmarschall und Hans Marschall von Froburg übernahm das Amt des Ordenstrapiers.

In einer Reihe von weiteren Ordensburgen wechselten auch die Komturämter. So in Rheden, wo Werner von Tettingen neuer Komtur wurde und in Althaus, wo Wilhelm von Helfenstein das Regiment übernahm.

Das Jahr 1387 endete friedlich und das folgende begann ebenso ohne erschreckende Ereignisse. König Wladislaw und der Hochmeister trafen sich im April 1388, um die gegenseitige Freigabe der beiderseitigen Gefangenen zu regeln. Die Verhandlungen dauerten zehn Tage, während derer der Hochmeister in Thorn und der polnische König in Raczans auf ein Ergebnis ihrer Unterhändler warteten. Streitpunkt war die Klärung, warum zehn Ordensritter noch nach dem Übertritt Wladislaws zum Christentum in Litauen ermordet worden waren. Die Verhandlungen endeten ohne jedes Ergebnis.

Der Hochmeister sicherte sich die Kriegsunterstützung durch die Herzöge Swantibor und Boguslaw von Pommern für zehn Jahre um den Preis von 6000 Gulden. Ein weiterer Vertrag mit dem Herzog Wartislaw von Stettin folgte, der nur 3000 Gulden kostete. Zahlreiche weitere Führer alter Geschlechter traten für klingende Münze in den Dienst des Deutschen Ordens. Dies wurde durch den Zusammenschluß Polen-Litauen als Präventivmaßnahme eingeleitet.

Eine Reihe Auseinandersetzungen traten im Jahre 1389 ein. Auf verschiedenen Verhandlungstagen wurde danach versucht, den entstandenen Schaden zu beheben. Zu Neidenburg wurde sechs Tage verhandelt, ohne daß es zu einem Ergebnis gekommen wäre. Die Verhandlungen endeten ergebnislos, die Friedenshoffnungen des Hochmeisters wurden ein weiteres Mal enttäuscht.

Während eines folgenden Streifzuges der Litauer kam es schließlich zu einem Ereignis, das für den Orden eine Niederlage bedeutete.

Ins Gebiet der Medeniken einfallend, wurde der Kommandant von Memel, Marquard von Raschau, von einem starken Heerhaufen der Litauer gestoppt, als er mit den Seinen gerade einen Sumpf durchreiten wollte. Vier Ordensritter und 36 ihrer Männer wurden niedergemacht. Der Komtur zu Memel geriet verwundet in Feindeshand. Die Litauer banden ihn auf seinem Streitroß fest, stellten dieses an vier Pfählen angebunden auf einen Scheiterhaufen und opferten ihn durch das Feuer ihren Göttern – soviel zur Christianisierung Litauens.

Unter den erschlagenen Rittern befand sich auch Erwyn von Stockheim, ein ehemaliger Kompan des Hochmeisters, und der Graf von Querfurt. Noch immer konnte sich der Hochmeister zu keiner eindeutigen kriegerischen Handlung entscheiden. Da er seit geraumer Zeit krank war, vermochte er nicht einmal an den anberaumten Verhandlungstagen teilzunehmen. Darüber hinaus beschäftigten ihn einige Naturkatastrophen noch mehr als diese Niederlage.

So füllten sich beispielsweise 1388 der große und kleine Werder nahe Danzig derart mit Wasser, daß die dortigen Saaten verfaulten. Was auf den höhergelegenen Feldern zunächst gedieh, wurde durch einen Mitte Juli niedergehenden Dauerregen vernichtet.

Bei Strasburg, Rheden, Roggenhausen und Engelsburg wurden alle Getreidemühlen von den Fluten weggerissen. Ein Teil der Ordensburg stürzte in die Weichsel und bei den Burgen Friedeck und Roggenhausen fielen vom Wasser unterspült Türme und Mauern zusammen.

Die Folge dieser Naturereignisse war eine Teuerung, die 1389 das ganze Land heimsuchte. Die Getreideausfuhr mußte verboten werden, um den eigenen Bürgern genügend Nahrung bieten zu können. Hinzu kam der knappe Heringsfang dieses Jahres, der die Fischpreise, damals noch Hauptnahrungsmittel, rapide ansteigen ließen.

In Polen hatte sich Witowds Spekulation auf ein reiches Erbe nach dem Abfall von Preußen nicht erfüllt. Wladislaw ließ ihn und seine getreuen Bojaren zernieren. Er entzog seinem Verwandten alle Besitzungen. Zuletzt war Witowd nur noch seine Tochter geblieben, mit der er zusammenlebte. Als dann auch das Gerücht umlief, daß sein Bruder Skirgal ihm nach dem Leben trachte, unternahm Witowd einen Versuch, sich mit einem Handstreich Wilnas zu bemächtigen. Dieser schlug durch Verrat fehl. Es blieb ihm nichts anderes mehr übrig, als sich erneut dem Ordensstaat zu nähern.

In den ersten Januartagen 1390 schickte er seine Brüder Sigismund und Konrad, seine Tochter und Schwester und mehr als 100 Litauer als Unterhändler und Geiseln zur Marienburg. Diese trugen dem Hochmeister die Bitte Witowds vor, ein neues Bündnis mit dem Orden gegen Jagal und Skirgal zu schmieden und alle entsandten Menschen sowie die Burg Garthen als Bürgschaft anzubieten.

Auf diesem Wege schien es möglich, Litauen wieder von Polen zu trennen. Dementsprechend nahm der Hochmeister den Abtrünnigen wieder auf.

Beim nächsten Einfall nach Litauen schloß sich Herzog Witowd dem Ordensheer an. Es ging zunächst gegen die Burg Kernow an der Wilia, die erobert und von der eigenen Besatzung in Brand gesteckt wurde, ehe sie das Weite suchte.

Der Ordensmarschall griff nunmehr die weiter ostwärts gelegene Burg Maxsigal an, die von 1100 Kriegern mehrere Tage gehalten wurde, ehe das Ordensheer eindrang. In den Flammen der Burg kamen 400 Litauer ums Leben. Etwa 1000 der Verteidiger wurden im Kampf erschlagen. Zur Feier dieses Sieges wurden mehreren fremden Edelleuten der Ritterschlag erteilt, ehe es mit 200 Gefangenen heimwärts ging.

Im Gegenzug wurde von den Litauern unter Skirgal die letzte Burg Witowds, Garthen, sechs Wochen lang angegriffen. Die Litauer ließen von ihr ab, als Witowd herangekommen war, um sie zu entsetzen. Als sich der Marschall wieder nach Preußen zurückzog, lieferte ein Streit zwischen Preußen und Litauern die Burg an den Feind aus.

Während der nächsten »Reise« eines Kreuzfahrerheeres Ende August 1390, mit dem Grafen Heinrich von Derby und dem Herzog Johann von Lancaster an der Spitze, landeten 300 Kämpfer, über See kommend, in Danzig: Sie zogen zunächst zum Haupthaus der Marienburg.

Hochmeister Konrad Zöllner konnte seine Gäste nicht persönlich empfangen, denn er lag krank zu Bett. Ordensmarschall Engelhard Rabe führte das gesamte Heer entlang der Memel nach Kauen. Hier schloß sich der Meister von Livland dem Kriegszuge an.

Nördlich Kauen durch die Wildnis reitend gelangte der Zug glücklich über die Memel. Sie fielen dem Litauerheer unter Skirgal in den Rücken, der sich nur mit etwas mehr als 100 Kriegern in die Burg Wissewarde retten konnte. Die Burg Wissewarde wurde erobert. 200 Kämpfer, darunter drei Herzöge und elf Bojaren, gerieten mit 200 gesattelten Pferden in Gefangenschaft und wurden nach Preußen geschickt.

Mit den Fahrzeugen in die Neria einsegelnd ging die gesammelte Ordensstreitmacht, zu der noch Witowd gestoßen war, gen Wilna.

Am 4. September traf sie vor der Stadt ein, die von allen Seiten belagert wurde. Brücken wurden über die Wilia geschlagen und zum Angriff gegen eine der beiden dicht beieinander stehenden Burgen geblasen. Jagals Bruder Karigal, nunmehr Kasimir geheißen, führte hier die Verteidigung.

Der Angriff auf die Stadt wurde mit einem tagelangen Blindenfeuer eröffnet, das eine Bresche in den Mauerring schlug. Als der Sturm begann, ging die zweite der Burgen, die aus Holz gebaut war, welche Vorräte enthielt und viele geflohene Landsleute aufgenommen hatte, in Flammen auf. Die zusammengedrängten Menschen flohen ins Freie.

Im Sturm wurden sie von den Schwertern der Ritter erschlagen oder erlitten den Feuertod. Unter den Erschlagenen befand sich auch Herzog Karigal, der auf der Flucht zu jener anderen Burg unerkannt von einem Krieger niedergestoßen worden war.

Nun schien auch die andere steinerne Burg sturmreif, denn die neuen Feuerbüchsen hatten auch dort reichlich gewütet, während die englischen Bogenschützen jeden töteten, der auch nur für Sekunden seine Deckung verließ.

Hauptmann Nikolaus von Moskorzow verteidigte die steinerne Burg heldenmütig. Nach der fünften Woche der Belagerung, bei einsetzendem kalten Wetter, wurde die Belagerung abgebrochen. Das Heer kehrte nach Preußen zurück. Auf dem Wege dorthin erfuhren dessen Führer, daß der Hochmeister bereits am 20. August 1390 seiner schweren Krankheit erlegen war.

Als das Ordensheer in Marienburg eintraf, war der Hochmeister bereits seit Wochen in der St. Annengruft beigesetzt.

Mit Konrad Zöllner von Rotensteins Amtszeit von knapp acht Jahren hatte der Orden eine Zeit verhältnismäßiger Ruhe gehabt. Die großen Verwüstungen hatten unter seiner Herrschaft kaum stattgefunden. Stattdessen hatte er versucht, des Landes Wohlfahrt zu heben, Handel und Verkehr zu fördern und die Regierung im Innern ebenso wie die Landesverfassung zu stärken.

KONRAD VON WALLENRODE
(1391–1393)

Herkunft und Ordensdienst

Nach dem Tode des alten Hochmeisters sollten sieben Monate vergehen, ehe es zur Wahl eines Nachfolgers kam.

Erst nach Rückkehr vom Kriegszug gegen Wilna traten der Ordensmarschall Engelhard Rabe, der Oberstspittler Siegfried Walpot von Bassenheim, der Ordenstrapier Werner von Tettingen und der Ordenstreßler Ludwig Wafeler in die Führung des Ordens ein und verwalteten ihn während der Vakanz.

An der Spitze stand der Großkomtur als Statthalter des Meisters. In dieser Zeit gab es einige Auseinandersetzungen mit den Helfern des Ordens. Unter anderem auch Herzog Johann von Masowien, der sich befremdet darüber zeigte, daß im Ordensland Kriegsvorbereitungen getroffen wurden, ohne ihn darüber zu verständigen.

Der König von Polen erfuhr von diesem Zwischenfall. Er räumte dem Herzog die ostwärts von Masowien gelegenen Burgen Drohiczyn, Mielnik, Surasz und Bielsk ein. Dies meldete Herzog Johann dem Orden. Aber der Statthalter ließ sich auf keine Diskussion darüber ein.

Danach geriet auch der Herzog von Oppeln ins Fahrwasser des Polenkönigs. Der Orden hatte ihm gemahnt, ein Darlehen zurückzuzahlen, was er nunmehr mit diesem Gegenzug beantwortete. Es gab eine Reihe von Verhandlungen und schließlich wurde denn im Ordenshaus am 12.3.1391, dem Sonntag vor Palmarum, die Wahl des neuen Hochmeisters durchgeführt.

Aus allen Teilen des Ordensgebietes, so auch aus Deutschland, waren etwa 300 Gebietiger und Ritter auf der Marienburg eingetroffen. Die Wahl fiel einstimmig auf den Statthalter Konrad von Wallenrode. Dieser entstammte einem berühmten fränkischen Geschlecht, dessen Vorfahren bereits im 10. Jahrhundert am Kaiserhof Ottos II. gelebt hatten. Einer hatte gar an einem Turnier Kaiser Heinrichs III. teilgenommen.

Konrad von Wallenrode war sehr früh in den Deutschen Orden eingetreten. Fast gleichzeitig mit ihm nahm auch sein Bruder Johann den Ordensmantel. Er sollte später Erzbischof von Riga werden. Sein Bruder Friedrich erhielt später die Würde eines Ordensmarschalls. (siehe Komturlisten von Lindenblatt, S. 373). Konrad von Wallenrode war bereits zwischen 1377 und 1382 Komtur zu Schlochau, konnte sich im Amte des Ordensmarschalls bei den Feldzügen gegen die Litauer vielfach auszeichnen. Danach regierte er als Großkomtur und war zuletzt nach dem Tode seines Vorgängers im Hochmeisteramt Statthalter im Ordensland Preußen.

Mit seiner Wahl hatte die Versammlung den Würdigsten und Verdienstvollsten auf diese Position erhoben. Er war nicht nur streng gegenüber allen Ordensbeamten, sondern zugleich auch fürsorglich gegenüber dem Landvolk, dessen Situation er ständig zu verbessern versuchte. Er nahm sie gegen jede Gewalt ihrer Herren in Schutz. Ritter und Reisige, Bürger und Landmann waren bei ihm gleich.

Konrad von Wallenrode war also ein Mann an der Spitze des Ordens und des Ordenslandes Preußen, wie ihn die Zeit mit ihren besonderen Verhältnissen forderte. Zu seinem Vertreter und Großkomtur machte er Wilhelm von Helfenstein, der zuletzt Komtur in Althaus war. Weitere Änderungen in der Ordensführung wurden in den folgenden Jahren vorgenommen.

Johann von Beffart wurde Komtur von Danzig, während der bisherige Komtur dieser Stadt, Walrabe von Scharfenberg, zum Landkomtur von Österreich aufstieg.

Eine seiner ersten Amtshandlungen war die Wiederherstellung guter Handelsbeziehungen mit England.

In Verhandlungen mit Herzog Wladislaw von Oppeln gelang es ihm, ein Abkommen mit diesem zu treffen, das für das Ordensland günstige Bedingungen schaffte.

Der Herzog von Oppeln hatte 14 Jahre zuvor von König Ludwig dem Großen von Ungarn, der gleichzeitig auch König von Polen war, gegen eine Abtretung einiger Ländergebiete in Rußland, die König Ludwig mit Ungarn vereinigen wollte, das Herzogtum Dobrin mit einer Reihe von Burgen sowie die Gebiete von Gnievcow und Kujawien erhalten. Zeitweise führte er sogar die Statthalterschaft in der Verwaltung Polens ein und nannte sich noch 1391 »Ladislaus von gotes gnaden, Herczog czu Opul, czu Welun, czu Cuya czu Dobrin.« (siehe Dlugoss. I.c.)

Durch Geldnöte war er einmal Polen, dann wieder Preußen zugeneigt. Er sah sich bald nach der Wahl Hochmeister Konrads gezwungen, diesem seine goldene mit vielen Edelsteinen verzierte Krone für 800 Schock böhmischer Groschen zu verpfänden. Als er diese Krone wieder einlöste, machte er gleichzeitig dem Orden den Vorschlag, ihm für ein neues Darlehen von 6600 ungarischen Gulden die ihm gehörende Burg Slotorie mit allem Gebiet von insgesamt fünf Dörfern mit unbeschränkter Macht und Rechten zu überschreiben und für immer auf sie Verzicht zu leisten. Mehrere Städte und Edle des Landes bezeugten, daß sie den Orden zu jeder Zeit von allen Ansprüchen freihalten würden.

Neue »Heidenfahrten«

Nach Bekanntwerden des Ergebnisses der Meisterwahl in Deutschland wurde dort sofort wieder zu einer neuen Heidenfahrt gen Preußen gerüstet. Unter der Fahne des Markgrafen von Meißen zogen 500 Kämpfer nach Norden. Unter ihnen auch ein Herr aus dem Hause der Plauen.

Andere Gruppen folgten ihnen aus Deutschland nach. Auch England, Frankreich und Schottland trugen dazu bei, daß dieser Kreuzzug durchschlagkräftig wurde. Sammelpunkt aller Kämpfer war wieder einmal mehr Königsberg.

Witowd hatte seine samaitischen Krieger versammelt und

schloß sich dem Ordensheer an. Ziel dieses Großunternehmens war die Eroberung von Wilna.

Das Kriegsheer zog zunächst nach Kauen. Hier wurde den Edlen des Heeres der Ehrentisch bereitet, der diesmal mit »einem Glanz und einer Fülle des Reichtums an allem gefeiert wurde, wie dies noch unter keinem anderen Hochmeister geschehen.« (siehe Lindenblatt: a.a.O.)

Danach wurde der Marsch zum Strebe-Fluß fortgesetzt. Als sie Traken erreichten, war diese Stadt bereits von Skirgal in Schutt und Asche gelegt worden. Die Burg Wilkenberg wurde vom Ordensheer überwältigt und Witowd übergeben. Die in einem einzigen Durchritt eroberte Burg Wissewarde niedergebrannt und 300 Mann der Besatzung gefangengenommen.

Als der Meister von Livland hier mit seinen Kämpfern auf das Ordensheer stieß, sollte nun mit vereinten Kräften gegen Wilna angetreten werden.

Die Hauptstadt Litauens aber war in einem Umkreis von vier bis fünf Meilen mit einem Gebiet der verbrannten Erde umgeben worden, damit das Angreiferheer keine Versorgung aus dem Lande vorfinde. Damit war der Plan der Belagerung Wilnas ausgeträumt. Daß Litauen inzwischen ein christliches Land geworden war, schien niemanden zu stören – noch weniger die Tatsache, daß sich unter den »Heiden« viele getaufte Christen befanden.

Das Heer errichtete zwei neue Burgen, die im Werder eine halbe Meile vor Kauen errichtet wurden. Die eine war die alte Baierburg, die mit dem Banner von Meißen geschmückt wurde. Die andere Burg, Ritterswerder, wurde neu errichtet. Alle festen Häuser wurden Witowd übergeben, zu dem man nun vollstes Vertrauen hatte. Dieser hatte es verstanden, eine große Zahl des litauischen Volkes um sich zu versammeln.

Daß Polen die Verpfändung des Dobriner Landes und der Burg Slotorie nicht hinnehmen konnte, basierte auf der Tatsache, daß man Herzog Wladislaw als polnischen Vasallen betrachtete und das Dobriner Land als polnisches Land ansah. Polnische Truppen versuchten das Dobriner Land unpassierbar zu machen. Kaufleute aus Preußen wurden gestoppt und beraubt.

Als die polnischen Hauptleute den Schaden nicht ersetzen wollten, befahl der Hochmeister dem Vogt von Leipe, Johann von Sayn, und dem Komtur von Thorn, Wolf von Zolnhart, sowie mehreren anderen Gebietigern aus dem Kulmerland mit Bewaffneten dorthin zu ziehen und die polnischen Streifscharen zu vernichten. Der Orden eroberte zwar die Burg von Bebern, aber polnische Truppen ritten immer noch durch das Dobriner Land. Nach und nach wurden sie alle aus dem Lande gejagt. Auf der Burg Garthen (oder Grodno), erobert von deren Besatzung aus Polen, Litauern und Russen, ergaben sich zunächst nur die Litauer und Russen. Dann streckten auch die Polen die Waffen.

Der Ordensmarschall ließ 15 Polen enthaupten und die übrigen nach Preußen führen. Herzog Witowd wurde die Burg übergeben. Er nahm aber seinen Sitz auf der Burg Ritterswerder.

Dorthin brachten polnische Abgesandte dem Herzog die Offerte ihres Königs, ihn mit der Würde eines Großfürsten auszustatten und ihm ganz Litauen und die Burg Wilna als Residenz zur Belehnung zu überlassen. Alle anderen Burgfesten des Landes sollten ebenfalls unter seinem Befehl stehen.

Dieser Offerte konnte Herzog Witowd nicht widerstehen. König und »Großfürst« schmiedeten einen verräterischen Plan. Zunächst mußten alle Verwandte Witowds, die sich teilweise noch als Geiseln in Preußen aufhielten, herausgeholt werden – so vor allem sein Schwager, der Fürst von Smolensk und seine Gemahlin, die auf Burg Kremitten saßen, sowie viele andere. Alle wurden sie auf Bitten Witowds vom Hochmeister zu diesem entlassen.

Inzwischen aber unterstützte der Orden immer noch den Abtrünnigen auf dessen Kriegsfahrt nach Medeniken, südostwärts von Wilna und half ihm außerdem beim Bau zweier Burgen im Raume Garthen: Naugarten die eine, welche die Brücke über die Memel schützte und sicherte, und Methenburg. Erstere wurde allerdings durch den Ordenstrapier Werner von

Tettingen, die zweite unter die Aufsicht des Komturs von Brandenburg, Johann von Schönfeld, gestellt. Witowd hatte sich in Garthen eingenistet.

Inzwischen hatte er seine weiteren Verwandten, die Herzöge Ywan und Georg von Belcze und viele Bojaren zu sich nach Garthen kommen lassen. Lediglich sein Bruder Konrad (früher Wigand) und einige weitere Geiseln ließ er im Haupthaus des Ordens, der Marienburg, zurück, um keinen Verdacht zu erregen.

Als die Polen dann erfuhren, daß König Sigismund von Ungarn dem Orden die Neumark (diesseits der Oder) zum Verkauf angeboten habe und auch der römische König und Herzog Johann von Böhmen dem Orden dieselbe Mark für etwas mehr als die Hälfte des Preises anboten und dem Orden darüber hinaus im Namen des römischen Königs das gesamte Land Dobrin und Kujawien zum Kauf angeboten wurde, war höchste Eile geboten.

Herzog Witowd erhielt von König Wladislaw Weisung, alle Burgen Litauens aus der preußischen Besatzung zu befreien. Witowd ging sofort ans Werk, den gemeinsamen Plan in die Tat umzusetzen. Zu Johanni 1392 erschien er als »Freund« mit einer starken Truppe vor der Burg Rittenswerder, wurde in die Burg eingelassen und bemächtigte sich im Handstreich aller Geschütze und Waffen. Die dort weilenden Kaufleute und Ordensritter ließ er ausplündern und gefangensetzen. Die fremden Kriegsknechte wurden ausgetrieben und die Burg den Flammen überantwortet.

Danach stürmten Witowds Truppen gegen die nun alarmierten Burgen Naugarthen und Methenburg. Nach kurzem Widerstand mußten auch diese Witowd übergeben werden. Sie wurden ebenfalls geplündert, die Ordensritter ausgeraubt und gefangengenommen. Schließlich gingen sie in Flammen auf.

Meister Konrad von Wallenrode befand sich zu dieser Zeit in Memel, um eine wichtige Verhandlung zu leiten, zu der auch der Meister von Livland, Wennemar von Brüggenoye, und der

Bischof von Kurland gekommen waren. Als er diese Nachrichten vom zweiten Treubruch Witowds erfuhr, geriet er in heftigen Zorn. Er ließ Witowds Bruder Konrad und seine Bojaren in Ketten schmieden und in das tiefste Verlies der Marienburg werfen.

Allen war klar, daß die Triebfeder dieses Hasses der König von Polen sei. Dies berichtete auch Herzog Wladislaw von Oppeln, der im Juli verkleidet durch Polen geritten war und nun dem Hochmeister Bericht erstattete.

Herzog Wladislaw bot nunmehr dem Orden auch alle Ländereien, die seiner Frau zum Leibgeding verschrieben waren, mit deren Einverständnis, für 50000 ungarische Gulden mit allen Schlössern und Burgen, als da waren Bebern, Rypin, Dobrin, Lippchen, und mit allen fürstlichen Rechten an.

Der Vertrag wurde geschlossen. Herzog Wladislaw mußte sich verpflichten, auch die Unterschrift seiner Gemahlin Ofka und deren Verzichtleistung auf alle Rechte und Ansprüche beizubringen, was wenige Wochen später geschah.

Da auch König Sigismund von Ungarn Ansprüche auf das Land Dobrin erhob, mußte sich Herzog Wladislaw verpflichten, dem Hochmeister ein beurkundetes Zeugnis des Königs beizubringen, daß diese Verpfändung auch mit dessen Einwilligung erfolgt sei. Diese Urkunde lieferte er im kommenden Jahr aus. Nunmehr wurde jener Teil des polnischen Heeres aus des Herzogs Burgen ausgewiesen.

Als die polnische Königin Hedwig auf die Ungültigkeit dieser Urkunde hinwies, erwiderte ihr der Hochmeister, daß er dieses Land zu getreuer Hand erhalten und daß es ihm überschrieben worden sei, und er es niemandem ohne sein Wissen und Wollen abtreten werde.

Nachdem ein neues Heer an Edlen und deren Kriegern in Preußen eingetroffen war, brach Ordensmarschall Engelhard Rabe mit diesem und mehreren Komturen über Kolno und Lomza zur Burg Surasz am Narew auf. Diese war Großfürst Witowd vom Polenkönig überschrieben worden. Von dichtem Sumpf umgeben, wurde sie dennoch erobert und Witowds

Eidam, der hier verteidigte, geriet in Gefangenschaft. Die Feste wurde niedergebrannt.

Der Hochmeister war diesmal auf der Marienburg zurückgeblieben, um sich ganz dem Streit mit dem Erzbischof von Riga zu widmen. Dieser hatte den römischen König Wenzeslaw durch allerlei Verleumdungen des Ordens dazu gebracht, daß er in Böhmen und Mähren alle Ordensbrüder auswies. Ihre Güter und Burgen ließ er beschlagnahmen und übertrug sie seinen Landesherren.

Die Kurie schaltete sich schließlich ein. Dem Ordensprokurator in Rom gelang eine weitgehende Schadensbegrenzung, wenn auch mit reichlichen Geschenken.

»Die Geldgier des römischen Hofes und die Bestechlichkeit der Höflinge dort, bot hinreichende Möglichkeiten und Wege dazu«, schrieb der Prokurator seinem Hochmeister. (siehe Briefe des Ordensprokurators an den Hochmeister im Buche: Dis sint die Privil. V. Lyfland p 1–2)

Dennoch schickte der Papst Bischof Johannes von Messina als Legaten nach Preußen und Livland.

Der Meister von Livland hatte ebenfalls bereits eine Verteidigungsschrift an den Papst gesandt, in welcher er den Erzbischof von Riga einen »leidenschaftlichen, neidischen und verleumdungssüchtigen Charakter nannte«. (Brief des Landmeisters von Livland vom 12. Oktober 1392 in den Privilegien v. Lyfland, p 3–4).

Eine weitere Kriegsreise mit ausländischen Gästen und die Verhandlungen mit dem päpstlichen Legaten folgten. Dessen Versuche, Polen zum Frieden zu bringen, blieben erfolglos. Seine Untersuchungen wurden abgebrochen, weil der Papst die Klärung der Differenzen der rigaischen Kirche mit dem Deutschen Orden auf den nächsten Michaelistag vertagte.

Das Jahr 1393 sah schließlich einen Kriegszug gegen Herzog Johannes von Masowien, der seit geraumer Zeit mit dem polnischen König vereint war und an der Grenze zum Ordensstaat eine neue Burg errichten ließ, die er Slotorie nannte. Diese sollte offenbar als Sammelplatz für litauische Truppen dienen, die ins Ordensland einzufallen drohten.

Der Komtur von Balga, Graf Konrad von Kyburg, und die Pfleger von Barten und Rastenburg zogen im Eilmarsch gegen diese Burg heran. Es gelang ihnen nicht nur, diese ohne Gegenwehr zu nehmen, sondern auch noch Herzog Johannes von Masowien mit seinen Vornehmen gefangenzunehmen. Die Burg wurde bis auf die Grundmauern niedergebrannt und der Herzog »nackten Fußes auf ein Pferd gesetzt und auf die Burg Wisna geführt«. Die Ritter ließen den Herzog nach einer Zahlung von 2000 Schock Groschen frei und kehrten nach Hause zurück.

Danach schloß sich die Streitmacht des Konrad von Kyburg dem Ordensheer an. Gemeinsam griffen sie die Burg Garthen an, die ohne große Verluste erstürmt und ebenfalls niedergebrannt wurde.

Auf dem Rückweg erhielt das Ordensheer Nachricht, daß der Hochmeister gestorben sei. Er war von einer kleinen Reise nach Kulm, wo er mit Königin Margarethe von Dänemarks Abgesandten eine wichtige Verhandlung führte, wieder zurückgeritten. Eben auf der Marienburg angekommen, wurde er von einer schweren Krankheit befallen, die mit starkem Fieber verbunden war.

Die Ärzte wagten es nicht, den brennenden Durst des Sterbenden zu stillen. Am 25. Juli 1393 starb der Hochmeister, während gerade in seiner Sterbestunde ein furchtbares Gewitter über der Marienburg alle in Angst und Schrecken versetzte.

KONRAD VON JUNGINGEN
(1393–1407)

»Ein ehrbares und redliches Leben«

Am 30. November 1393 traten die Gebietiger des Ordens und der Landmeister von Livland, Wennemar von Brüggenoye, auf der Marienburg zur Wahl des neuen Hochmeisters zusammen. Alle Wahlstimmen fielen auf den bisherigen Ordenstreßler Konrad von Jungingen.

Das Stammschloß dieses Geschlechtes lag nahe der Stadt Hechingen in Schwaben über dem Ufer des Starzelflusses. Dort hauste seit geraumer Zeit das Geschlecht derer von Jungingen.

Zu Ende des 13. Jahrhunderts überließen die Junginger ihren Besitz dem Johanniterorden und nahmen ihren Sitz in Jungnau später auf Hohenfels.

Viele Jungingen kamen zu hohen Ehren und großem Ruhm. Sie galten im Land als edle und ehrenwerte Ritter.

Daß Ritter Konrad so rasch und ohne lange Zwischenstationen zum Hochmeister erkoren wurde, schien selbstverständlich. Als man beispielsweise nach der Wahl den Komtur zu Schwetz, Graf Albrecht von Schwarzenberg, fragte, was man denn Besonderes an Konrad gesehen habe, sagte dieser:

»Das weiß Gott, daß nichts an ihm ersehen ward, als sein ehrbares und redliches Leben, das er alle Tage geführt.« (siehe alte preußische Chronik, p 44).

Der Hochmeister war von männlich-kräftiger Statur. »Aus seinen Augen sprach der Adel seines Geistes«, wie die Ordenschronik bei Matthaeus T.V.p. 783 zu berichten wußte.

Der neue Hochmeister ließ die meisten Gebietiger im Amt. Das Amt des verstorbenen Deutschmeisters Siegfried von Venningen wurde auf dem gleichen Kapiteltag Johann von Ketze übertragen. Zu gleicher Zeit verzieh der Papst den Ordensrittern alle an den Geistlichen des Erzbischofs von Riga verübten

Vergehen, weil sie zum einen nicht aus Habsucht begangen, und zum anderen vom Orden bereut würden, der versprochen habe, der Rigaischen Kirche 11500 Goldgulden für die Zeit der Bedrängung zu zahlen.

Gleichzeitig erließ Papst Bonifatius IX. eine Bestimmung, daß von nun an niemand mehr zu einer Domstiftsstelle oder einem Amt der Rigaischen Kirche zugelassen werden sollte, der nicht zuvor als Bruder in den Deutschen Orden aufgenommen sei und das Gelübde abgelegt habe. Das Rigaische Domstift sei fürderhin nicht mehr – wie bisher – ein Augustinerstift, sondern ein Deutschordensstift. Alle Domherren, so der Papst, sollten das Ordenskleid tragen und das Domstift in Zukunft nur aus Männern bestehen, durch die die Kirche in geistlichen und weltlichen Fällen einen Nutzen erziele.

Jeder Domherr und jeder Diener der Kirche von Riga mußte durch den Meister von Livland bestätigt werden. Dies war bei den Domstiften in Preußen bereits Gesetz geworden. Damit lag die Besetzung des Erzstiftes allein in den Händen des Ordens und seiner Führung.

Inzwischen war eingangs des Jahres 1395 erneut ein Kreuzfahrerheer aus Deutschland, England und Frankreich im Ordensland eingetroffen. Mit diesem Heer zog der Ordensmarschall, verstärkt durch Truppen der Städte-Wehrmannschaften und Männer des Niederlandes, zur nächsten »Heidenfahrt« aus. Bei strenger Kälte ging es in Richtung Klein-Naugarthen (Nowogrodek), in den Raum ostwärts der Memel. Die dortige Burg war von den Heiden in Brand gesetzt worden und diese waren anschließend in die dichten Wälder geflohen.

Als der Marschall auf die Burg Lyda zumarschierte, sah er sie bereits aus der Ferne in Flammen aufgehen: Zwei weitere Burgen, Merken und Drogezin wurden erstürmt und ebenfalls niedergebrannt.

Zwei Wochen ritt das Heer kreuz und quer durch dieses Gebiet. Häuser, ganze Dörfer wurden niedergebrannt, die Bewohner als Gefangene weggeführt. Insgesamt fielen ihnen 2200 Menschen in die Hände, dazu 1400 Pferde, eine große

Herde Vieh und anderer Raub. Erst das plötzlich einsetzende Tauwetter, das selbst den Übergang über die zugefrorene Memel zu einem Wagnis machte, zwang das Heer zur Rückkehr.

Wohlfahrt im Ordensstaat

Während dieses Streif- und Vernichtungszuges war der Hochmeister auf der Marienburg zurückgeblieben. Ihn beschäftigte die innere Landesverwaltung und die Wohlfahrt der Landesbewohner.

Als erstes großes Werk befahl er die Erweiterung des Elendenhofes zu Danzig, der zugleich Armen-Spital war. Hier wurden in jedem Jahr viele hundert Kranke und Arme sowie Hilfsbedürftige die ohne Familie waren, versorgt und am Leben erhalten. Dazu Hochmeister Konrad von Jungingen:

»Es ist ein gutes Werk, eine gute Tugend und eines der sechs Werke der Barmherzigkeit, auch Pilgrime hier zu beherbergen. Um so löblicher und verdienstvoller ist es aber, die Elenden, Kranken und Siechen, die nichts eigenes mehr haben, zu herbergen, sie zu laben, zu trösten und zur Rast und Ruhe zu bringen.

Und da wir uns nun zu diesem heiligen Orden bekennen, der auf dem Spital der Elenden und Kranken zur Herberge errichtet ist, sind wir auch von Gottes Gnade und Schickung, und nicht aus eigenem Verdienst, als Haupt und Oberster zu verstehen und deshalb um so mehr verpflichtet, seinen heiligen Namen zu loben und unserer Lieben Frau zu Ehren, mit deren Namen unser Orden geziert ist, zu verbreiten und zu mehren.«

Damit hat der neue Hochmeister seine und des Ordens ureigenste Aufgaben scharf umrissen, deren Erfüllung er weiter verfolgte. So vor allem auch, als er sich nach Danzig auch des Hospitals des Heiligen Geistes zu Königsberg annahm.

Unmittelbar vor seinem Amtsantritt und weit in seine Zeit hinein hatten schwere Unwetter und gewaltige Regengüsse die Flüsse des Landes über die Ufer treten lassen, weit und breit die Saaten überschwemmt und weggespült. Ganze Dörfer, vor allem aber Mühlen an den Gewässern, wurden einfach von den Fluten fortgerissen.

Die wilde Weichsel, wie sie im Volksmund genannt wurde, hatte vor allem den gesamten Raum um Graudenz überschwemmt und ganze riesige Sandberge weggerissen. Diese Sandmassen gelangten mit der reißenden Strömung in die Nogat und ins Frische Haff.

Der kurz darauf eintretende starke Orkan, der aus Norden wehte, wirkte dem Abfluß des Haffs in die Ostsee mit solcher Gewalt entgegen, daß das bisherige Tief von Lochstätt mit Sand angefüllt wurde und damit die Wassermassen des Haffs weiter westwärts auf der Frischen Nehrung bei Rosenberg in ein neues Tief durchbrachen, um sich dort in die See zu ergießen.

Im Februar 1394 ritt der Hochmeister mit seinen Inspektoren entlang der Weichsel von Danzig bis Graudenz, um die Schäden zu inspizieren und mit seinen Fachleuten zu beraten, wie sie behoben und eine Wiederholung dieses Dramas verhindert werden könne.

Sie fanden zwischen Graudenz und Marienwerder das gesamte Nebranische Werder in eine riesige Wasserfläche verwandelt. Für die Befestigung und Sicherheit der Dämme ließ er alle verfügbaren Kräfte aufbieten, um dem Wasser das Eindringen in weiteres Ackerland zu wehren. Die Bewohner von Wolz nördlich Graudenz ließ er eine Deichwehr einrichten und den Deichschutz organisieren.

Der Hochmeister und die Sittengesetze

Daneben wandte er sich den Wünschen der Ritter und Knechte, der Bürger, Handwerker und Bauern zu. Sie hatten alle das gleiche Anliegen: Die im Lande grassierenden Mißbräuche abzustellen und den teilweise drastischen kriminellen Übergriffen einen Riegel vorzuschieben. Darüber hinaus sollten auch die Mißstände in Zunft- und Handwerkerkreisen und in jenen der Dienstboten beseitigt werden.

Es galt, ein bereits bestehendes Gesetz für einen regelmäßigen Lebenswandel und geordneten Dienst der Handwerksknechte neu zu fassen und die Trinkgelage, vor allem auf Versammlungen der Dienstboten oder anderer, zu verbieten.

Vor allem aber sollte der Hochmeister das »sittliche Verhalten beider Geschlechter durch strengere Gesetze regeln«. Der Hochmeister verkündete: »Wir sint durch etlichir sache willen mit den gebietigem und den Eldisten unser Stete zu Rate worden, daß wenn sich eine Frau oder Jungfrau mit einem Manne verlobt, ohne Eintracht, Rat und Willen ihrer Eltern, oder vier ihrer nächsten Verwandten von Vaters- oder Muttersseiten, oder der Seite ihres Vormundes, oder wenn sich Frau oder Jungfrau willig entführen lassen, so sollen ihre Nächsten sich ihres Gutes unterwiden (es an sich nehmen) gleich als wenn sie todt sey.

Wer eine Frau oder Jungfrau gewaltsam entführt, dessen Habe und Gut, sowie das Eigentum aller jener, die ihm behilflich gewesen und mit ihm entflohen sind, soll der Herrschaft verfallen sein.

Als für tot erklärt und ewig aus dem Lande verbannt, sollen sie nichts mehr erben können. Wer wieder im Lande gefunden wird, soll enthauptet werden und wer als Mitgehilfe zum Verbrechen bezichtigt, sich der Anklage entledigen will, muß seine Unschuld samt sieben ebenbürtigen Eidbürgen beschwören.

Wer eine Jungfrau entführt, soll nie ihr Eigentum erhalten. Ihre nächsten Erben bemächtigen sich dessen, gleich als wenn sie todt sey.

Kommt eine wider Willen entführte Frau bei ihres Mannes Leben in das Land wieder zurück, so sollen ihr ihre Freunde von ihrer Habe nichts mehr geben, als die bloße Leibesnahrung. Und nach des Mannes Tod gebührt ihr nur die Hälfte des vorhandenen Nachlasses.

Mit dem Verführer erzeugte Kinder haben kein Recht an ihre

Eltern oder Anverwandten Gut und Eigentum, sondern sollen ewig das Land meiden.«

Ein besonderer Absatz in diesen neuen Verordnungen und Gesetzen sagte, daß »weder Ritter noch Knecht im Lande zu Beratungen und Berichtungen mit mehr als zehn Pferden reiten, keine eigenwilligen Versammlungen anordnen oder mit Armbrust und anderen Waffen im Lande umherreisen dürfe; dies bei Verlust von Leib und Gut.

Jeder Wirt mußte einen bei ihm einkehrenden Gast sofort dem Bürgermeister anmelden. Fand dieser den Fremdling nach Rede und Antwort unredlich, sollte er ihn gefangensetzen bis zu guter Ausweisung.

Kein Pilgrim sollte mehr im Lande umherreisen, der nicht ein Zeichen seines Herrn führte, welcher ihn kenne und unter dem er wohnhaft sei.

Niemand sollte forthin weiter wandern, als in dem Kirchspiel, wo er bekannt ist.

Goldarbeiter hatten ihre Arbeit mit ihrem und auch der Stadt Zeichen zu versehen und alles, was anders als mit wirklichem Gold vergoldet sei, werde weggenommen und zu einer Kirche oder eines Klosters Nutzen verwendet.

Ferner hat jedes Gewerke das eidliche Versprechen zu geben, niemals Landesmünze und überhaupt nicht mehr Silber schmelzen, als er dies zu seiner Arbeit benötigt.(siehe im Geheimen Ordensarchiv: Diese willkör ist obireyn getragin in dem iare 1394 am S. Jorgintage).

Mit diesen »Willküren« versuchte Konrad von Jungingen nach Übernahme der Meisterwürde, Ordnung und Gesetz im Ordensstaat Preußen fester zu fassen. Diese Neuverordnungen wurden auch in den folgenden Jahren von ihm fortgesetzt, wie die Lage dies verlangte.

Währenddessen reiste der Marschall mit seinen Truppen und weiteren Kreuzzugsgästen vor Wilna und belagerte die Stadt. Er mußte auch diesmal eine Niederlage einstecken. Die Festung trotzte allen Belagerungen. Da auch die Beute nicht groß war, bedeutete dies für die Ritter ein vergeblicher Zug.

Etwas günstiger gestalteten sich die Verhandlungen mit Däne-
mark und Mecklenburg, während die Verhandlungen mit den
Herzögen von Pommern sich hinzogen und der Streit wegen des
Erzbistums Riga mit Herzog Swantibor von Stettin, Witowd von
Litauen und Herzog Wladislaw von Oppeln andauerten, ohne
zu einem für den Orden befriedigenden Ergebnis zu kommen.

Konrad von Jungingen mußte sich, überall von Feinden
umgeben auch mit den Bischöfen von Livland und Polen aus-
einandersetzen, ohne daß es zu irgendwelchen Entscheidungen
gekommen wäre. Weitere Verhandlungen mit den benachbarten Fürsten zogen sich über die Jahre 1395 und 1396 hin. Verhandlungen mit Witowd von Litauen standen auch 1397 auf
der Tagesordnung.

1397 kam es auf einem Verhandlungstag zu Danzig zwischen
dem Hochmeister und dem Bischof von Dorpat zu Gesprächen,
an deren Schluß, nach drei zähen Verhandlungswochen ein Vergleich erreicht wurde.

Die Vereinbarung lautete: »Es soll beiderseits ein ewiger Friede bestehen. Dem Orden wird sein altes Recht weitergelten,
daß die Untersassen der Kirchen zu Riga, Dorpat und Kurland
dem Meister von Livland Heeresdienst zu leisten haben. Alle
Straßen und Wege zu Lande und zu Wasser sind dem Kauf-
manne beider Seiten, dem Bischof und den Untersassen seiner
Kirche frei und unverschlossen.

In Streitfällen zwischen dem Erzbischof von Riga und dem
Orden oder dem Bischof von Dorpat sollen sich beide Teile ver-
gleichen und das jeweils andere Recht anerkennen.

Damit schien der Krieg zwischen dem Erzbischof von Riga
und dem Deutschen Orden für alle Zeiten beendet, was sich
aber als Trugschluß erwies.

Die weiteren Unterhandlungen mit Großfürst Witowd von
Litauen schienen ebenfalls gut zu verlaufen, bis sich der polnische König einmischte, der seine Felle davonschwimmen sah,
wenn es zwischen diesen beiden ebenfalls zu einer Einigung
kam. Er versuchte, diese Verhandlungen mit allen Mitteln zu
hintertreiben, was ihm schließlich auch gelang.

Der Fürstentag zu Frankfurt

Im Mai des Jahres 1397 versammelten sich die deutschen Kurfürsten und andere weltliche Fürsten des Reiches zu einem Fürstentag in Frankfurt am Main. Hochmeister von Jungingen war ebenfalls eingeladen. Er sollte der Versammlung über die Verhältnisse des Ordensstaates zu Litauen und Polen berichten. Da er wegen einer Erkrankung nicht reisen konnte, schickte er den Oberstspittler Graf Konrad von Kyburg und den Komtur Wolf von Zolnhart nach Frankfurt. Diese erklärten den Fürsten, daß der Orden sehr unter den Anfechtungen der Litauer und Russen ebenso wie der Polen leide, letztere hätten sich auf die Seite der ersteren geschlagen und deren Sache für die ihrige erklärt. Tag für Tag würden die Heiden von Polen mit Waffen aller Art versorgt. Panzer, Harnische und Schilde kämen hinzu, von Pferden, sachkundigen Werkmeistern und Büchsenschützen nicht erst zu reden.

Zum Schluß berichteten die Gesandten des Hochmeisters, daß König Wladislaw von Polen sogar während einer Verhandlung vom Orden die Auslieferung von Großfürst Witowds Bruder Sigismund verlangt habe, um durch diesen seine Gefangenen von den Türken abzulösen.

Als Kern wurden dann die zielsicher von Polen ausgestreuten Gerüchte und Verleumdungen vorgetragen und deren Abstellung verlangt, da sie bewiesenermaßen frei erfunden waren. Es komme darauf an, den Orden mit Geld und Freundschaften zu unterstützen. Dies sei um so notwendiger, da alles zu Beginn des Jahres 1398 noch in der Schwebe liege, denn der Tataren-Khan Tochtamysch sei von Timur geschlagen worden und habe sich mit seinem Heer zu Witowd nach Litauen geflüchtet, so daß dieser über eine riesige Streitmacht verfüge.

Dennoch kam es noch 1398 zu einem Friedensvertrag zwischen Witowd und dem Orden, der mit einer Schlußakte zu Kauen unterzeichnet wurde. Der Hochmeister gab nunmehr

Witowds Bruder Sigismund und alle übrigen Geiseln frei. Es gab keinerlei Grenzberichtigungen und so konnte dieser Friede gebührend gefeiert werden. Die in Kauen versammelten Großen von Litauen und Rußland riefen Witowd zum König von Litauen und Rußland aus. Witowds Gemahlin glänzte in einer kostbaren Garderobe und gutem Schmuck.

Auf der Reise von Kauen nach Garthen wären Witowd und seine Gemahlin fast Opfer eines Brandes geworden, der in einem Schlafgemach ausbrach. Eine Meerkatze, die sich bei ihnen im Raum befand, weckte die beiden durch ihr Wimmern. Der gesamte Schmuck und die edlen Kleider der Königin gingen hier verloren.

Seeraub auf der Ostsee

Die Freiheit des Handelsverkehrs und die Sicherheit der Schifffahrt auf der Ostsee und der bedeutendsten Plätze der Hanse, standen ebenfalls auf Meister Konrads Plan. Vor allem galt es, die See von den immer zahlreicher werdenden Seeräubern zu befreien. Diese plünderten Schiffe der hansischen Ordensstädte aus und brachten ihre Beute nach Wismar, aber auch nach Norwegen und Mecklenburg. Insbesondere setzten sie sich auf Gotland fest. Von hier aus brachen sie zu ihren schnellen Raubzügen bis hinauf nach Finnland auf.

Seit 1396 trug sich der Hochmeister mit Plänen der Vernichtung dieser Räuberbrut, die selbst in den Häfen des Herzogs von Stettin oder in Mecklenburg willkommen waren. Ebenso fanden sie auch an den dänischen und schwedischen Küsten sichere Häfen.

Anläßlich einer Tagfahrt 1396 auf der Marienburg wurde die Aufstellung eines Verbandes von Friedensschiffen beschlossen. Die Städte Thorn, Elbing, Danzig, Königsberg und Braunsberg beteiligten sich daran. Sie stellten eine Mannschaft von 350 Mann und zwölf größere Schiffe zur Verfügung.

Bei Hela versammelten sich diese Schiffe. Von den anderen

Hansestädten hatte sich nur noch Lübeck diesem Aufgebot angeschlossen. Als die Nachricht einging, daß die Seeräuber sich zu einem Streifzug auf Gotland versammelten, gingen die Schiffe des Ordens unter ihren Hauptleuten Johannes Mekelfeld und Wilhelm von Oringen ankerauf. Es gelang der Flotte, einige Seeräuberschiffe auf See und eine größere Anzahl weiterer bei Wisby zu kapern. Die meisten gefangenen Seeräuber wurden hingerichtet, ihre Schiffe verbrannt und ihr Raub unter die Friedensschiffs-Besatzungen verteilt.

Danach ging es in Richtung Bornholm weiter. Unterwegs konnte eine Reihe Seeräuberfahrzeuge aufgebracht und versenkt werden.

Königin Margarete von Dänemark beschwerte sich, weil dänisches Gebiet angeblich beschädigt »und daß einige dänische Schiffe verbrannt worden seien, die nicht den Seeräubern sondern Malmarer Bürgern gehört hätten. Diese seien ebenfalls ausgelaufen, um das Seeräuber-Raubgesindel zu vertreiben.«

Gegen den Hochmeister und die Danziger erhob Königin Margarete schwere Vorwürfe und im Gefolge derselben auch Schadensersatzansprüche. Dies wiederum gab mehrere Jahre hindurch Anlaß zu vielen Verhandlungen und Zerwürfnissen.

1397 und 1398 setzten die Seeräuber ihre Raubfahrten fort, und im Frühjahr 1398 wurde auf einer neuen Tagfahrt zur Marienburg mit allen Abgesandten der Hansestädte die Ausrüstung von über 80 kleineren Schiffen neben einigen großen veranlaßt. Sie sollten als Transportschiffe etwa 4500 Krieger mit einem großen Kontingent an Pferden nach Gotland übersetzen, um die dortigen Raubnester der Seeräuber endgültig auszubrennen. Außer den vom Deutschen Orden gestellten Schiffen und Mannschaften ließ der Hochmeister 100 Bewaffnete auf eigene Kosten einschiffen.

Mitte März 1398 ging diese Flotte von Danzig ankerauf. Sie erreichte Gotland und legte ohne behelligt zu werden im Hafen von Garn an.

Dort befand sich das Raubschloß Landskron, der Hauptsitz

der »Vitalier«. Dort sollte sich auch der oberste Führer der Vitalienbrüder Sven Sture befinden.

Mit 650 Ordensrittern an der Spitze wurde die Insel durchritten. Später meldeten Späher, daß sich Sven Sture mit seinen Männern in die Stadt Wisby zurückgezogen habe. Dort sollten sich auch Herzog Johann von Mecklenburg mit König Erichs Witwe aufhalten. Sven Sture habe sich bereits, so lautete die Meldung, der Tore und Türme von Wisby bemächtigt. Er sei in die Stadt eingedrungen, um sich hier zu verteidigen. Er habe vor, so die Geschichtsschreibung, »alle Bürger mit Weib und Kind, samt allen Priestern, aus der Stadt zu treiben und aus Wisby sein »Erbraubschloß« zu machen.«

Durch den noch immer liegenden tiefen Schnee konnten die schweren Belagerungsgeschütze nicht auf Schußweite an das Schloß herangebracht werden. Aus diesem Grunde ließ man sich auf angebotene Unterhandlungen ein.

Während der Herzog von Mecklenburg, der zu Sven Sture hielt und die Bürgermeister von Wisby noch mit den Hauptleuten des Ordens am Hafen von Garn verhandelten, mit dem Ziel der Herzog und Sven Sture sollten die Stadt an die Hauptleute des Ordens übergeben, bestürmten die Ordensritter nach dem Motto, »erst siegen, dann verhandeln«, mit den Soldaten drei im Innern der Insel liegende Raubschlösser und brannten sie nieder. Die Flotte segelte vor die Stadt Wisby und ein Teil der ausgeschifften Kriegsleute umstellten diese von der Landseite her. In einem schnellen Handstreich gelang es, sich der Stadt zu bemächtigen.

Mit 400 seiner Raubgesellen ergriff Sven Sture die Flucht. Die auf der Insel gefangenen Seeräuber wurden enthauptet.

Nun war Herzog Johann von Mecklenburg bereit mit den Hauptleuten einen Vertrag zu schließen. Die Kernpunkte desselben lauteten:

»Die Stadt Wisby, die Häfen von Gotland und das gesamte Gebiet dieser Insel sollen fortan dem Hochmeister, seinem Orden und den Seinigen auf ewige Zeit zu einem Orlog offen stehen.«

Wie sich der Hochmeister schließlich mit König Albrecht darüber einigen werde, so wolle der Herzog dies bestätigen.

Der gesamten Kaufmannschaft der Hanse und des Ordens sollte Wisby mit seinem Hafen für immer offen sein. – – –

Alle noch vorhandenen Raubschlösser würden niedergebrannt und nie wieder aufgebaut. Alles geraubte Gut, das gefunden werde, alle Schiffe und Kaufschätze in der Stadt, in den Häfen und auf dem Lande sollten denen zufallen, die einen Rechtsanspruch darauf haben. (Original dieses Vertrages: Gegeben zu Wisbue am nächsten guten Freitag vor Ostern 1398, im Geh. Archiv, Schiebl. 80 nr. 1)

Ohne auf die folgenden Ereignisse näher einzugehen und ohne die Verpfändung der Insel Gotland an den Orden und ihre spätere Rückgabe aufzulisten (was einem anderen Werk vorbehalten bleiben muß), die schließlich dazu führte, daß es Königin Margarete am 17. Juni 1397 gelang, eine Union der drei nordischen Staaten zu Kalmar zu erreichen, sollen hier in knappen Zügen die Handelsbeziehungen Preußens zu England, Frankreich, Rußland und Polen dargelegt werden. Zunächst führte der Hochmeister Beschwerden gegen die betreffenden Staaten wegen der Behinderung der Handelsleute des Ordens. Im Gegenzuge wiesen diese Länder vor allem auf die Mißbräuche im preußischen Bernsteinhandel hin. Dies führte zu einigen beiderseitigen Absprachen über Preise und Beschaffenheit der ein- und auszuführenden Waren.

Während verschiedener Hansetage auf der Marienburg kam es zu Klärungen in Streitfragen des Handelsrechts. Tagfahrten zu Lübeck vervollkommneten diese Vereinbarungen. Es kam leider dann auch zu einem Verbot der Einführung englischer Tuche nach Preußen, das den Handelsverkehr mit England auf einige Jahre zum Erliegen brachte.

Der Weg zur »Eidechsengesellschaft«

Die Städte wuchsen, der Reichtum mehrte sich und die Wohlhabenheit der Bürger stieg weiter an. Es gelang den Städten, immer größeren Einfluß in Handelsangelegenheiten zu erlangen. Ihr Verwaltungswesen und ihre Verfassungen bildeten sich weiter aus, je enger diese mit ihren großen Schwestern, den Hansestädten, zusammenarbeiteten.

In dieser Situation trat schließlich der Gegensatz zwischen der Stadtaristokratie, den reichen Handwerksbetrieben und dem Landadel sowie der Ritterschaft des Landes immer stärker hervor.

Der Geist der verschiedensten Zusammenschlüsse umfaßt schließlich alle Gebiete des menschlichen Lebens und Handelns. Dabei kam es mehr und mehr zu Rechtsverletzungen zwischen Vertretern des Adels und der Ritterschaft zu den Städten.

Schließlich wandten sich die Ritter, auch im Namen ihrer Untertanen und Knechte, an den Hochmeister und baten um gesetzliche Verordnungen, nach denen Stadtbewohner, wenn sie untereinander in Streit gerieten, nicht in den eigenen Städten vor Gericht zu ziehen seien.

Der Bürgerstand wiederum trat dem Adel in der Nachbarschaft entschieden entgegen, wenn er sich von diesem übervorteilt oder gezwungen fühlte und schloß sich zu Vereinigungen zusammen. Diesen stellten sich die Ritterbünde entgegen.

So waren es in Deutschland beispielsweise die Gesellschaft vom St. Georgenschild, jene vom Löwenbund, der Schlegeler oder der Martinsvögel, ebenso der Falken- und anderer Gesellschaften.

Dies alles veranlaßte die Ritterschaft in einem Teil Preußens im Jahre 1397 dazu, eine ähnliche Gesellschaft zu gründen.

Vier edle Ritter deren Geschlechter im Kulmerland vor allem im Raume um die Ordensburg Rheden bekannt waren, machten den Anfang. Es waren die beiden Brüder Nicolaus und Johannes von Reyns sowie Friedrich und Nicolaus von Kynthenau, die einen Ritterbund »nach der Art jener deutschen Rittergesellschaften vom Bilde eines Tieres, welches sie als Merkzeichen trugen, gründeten und ihr den Namen Eidechsengesellschaft beilegten.« (siehe Voigt, Dr. Johannes: a.a.O.)

In der Stiftungsurkunde hielten sie fest: »Wir wollen jedem Mitglied unseres Bundes in nothaftigen, ehrlichen Sachen mit Leib und Gut beistehen, sobald man dies bedürfe, ohne all Untreue Falschheit, Verrätnis und Arglist, sowohl offenbar als auch heimlich geübt, gegen einen jeden, der ihnen oder einem der Ihrigen der Gesellschaft Leid antue, sie mühe, betrübe oder Verunrechte an Leib, Ehre oder Gut.

Dies mit Ausnahme der Landesherrschaft und deren nächste blutmäßige Verwandschaft, gegen welche, wenn einer von diesen ein Mitglied der Gesellschaft verletze oder verunehre, keiner aus ihrem Verein etwas unternehmen, sondern jeder sich ruhig verhalten solle. Die Verwandten müssen die Zwistigkeiten unter sich selber beilegen«. (siehe Voigt, Dr. Johannes: Geschichte der Eidechsengesellschaft, S. 5–18)

Die Eidgenossenschaft wollte ein frommer Brüderverein sein, zugleich aber auch gegen den immer reicher werdenden Bürgerstand vorgehen, wenn durch diesen die Verarmung des landsässigen Adels herbeigeführt werde.

Sie war also ein adeliger Ritterbund, der gegen das Bürgertum und Städtewesen angehen wollte, sofern dieses den Ihren Schaden zufügen würde. Dieser Bund gelangte in seiner Ausdehnung und Mitgliedschaft lange Jahre nur in den Grenzen des Kulmerlandes zur Wirkung. Der deutsche Ordensstaat gestattete diesem Bund »mit Gesetz und Schwert« keinen weiteren Einfluß auf das öffentliche Leben.

Es war zunächst nicht des Hochmeisters Sorge, daß sich hier ein Element wider den Staat auftun könne. Vielmehr waren es die Naturkatastrophen, die seit 1396 das Ordensland heimsuchten.

So wütete in Elbing im Jahre 1396 eine gewaltige Feuersbrunst, die sämtliche Speicher und Holzlager der Stadt vernichtete und eine Reihe Wohnhäuser in Flammen aufgehen ließ.

Dieser Schlag ließ die Bevölkerung der Stadt in drückende Armut fallen.

1398 kam es noch härter, als eine Pestseuche von bisher kaum vorstellbarem Ausmaß Städte und Dörfer des Ordenslandes entvölkerte. In den Ordensburgen starben 80 Ritter an der Pest. Anderwärts forderte sie ebenfalls hohe Opfer. Der Hochmeister zog im Jahre 1398 von Pommern bis an die litauische Grenze durch Städte und Dörfer, um erkanntes menschliches Leid und leibliche Not zu lindern, wo dies notwendig war.

Dies waren nicht die einzigen Ereignisse, welche die Not noch vertieften. Starker und wochenlang andauernder Regen hatte 1398 die Heuernte ebenso wie später die Getreideernte vernichtet.

Selbst die Häuser der Landbevölkerung konnten teilweise den Wassermassen nicht mehr standhalten.

Dieser gewaltige Regen mit den unaufhörlich steigenden Wasserpegeln der kleinen Flüsse und Bäche ließen schließlich die Weichsel auf einer weiten Strecke über die Ufer treten und die Niederungen überfluten. Alle dort angebauten Feldfrüchte verfaulten.

Weitere Kriegsfahrten

Im Jahre 1399 kam es wieder zu einer neuen »Heidenfahrt« unter Führung des Ordensmarschalls Werner von Tettingen. Im Gebiet von Medeniken »hauste der Marschall mit den Kriegern, ohne Widerstand zu finden, vier ganze Tage mit Feuer und Schwert und führte 900 Gefangene hinweg.« (siehe Schulze-Dirschau, H.: a.a.O)

Die Livländer unter Führung ihres Landmeisters brachten es bei einem zehntägigen Einfall nach Samaiten auf eine Beute von 1000 Gefangenen und 500 Pferden.

In diesem Sommer führte auch Konrad von Jungingen ein Ordensheer zum Kampf nach Samaiten hinein, wo es elf Tage wütete. Da die Bewohner vorher in die Wälder geflohen waren, wurden deren Vorräte und vor allem ihr Saatgut vernichtet, um sie solcherart dem Hungertode zu überantworten. Da keine Kriegsgäste vorhanden waren, erteilte der Hochmeister 14 ritterbürtigen Knechten Preußens ob dieser »Heldentaten« den Ritterschlag.

Als der Tod von Königin Hedwig von Polen bekannt wurde, die um Johanni am 17. Juli 1399 in Krakau nach der Geburt einer Tochter im Kindbett starb, verlor der Orden mit ihr eine immerwährende Mittlerin zwischen ihm und dem polnischen König. Auf Anordnung des Hochmeisters wurde auf der Marienburg ihr Andenken feierlich begangen und mit Messen und Vigilien gefeiert.

Bei einer weiteren Kriegsfahrt gegen Samaiten tauchte das erstemal der Name des Ordensritters Michael Küchmeister von Sternberg auf, der auf einer errichteten festen Burg als Vogt eingesetzt wurde.

Als sich das Verhältnis zu Polen im Jahre 1401 mehr und mehr abkühlte und ein weiteres Kreuzen der Klingen bevorstand, ließ der Hochmeister alle notwendigen Vorbereitungen zur Verstärkung der Rüstung treffen. Dazu wurde auf der Marienburg eine Stückgießerei angelegt, wo die benötigten schweren Geschütze (=Stücke) durch einige gute Stückmeister gefertigt wurden. Steinhauer fertigten in Tag- und Nachtarbeit dafür die runden Steinkugeln. Die ebenfalls in Marienburg angelegte Pulvermühle war Tag und Nacht in Betrieb, da die ersten Pulvergeschütze bereits in Gebrauch waren.

Auch in den anderen Ordenshäusern hatte der Hochmeister die Waffen- und Geräteproduktion in Gang bringen lassen.

Fürst Witowd von Litauen wandte sich einmal mehr vom Orden ab und dem polnischen König zu. Dieser schickte ihm Hilfstruppen, mit denen er sich bei Kauen auf die Lauer legte, und befahl ihm die Burg Gotteswerder sofort in Brand zu setzen, falls sich ein Ritterheer nähere. Die Geschütze und alles bewegliche Gut ließ er von der Burg wegführen.

Der Ordensmarschall zog mit einer kleinen schnellen Streitschar, auf Schiffe verladen, memelaufwärts, um die Ordensburg Gotteswerder besser auszustatten. Als Witowds Späher dies meldeten, wurde die Burg von seinen Männern eingeäschert, während die Besatzung nach Litauen hinein floh. Der Ordensmarschall mußte unverrichteterdinge umkehren.

Am 26. Juli 1402 ging endlich die päpstliche Bulle ein, die den vom Orden ernannten Bischof Arnold von Stapel, dem ehemaligen Kanzler des Hochmeisters, zum neuen Bischof von Kulmsee in seinem Amt bestätigte.

Als dann vom Papst in einer weiteren Bulle dem neuen Bischof von Leslau, Herzog Johannes von Oppeln, auch die Verwaltung des Kulmer Bistums übertragen wurde, hatte dieser zwei Bistümer zu verwalten.

Ende Januar 1402 traf überraschend Fürst Swintrigal von Litauen in der Verkleidung eines Kaufmanns auf der Marienburg ein und meldete dem Hochmeister:

»Ich bin vom König zu Polen zu dessen Hochzeit mit der neuen Königin Anna eingeladen worden. Als ich am Hofe zu Krakau erschien, hörte ich, daß auch mein Vetter und größter Feind Witowd dorthin kommen werde. Deshalb bin ich von dort entflohen und ersuche um Ihren Schutz.«

Der Hochmeister nahm den Fürsten mit Freuden auf. Die Chance von Witowds Abwesenheit in Litauen ausnutzend, fielen Ordenstruppen unter Marschall Werner von Tettingen mit Kämpfern aus den Niederlanden und aus dem Raume Osterode nach Garthen ein.

Drei Tage lang wurde ohne jeden Widerstand dieser Raum ausgeplündert und mit 400 Gefangenen und 300 Pferden der Rückmarsch angetreten.

Zur gleichen Zeit stürmten die Livländer unter ihrem neuen Landmeister Wennemar von Brüggenoye nach Norden und durchstreiften Litauen.

Ein dritter Kriegshaufe wurde vom Kompan des Komturs zu Balga, Michael Küchmeister von Sternberg, über Garthen hinaus nach Litauen geführt. Er überraschte die Einwohner, von denen viele erschlagen wurden und 300 Gefangene, viele Pferde und eine große Rinderherde als Beute weggeführt wurden.

Während dieser Zeit schloß der Hochmeister mit Fürst Swintrigal, der sich in dieser Urkunde Fürst und Erbling zu Litauen und Rußland und Herr von Podolien nannte, einen Friedensvertrag ab. Darin versprach der Fürst seine Lande dem christlichen Glauben zu öffnen und niemals ein christliches Land zu verheeren, sofern ihn nicht Gewalt und Unrecht dazu zwinge. Er wolle mit dem Orden und dessen Landen unverbrüchlichen Frieden halten.

Die Grenze zwischen dem Ordensstaat Preußen und Litauen wurde darin von der livländisch-litauischen Grenze bis nach Sallinwerder und von dort bis an die Grenze Masowiens genau bestimmt. Alle durch diese Grenzmarken gekennzeichneten Länder sollten ab sofort auf ewig dem Orden gehören. (siehe Vertrag zu Marienburg am anderen Tag Martii 1402 im Geh. Archiv Schiebl. 54 nr. 1.2.; das war der 2. März 1402).

Swintrigal trat dem Orden am selben Tage noch das Land und die Herrschaft der Russen von Pleskow (Pleskau) ab. «Es möge auf irgendeine Weise gewonnen werden.»

Damit hatte der Orden vom abtrünnigen Fürsten Witowd einen neuen Verbündeten in Litauen gewonnen, ohne daß sich an dem ewigen Zustand von Krieg und Frieden und wieder Krieg auch nur das geringstc gcändert hätte, oder gar diese Grenzziehung von irgend jemanden anerkannt worden wäre.

Witowd griff noch im selben Jahr Gotteswerder an der Memel an. Der Hochmeister antwortete darauf mit einem Kriegszug in Stärke von 40000 Mann nach Litauen. Marschall Werner von Tettingen mußte die Führung, nach einigen Tagen erkrankt, an den Großkomtur Wilhelm von Helfenstein übergeben. Im Gefolge des Ordensheeres befand sich auch eine starke Gruppe unter der Führung von Fürst Swintrigal.

Das Heer drang bis an die Tore von Wilna vor. Witowd floh vor dem Ordensheer in die Stadt. Die Burgen auf dem Wege nach Wilna waren niedergebrannt. Das Ordensheer konnte Wilna nicht im Handstreich nehmen und kehrte durch die dortige Wildnis, 900 Gefangene und einige hundert Pferde als Beute, über Lötzen nach Rastenburg zurück. Dort bezog Fürst

Swintrigal auf Bitten des Hochmeisters die Burg Baiselauken (heute Beeslack).

Der Ankauf der Neumark durch den Orden für eine Summe von 63200 ungarischen Gulden von König Sigismund wurde am 25. Juli 1402 dokumentarisch abgeschlossen. Damit kam der Orden dem polnischen König zuvor, der ebenfalls auf dieses Land erpicht war, weil er mit dessen Erwerb den Ordensstaat zu Dreiviertel eingeschlossen hätte.

Nach Auseinandersetzungen mit Polen und dem Heiligen Stuhl, dem Lästerungen und Freveltaten des Ordens am christlichen Glauben gemeldet wurden, war der Friede gebrochen. Polen erklärte, daß der Orden im Lande Litauen also in christlichen Landen, Arges gefrevelt habe. Am 10. Dezember 1403 kam es auf der Marienburg zur Aufklärung dieser Falschmeldungen Polens und des Fürsten Witowd. Der Papst versicherte daraufhin dem Orden sein weiteres Wohlwollen.

Mit den erneut aufflammenden Kämpfen auf Gotland kam der Hochmeister in Bedrängnis. Eine Streitmacht ging eingangs März von Danzig aus in See, erreichte Gotland, landete und umzingelte die Wehrburgen der Seeräuber. Insgesamt gingen in den nächsten Tagen und Wochen 15000 Kämpfer des Ordens und seiner Verbündeten nach Gotland.

Königin Margarete von Dänemark sammelte derweilen in Kalmar eine Flotte, die ebenfalls Gotland zum Ziel nahm. Dieses Vorhaben wurde durch Spione und Agenten bekannt, so daß die dänischen Schiffe kurz nach ihrem Auslaufen gekapert, und nachdem die Besatzungen und Kriegsknechte sie verlassen hatten, in Brand gesteckt wurden. Damit verlor Königin Margarete in den Kämpfen weniger Wochen über 200 Schiffe.

Als dann nach zwei vorher ausgebrannten Wehrburgen noch die dritte in Flammen aufging, wurde in Wisby ein Friedensvertrag ausgehandelt. Nachdem dieser Friede beschlossen war, kamen auch die Friedensverhandlungen des Ordens mit Polen und Litauen zu einem guten Ende. Im Frieden wurde auf der Burg zu Raczans beschlossen, daß die Krone von Polen das

212

Land Dobrin und die Burg Slotorie erhalten solle. Polen bot dem Orden bis zu Pfingsten 1405 für Dobrin eine Ersatzsumme von 50000 Gulden und für die Burg Slotorie 2400 Schock böhmische Groschen. (Urkunde »In Raczancz feria sexta proxima ante diem festis. et individue Trinitat. 1404)

Streitigkeiten um die Neumark, Pommern und Driesen sowie Händel mit dem Erzbischof von Riga hielten den Hochmeister nicht davon ab, weiter des Landes Wohlfahrt zu betreiben. Dies war um so notwendiger, als auch im Jahre 1404 eine seuchenartige Krankheit ausbrach, die »Tanewetzel« genannt wurde. Diese wurde von starken Kopfschmerzen und starkem Husten begleitet, forderte aber glücklicherweise nur wenige Tote.

Im folgenden Jahr trat – durch die feuchte Witterung begünstigt – abermals die Pest auf. Sie forderte auf dem Lande große Opfer, vor allem an Kindern, jungen und alten Menschen.

Es galt vor allem, für die durch Seuchen unbewohnten Bauernhöfe neue Besitzer zu finden. Darüber hinaus ließ der Hochmeister viele Stücke brachen Landes bewirtschaften. Unter Leitung des Ordensmarschalls von Tettingen wurden neue Dörfer gegründet und vor allem im Samland die Landwirtschaft gefördert. So konnten die Ernten aller Getreidegattungen vergrößert werden

Bereits 1405 lagerten auf den Kornböden des Haupthauses zu Marienburg 3135 Lasten Getreide. Auch in den Kornkammern der anderen Burgen gab es Getreide in großen Mengen; sowohl Weizen, als auch Gerste und Hafer.

Der Hochmeister erließ an die Magistrate der Städte und alle Beamte der Ordensburgen, ferner an die Amtsleute der größeren Gemeinden eine Verordnung, nach welcher alle ausländischen Kaufleute, die mit ihren Waren, vor allem mit Wachs, Eichhörnchenfellen, Marderpelzen; Lausitzender Oelsten, Biberwammen, Otter- und ähnliche Rauchwaren handelten, oder Kupfer, Blei, Eisen und Quecksilber, Seide, Pfeffer, Safran und Ingwer anboten, nach Thorn ziehen mußten.

Eine andere Anlaufstelle sollte es nicht geben. Nur in Thorn sollten diese Waren auf dem Markt ausgelegt werden.

Wer anderwärts angetroffen wurde, dem wurden alle Waren eingezogen. Dies galt auch für englisches Tuch, das nicht in Thorn ausgelegt wurde.

Das Jahr 1405 brachte aber auch Vorbereitungen zu neuen Kämpfen gegen die Samaiten. Diese hatten dem Orden den Gehorsam verweigert. Eingangs Januar 1405 zog ein Ordensheer unter dem neuen Ordensmarschall Ulrich von Jungingen, einem Bruder des Hochmeisters, memelaufwärts, setzte bei Ragnit über den Fluß, um gemeinsam mit Witowd, der sich dem Orden erneut als Helfer angedient hatte, nach Samaiten einzufallen. Die Landschaften Rossiena, Widuckel und Erogel wurden erobert.

An der Dobissa vereinigten sich die Streitkräfte Witowds mit jenen des Ordens. Die Samaiten ergaben sich und Witowd und der Ordensmarschall (Wegen einer Gallenerkrankung konnte der Hochmeister abermals nicht dabei sein.) ließen an diesem Fluß eine Burg bauen, die sie Königsberg nannten. Zu diesem Bau mußten auch einige hundert Samaiten Frondienste leisten. 60 Ordenskrieger und 400 Knechte wurden in die Burg gelegt. Danach kehrten beide Heere in ihre Heimat zurück und der Hochmeister ließ Fürst Witowd seinen besonderen Dank für diese Hilfeleistung aussprechen.

Unter weiteren Händeln und Verhandlungen, die sich bis ins Jahr 1407 hinzogen, sollte es nun zwischen dem Orden und Polen zu einer endgültigen Aussöhnung kommen. Der Hochmeister schrieb einen langen Brief an König Wladislaw, in dem er um eine erneute Beratung bat.

Dies sollten die letzten Amtshandlungen des Hochmeisters gewesen sein. Zu Ostern 1407 war seine Krankheit so weit fortgeschritten, daß er sich nur noch einige Tage aufrecht halten konnte, während seine Kräfte rapide nachließen. Als er fühlte, daß es mit ihm zu Ende ging, ließ er seinen langjährigen Freund, den Großkomtur Konrad von Lichtenstein und den Ordenstreßler Arnold von Hecke, zu sich kommen. Er sagte ihnen, daß er schweres Unglück voraussehe, wenn man seinen jähzornigen Bruder Ulrich zum Hochmeister mache. Die Liebe zum Orden gehe ihm noch über die Liebe zu seinem Bruder. Das Meisteramt könne dieser nicht ausfüllen.

Drei Tage nach Ostern, am 30. März 1407, starb Hochmeister Konrad von Jungingen. Wie seine Vorgänger wurde er in der St. Annen-Gruft beigesetzt. Selbst sein unversöhnlicher Gegner, König Wladislaw von Polen, ließ für ihn Seelenmessen lesen.

ULRICH VON JUNGINGEN
(1407–1410)

Der neue Hochmeister in Krakau

Ende Juni 1407 waren alle hohen Herren des Ordens auf der Marienburg zur Hochmeisterwahl versammelt. Am 26. Juni wurde entgegen der besonderen Warnung des Hochmeisters vor der Wahl seines Bruders, Ordensmarschall Ulrich von Jungingen zum neuen Hochmeister gekürt.

Der neue Meister hatte in verschiedenen Positionen des Ordens seine Ämter vorbildlich geführt. Bereits 1387 wurde er als Kompan des Ordensmarschalls Konrad von Wallenrode genannt. Er machte alle Kriegszüge desselben nach Litauen mit. Seit 1394 war er Vogt im Samland, bevor er zwei Jahre später auf Vorschlag seines Bruders Konrad das Komturamt zu Balga übernahm.

Zu Michaelis 1404 erfolgte seine Ernennung zum Ordensmarschall. Der Chronist Lucas David nannte ihn »einen jungen, starken und freudigen Kriegsmann«. Der Orden setzte große Erwartungen in ihn.

Ulrich von Jungingen ernannte den Komtur von Mewe, Friedrich von Wallenrode, zum Ordensmarschall. Erst später übernahmen seine Vertrauten die höchsten Ordensämter – so Thomas von Merheim das Amt des Treßlers, dessen bisheriger Amtsträger, Arnold von Hecke, Komtur zu Engelsburg wurde. Graf Albrecht von Schwarzburg übernahm das Komturamt in Thorn. Danzigs Komtur wurde Johann von Schönfeld, Rheden war fortan Johann von der Dolles Komturei. Weitere Komture waren: Graf Friedrich von Zollern in Osterode und Eberhard von Wallenfels in Ragnit.

Großkomtur war Kuno von Lichtenstein, Oberst-Spittler Werner von Tettingen, Oberst-Trapier Burchard von Wobecke.

Einen seiner ersten großen Auftritte hatte Ulrich von Jungingen während einer persönlichen Zusammenkunft mit König Wladislaw von Polen in Krakau.

Der Hochmeister trat diese Reise um Weihnachten an. Fast alle Gebietiger, viele Komture und Landesritter begleiteten ihn, so daß sich das Gefolge auf 200 Reiter und 150 Wagen mit Speisen und Getränken belief.

Die Gesellschaft traf am 6. Januar 1408 in Krakau ein. Noch am selben Tage hielt auch der König von Polen mit großem Gefolge seinen Einzug. Auch er wurde von seinen Reichsgroßen begleitet.

Vielerlei wurde verhandelt, aber keine der offenen Fragen geklärt. Freundlich nahmen alle voneinander Abschied und man würde heute sagen: »Außer Spesen nichts gewesen!«

Stattdessen rüsteten beide Seiten auf einen neuen Krieg hin. Als sich mit Beginn des Jahres 1409 mehr und mehr litauische Krieger nach Samaiten schlichen, vorgeblich um dort und in Ragnit Getreide zu kaufen, in Wahrheit aber um Unruhe zu stiften, ließ der Hochmeister sie außer Landes schaffen und untersagte den Getreideverkauf an diese Gruppen.

Spione des Komturs zu Thorn hatten derweil in Polen starke Rüstungsanstrengungen gemeldet, die von dem Fürsten Witowd – wieder einmal auf polnischer Seite – betrieben wurden.

Samaitische Gruppen stießen, einen Zwischenfall provozierend, bis nach Memel vor. Sie raubten unterwegs einige Pferde und erschlugen mehrere Leute. Ulrich von Jungingen forderte von Fürst Witowd eine Erklärung dafür und bat ihn, Ruhe und Ordnung in seinem Lande wieder herzustellen. Dieser tat das Gegenteil. Er ließ weiter seine Nadelstichtaktik anwenden und wartete im übrigen auf den Befehl Polens zum Losschlagen.

Der Komtur von Ragnit wurde mit der Aufklärung dieser Sache betraut. Witowd würdigte ihn keiner Antwort. Erst ein Brief an König Wladislaw von Polen wurde durch den Erzbischof von Gnesen ebenso schriftlich beantwortet:

»Unser König ist mit dem Großfürsten von Litauen blutsverwandt. Dieser hat sein Land von der Krone von Polen durch Schenkung erhalten, darum wird unser König ihn auch nicht verlassen und nicht nur in diesem Krieg, sondern in jeder anderen Bedrängnis mit aller Macht unterstützen.

Falls man in Preußen den Weg einer gütlichen Vermittlung vorziehe, werde sein König, so der Erzbischof, alles geschehene Unrecht auszugleichen versuchen.«

Als der Hochmeister damit nicht einverstanden war, sondern diese Überfälle mit kriegerischen Mitteln zu unterbinden trachtete, erklärte Erzbischof Nicolaus:

»Des hütet Euch! Denn überzieht Ihr Litauen, so sucht Euch der König mittlerweile in Preußen heim.«

Damit wußte der Hochmeister, daß er die Anschläge auf das Ordensland nicht den Litauern, sondern Polen verdankte. Sein Entschluß war schnell gefaßt: »Dem polnischen König sollte das Schwert gezeigt werden.« (siehe Voigt, Dr. Johannes: a.a.O.)

Am 6. August 1409 schickte der Hochmeister dem polnischen König den Fehdebrief. Am selben Tag unterzeichnete er ein Hilfsbündnis mit Herzog Swantibor von Stettin und Herzog Boguslaw von Stolp gegen Polen.

Als die Kulmer Wehrmannschaft eintraf, marschierte das alarmierte Ordensheer über die Grenze ins Dobriner Land. Die feindliche Grenzburg wurde erstürmt und eingeäschert Die Burg Bebern mußte erst mit schwerem Geschütz beschossen werden, ehe sie sich ergab. Hier erschien am fünften Tag der Belagerung der Erzbischof von Gnesen mit mehreren Größen Polens, um im Namen seines Herrn einen Frieden zu vermitteln.

Der Hochmeister erklärte, daß er erst vom Kampf ablassen werde, wenn ihm die Burg Slotorie kampflos übergeben werde. Die Gesandtschaft war dazu nicht befugt und zog wieder ab, während sich Hochmeister von Jungingen gegen die Burg Slotorie wandte. Nach achttägiger Belagerung wurde sie erobert und niedergebrannt. Zur gleichen Zeit wurde das Land Krain verheert und auch die Burgen des Gnesener Erzbischofs, Zempelburg und Kamin, zerschossen und niedergebrannt. Das Land bis hin zur Netze wurde verheert, anschließend Bromberg im Sturm genommen und die dortige Burg besetzt. Dies geschah, um sich an Herzog Johannes zu rächen, der sich offen auf die polnische Seite geschlagen hatte. Masowien wurde von den Verbündeten des Ordens schwer gebrandschatzt und große Beute an Pferden und Vieh weggetrieben.

Alle diese Kampfhandlungen verliefen ohne großen Feindwiderstand. Das Ordensheer drang bis nach Rastenburg vor und legte auf dem Wege dorthin 14 Dörfer nieder.

König Wladislaw sah sich genötigt, erneut den Gnesener Erzbischof, der neben der polnischen auch der deutschen und lateinischen Sprache mächtig und ein wortgewaltiger Redner war, zur Burg Rheden zu entsenden, wo der Hochmeister mit seinem Stabe saß.

Ein Friede wurde ausgehandelt, basierend auf dem alten Frieden, wie er zwischen Preußen und Polen verhandelt worden war. Der Erzbischof sagte die Bestätigung seines königlichen Herrn zu, daß der Orden alles eroberte Gebiet behalten dürfe.

Nach diesem Waffenstillstand zwischen dem Orden und Polen rüstete Polen fieberhaft weiter, um für den zum Jahre 1410 geplanten Kriegszug gewappnet zu sein.

Als Ratgeber des Ordens im Januar 1410 in Prag eintrafen, um sich der Hilfe des böhmischen Königs zu versichern, fanden sie dort bereits die polnischen Abgesandten vor. Beide Seiten beschuldigten einander, diesen Krieg begonnen zu haben. Zum Schluß wurde mit dem böhmischen König als Schiedsrichter beschlossen, daß das Land Dobrin Polen gehöre und zurückgegeben werden müsse, während Samaiten dem Orden zufallen solle. Alle Gefangenen beider Seiten mußten freigelassen werden. Der Waffenstillstand sollte vorerst bis zu Johanni 1411 Dauer haben.

Alle folgenden Kriegsvorbereitungen der Polen und des Ordens wiesen aus, daß keine Seite glaubte, daß dieser Waffenstillstand bis 1411 Dauer haben werde.

Der Ordensstaat hatte Söldnergruppen unter der Führung

erlauchter Namen in Schlesien, Franken, den Rheinlanden und Westfalen angeworben, die nach Preußen zogen. Ein letzter Versuch, den Frieden zu erhalten, scheiterte an der polnischen Forderung, daß Samaiten dem Großfürsten von Litauen zurückgegeben werden müsse und daß er das Dobriner Land zu räumen habe.

Am 2. Juni 1410 marschierte das große Ordensheer los und drang entlang der Drewenz bis nach Kauernick vor.

Die polnischen Truppen lagerten noch in Plock. Es waren 60000 Mann polnische und 44000 litauische, samaitische und russische Truppen, denen sich 40000 Tataren und 21000 Söldner aus Böhmen Ungarn und Schlesien angeschlossen hatten.

Diese 163000 Krieger teilten sich in 97000 Mann Fußvolk und 66000 Berittene auf. Insgesamt führte das polnische Heer 60 große Geschütze mit sich.

Das bei Kauernick lagernde Ordensheer verfügte über 50000 Mann preußischer Truppen und 33000 Söldner, überwiegend aus Deutschland. Unter diesen 83000 Mann waren 26000 Berittene. Die Entscheidung mußte in den nächsten Tagen und Wochen fallen.

Die Schlacht von Tannenberg –
Der Tod des Hochmeisters auf dem Schlachtfeld

König Wladislaw eröffnete den Krieg. Alle seine Fürsten und Herzöge schickten dem Orden ihre Entsagungsbriefe. Die polnischen Truppen drangen bei Soltau auf preußischen Boden vor und erstürmten diese Stadt am 8. Juli 1410. Es war dies der letzte Tag des Waffenstillstandes.

Der nächste polnische Angriff galt Gilgenburg. Die Stadt wurde von einem Verband litauischer Truppen, die durch einige tausend Tataren verstärkt worden waren, erstürmt. Alle Männer wurden erschlagen, die Frauen und Mädchen, die sich in die Stadtkirche geflüchtet hatten, wurden dort vergewaltigt. Zum Schluß steckten Litauer und Tataren Gilgenburg von einem Ende zum anderen an. (siehe Lindenblatt: a.a.O., S. 216 und Dlugoss S. 236 sowie Kojalowicz S. 85).

Diese verheerende Nachricht ließ den Hochmeister am 13. Juli aus dem Lager Kauernick nach Norden aufbrechen – entlang der Drewenz marschierend, wurde Löbau erreicht. August von Kotzebue hat darüber in einem seiner Werke ein farbenprächtiges Bild entworfen:

»Dem großen Ordensbanner voran mit dem hochmeisterlichen schwarzen und goldenen Kreuz, in der Mitte der goldene Schild mit dem schwarzen Adler, folgten in großer Schar die ausgezeichneten Ritter und das Hofgesinde des Hochmeisters.

Der kleinen Hochmeisterfahne wiederum folgten die vornehmen Landesedlen und die Soldritter aus Deutschland.

Unter dem Banner des Ordensmarschalls mit dem schwarzen Kreuz standen die Franken, unter jenem des Herzogs von Oels mit dem schwarzen Adler die Schlesier.

Das Panier des heiligen Georg, mit dem weißen Kreuz im roten Feld, das Ritter Georg von Gersdorf trug, sah hinter sich die wackersten Ritter aus allen deutschen Landen. Um den kulmischen Fahnenträger mit dem weiß und rot geflammten Banner mit dem schwarzen Kreuz standen die Edlen und Bürger von Kulm.«

In der Nacht vor der Schlacht ging ein schweres Gewitter nieder. Es regnete in Strömen, ein gewaltiger Sturm riß fast alle Zelte ein. Dann brach der 15. Juli 1410 an. Der Sturm tobte weiter.

Mit Tagesanbruch verließ das Ordensheer sein Lager und erreichte die Dörfer Grünwalde und Tannenberg. Mit dem linken Flügel an das Dorf Tannenberg angelehnt, der rechte Flügel an einem dichten Gebüsch stehend, baute sich die erste Schlachtreihe auf. Die zweite und dritte nahmen ihre Stellungen in angemessener Distanz zur jeweils vorigen ein.

Die Polen waren ebenfalls von Gilgenburg aufgebrochen und über das Dorf Oschekau hinaus vorangekommen. Damit standen sich beide Gegner bis zum Mittag dieses 15. Juli tatenlos gegenüber. Da der polnische König zauderte, schickte Ordensmarschall Friedrich von Wallenrode – wie dies Kriegsbrauch war – einige Herolde ins polnische Lager, die von Witowd und Wladislaw empfangen wurden. Sie hielten dem polnischen und litauischen Führer die gezogenen Schwerter entgegen, um damit offiziell den Krieg zu verkünden. Der König und der Fürst nahmen die Schwerter entgegen. Damit war die Schlacht eröffnet:

Witowd eröffnete mit seinen Truppen auf dem rechten Flügel den Kampf. Seine Männer wurden vom Feuer der schweren Ordensgeschütze empfangen. Als dieses Feuer aussetzte, stürmten die Ritter der beiden ersten preußischen Schlachtreihen nach vorn. Die Gegner prallten aufeinander und der Nahkampf begann. Der Schlachtruf des Feindes mischte sich mit jenem des Ordensheeres.

Als auf dem rechten Flügel die Front des Feindes zu wanken begann, ließ der Hochmeister seinen linken Flügel verstärken, um diesen Anfangserfolg zum Durchbruch durch den Feind auszuweiten.

Die beiden ersten Schlachtreihen Witowds wurden zurückgedrückt. Siegesgewiß trieben die Ordensritter Litauer, Russen und Tataren in das Sumpfgebiet des Maranseflusses. Nur ein Teil der Fliehenden erreichte die Brücke über diesen Fluß bei Seewalde und entkam.

Eine andere Gruppe floh über Fallen und Neidenburg bis nach Litauen zurück. Lediglich drei Fähnlein der Russen hielten in dieser Schlachtlinie noch stand. Es gelang ihnen, sich zu den Polen durchzuschlagen und sich an diese anzuschließen.

Auch auf dem linken Flügel, wo der polnische Feldmarschall Zindram befehligte, errang das Ritterheer erste Vorteile. Als hier sogar das große Reichspanier der Polen mit dem weißen Adler fiel, stimmten die ersten Ritter das Siegeslied des Ordens an:

»Christ ist erstanden ...«

In dieser kritischen Lage befahl Marschall Zindram den Einsatz der Reserve. Da der linke Flügel des Ordensheeres dem Feind nachsetzte, also in der Schlachtreihe fehlte, gelang es Zindrams Söldnern, sich zu halten.

Wladislaw zeigte sich nun auf Witowds Bitte hin seinem Heer, das nun wieder Mut faßte. Es gelang ihnen, das Reichspanier zurückzugewinnen.

Mit der dritten Schlachtreihe ging nun auch der König vor. Der Rest der Litauer sammelte und fügte sich auf dem rechten Flügel zu einer neuen Angriffskraft zusammen.

Als die den Feind verfolgenden Ritter beutebeladen auf das Schlachtfeld zurückkehrten, warfen sie das behindernde Raubgut fort und versuchten erneut, in den Kampf einzugreifen. Doch inzwischen hatte der Feind wieder Fuß gefaßt.

In dieser Situation, als alles auf des Messers Schneide stand, versuchte Ritter von Kökeritz mit den Seinen einen entscheidenden Vorstoß in der Mitte – unter ihnen auch der Hochmeister mit seinen engsten Getreuen.

Ritter von Kökeritz sah sich plötzlich dem polnischen König gegenüber. Mit eingelegter Lanze ritt er im Galopp auf ihn zu, aber dicht vor dem König wurde er von dessen Schreiber Sbigneus Oleßnitz, der von der Seite auf ihn zusprengte, mit einem Lanzenstoß aus dem Sattel geworfen, gerade als seine eigene Lanzenspitze nur noch wenige Meter von der Brust des Königs entfernt war. Vom Pferd stürzend wurde Ritter von Kökeritz von der Wache König Wladislaws in Stücke gehauen.

Ein weiterer polnischer Reserveverband konnte während dieser gewaltigen Schlacht die nördlich des Dorfes Tannenberg stehenden letzten preußischen Reserven aus ihren Stellungen werfen und so deren Einsatz verhindern. Diesem polnischen Angriffsverband gelang es darüber hinaus, sich des dortigen Dorfes zu bemächtigen. Dadurch wurde der linke Flügel des Ordensheeres zum Rückzug gezwungen.

Damit war das Ordensheer durch den Feind bereits zur Hälfte umzingelt. Kämpfend zog es sich schrittweise bis zum Dorf Grünwalde zurück und erreichte dort die sumpfigen Wiesen der Semnitz, wo es sich zum Entscheidungskampf stellen mußte.

Nachdem es dem polnischen Heer mit seinen frischen Kräften gelungen war auch die Mitte des Ordensheeres zurückzudrücken, wurde dieses von drei Seiten gleichzeitig angegriffen und eng zusammengedrückt. In dieser Situation wurde der im Zentrum kämpfende Hochmeister gebeten, sich mit den in seiner Umgebung noch lebenden Rittern in die nächstgelegene Burg zu flüchten. Der Hochmeister lehnte dies mit den Worten ab:

»Dies soll, so Gott will, nicht geschehen, denn wo so mancher brave Ritter neben mir gefallen ist, will ich nicht aus dem Felde reiten.«

An der Spitze jener 16 Fähnlein Reservetruppen, die aus dem Dorf herangeführt wurden, warf sich der Hochmeister wieder ins Getümmel. Sich auf seinem weißen Kampfross hoch erhebend wies er auf den herandrängenden Feind und rief: »Herum, herum!« Mit diesen Worten stürmte er nach vorn und entging nur knapp einem Pfeilschuß. Mit dem Schwert schlug er sich einen Weg durch die Schar der Feinde. Feindliche Reiter schlossen ihn und seine Begleiter ein. In einem letzten verzweifelten Handgemenge wurde der Hochmeister von zwei tödlichen Geschossen in Stirn und Brust getroffen und stürzte vom Pferd.

Um ihn herum fielen seine Getreuen: Kuno von Lichtenstein, der Großkomtur, Friedrich von Wallenrode, der Ordensmarschall, Graf Albrecht von Schwarzburg, der Obersttrapier, und Thomas von Merheim, der Ordenstreßler. Neben dem Komtur von Graudenz lagen die Leichen seiner Kampfgefährten. Viele weitere Komture verloren in diesem Gemetzel ihr Leben.

Insgesamt waren es mehr als 200 Ordensritter und 400 weitere Ritter, dazu 40000 Mann, die tot auf dem Kampffeld von Tannenberg zurückblieben.

Mit ihnen teilten etwa 60000 Polen dieses Schicksal; unter ihnen zwölf höchste Führer des königlichen Heeres.

Über 100000 Leichen bedeckten das Schlachtfeld. Über 15000 Kämpfer des Deutschen Ordens gerieten in Gefangenschaft. Am Abend dieses Tages stand fest: Das Schicksal Preußens war besiegelt und das Schicksal des Deutschen Ordens in Preußen abgetan!

Daß die Schlacht bei Tannenberg nach Anfangserfolgen dennoch für den Deutschen Orden verlorenging, war der Tatsache zuzuschreiben, daß einmal der linke Flügel des Ordensheeres den fliehenden Feind verfolgte, anstatt mit dem Heer weiter vorzurücken, den endgültigen Sieg zu erringen und erst danach auf Beute auszugehen.

Hinzu kam, daß sich ein Teil jener Streitmacht des Ordens, die vom Hochmeister erneut ins Gefecht geführt wurde »in die Flucht geworfen hatte«, wie es Dr. Johannes Voigt beschrieb. Es war der Bannerführer des Kulmer Landes, Nicolaus von Renys – der Häuptling des Eidechsenbundes – und andere Ritter und Knechte seiner Umgebung, die diesem Beispiel gefolgt waren und »aus dem Streithaufen als feige Verräter entwichen«.

Dieser Bund der Eidechsenritter, ein Zusammenschluß unzufriedener Adeliger, war mit der Herrschaft des Ordens ebenso wie mit dem Herrschaftsanspruch der Städte des Ordenslandes nicht zufrieden. Dies war offenbar ihre Chance, den Deutschen Orden »abtun zu helfen«.

Trotz dieser vermeintlichen Rache am Orden hatten nicht nur derselbe und die Städte, sondern auch der niedere Adel gemeinsam bezahlt – zwar nicht an die Marienburg, aber an Polen, was sich als noch schlimmer erwies.

HEINRICH VON PLAUEN
(1410–1413)

Der Retter der Marienburg

Die polnischen, litauischen und russischen Truppen plünderten 48 Stunden lang die Besiegten aus und fledderten die Leichen auf dem Gefechtsfeld. Erst drei Tage nach ihrem Sieg brach das polnische Heer in Richtung Christburg auf und nahm das dortige Ordenshaus in Besitz. Auf dem Wege dorthin und weiter in Richtung Marienburg gab es unterwegs Raub, Mord und Laster aller Art der siegreichen Soldateska. Überall huldigte man dem König von Polen.

Viele Ordensbrüder, die dem Desaster von Tannenberg entkommen waren, rafften auf den Ordenshäusern ihre Habe zusammen und flohen nach Deutschland.

Ein Ritter aber war es, der sich sofort und ohne die geringste Verzögerung aufmachte, um das Haupthaus des Ordens, die Marienburg, zu retten – es war Graf Heinrich von Plauen, der Komtur von Schwetz.

Dieser hatte mit einer kleinen Streitmacht zur Grenzsicherung in Pommern gestanden. Nach Bekanntwerden der Niederlage eilte er mit seinen Truppen direkt zur Marienburg zurück und nahm unterwegs alle versprengten Ritter und Knechte auf. Mit den Bürgern der Stadt Marienburg und allen seinen Mannen zog er auf das Hochschloß, während er die Stadt den Flammen überantwortete, um dem Feind keine Gelegenheit zur Rast zu bieten. In kleinen Gruppen trafen in den nächsten Tagen entkommene Ritter und Soldaten auf dem Schloß ein. Die Schar der Verteidiger belief sich schließlich auf etwa 5000 Mann.

Während die obere Burg 2000 Kämpfer erhielt, wurde das mittlere Haus mit ebenfalls 2000 Kämpfern besetzt. Auf der Vorburg blieben 1000 Streiter zurück.

Neun Tage nach ihrem Sieg bei Tannenberg tauchten polnische Truppen vor der Ordensburg Stuhm nahe der Marienburg auf. Am nächsten Tag, es war der 26. Juli 1410, griff ein Teil des Angriffsheeres die Marienburg an. Sie wurden schlagartig gestoppt.

Der Bischof von Ermland, der auf Stuhm residierte, hatte sich den Polen ergeben. Gleichzeitig forderte er seine Bischöfe zur Unterwerfung auf. Dieser Aufforderung kam Bischof Heinrich von Samland sofort nach, ihm folgte der Bischof von Pomesanien.

Dann ergab sich die Burg Elbing und 24 Stunden später streckte die Stadt Danzig die Waffen. Auf der dortigen Burg wurde aber weiter gekämpft. Ebenso kämpften die Besatzungen von Schwetz, Rheden, Schlochau, Balga, Brandenburg und Königsberg sowie die weiter ostwärts liegenden Burgen des Ordens.

Die Marienburg wurde den ganzen Sommer über belagert. Als unter den Belagerern die Pest und andere Seuchen ausbrachen, und Heinrich von Plauen ihnen durch nächtliche Ausfälle schwere Verluste beibrachte, forderte Witowd den Abzug seiner Litauer und Russen aus dem Belagerungsring. Er wurde entlassen. Wenige Tage darauf folgten die Truppen des Herzogs von Masowien nach.

Als zum Glück für den Orden die mit ihm verbündeten Ungarn nach Polen einfielen, mußten auch diese die Belagerung aufgeben und sich in Eilmärschen in ihr bedrohtes Land zurückziehen.

Dieser Tag wurde in den Ordens-Annalen als Rettung in höchster Not für alle Zeiten festgehalten: Es war der 19. September 1410. Alle dem Feind in die Hände gefallenen Ordensburgen und Städte wurden nunmehr rasch zurückgewonnen.

Einen großen Anteil an diesen Aktionen hatten der Landmeister von Livland und der Komtur von Balga. Elbing, noch immer unter einer polnischen Besatzung, wurde von seinen Bürgern zurückgewonnen. Es war der Komtur von Ragnit, der in einem raschen Husarenstreich das bischöfliche Gebiet von Ermland durchzog, das vom Bischof verlassene Land für den Orden wieder in Besitz nahm und im weiteren Vorstoß über Preußisch Holland und Preußisch Mark hinaus die polnischen Besatzungstruppen aus allen Burgen hinauswarf.

Das gleiche geschah in Raume Osterode, wo die Landesritter und ihre Mannschaften alle Burgen und Städte zurückgewannen. Soldau, das von polnischen Truppen verteidigt wurde, konnte im Handstreich genommen werden. Der polnische Kommandant und seine Mannschaft wurden in den Kerker geworfen.

Ebenso verhielt es sich mit Pommern. Hier war es der Vogt der Neumark, Michael Küchmeister von Sternberg, der den Polen die Burg Tuchel wegnahm. Bei der Burg Krone konnte er die sich ihm entgegenwerfenden polnischen Truppen vernichtend schlagen.

Die letzten polnisch besetzten Burgen Nessau, Thorn, Rheden, Strasburg und Stuhm wurde von den Polen – oftmals nach wochenlangem Kampf, beispielsweise um Stuhm – zurückgewonnen.

Eine Reihe der Ordenshäuser in diesen und anderen Burgen waren von allem Lebensnotwendigen entblößt und mußten erst wieder aufgepäppelt werden.

Die Meisterwahl

Am 9. November 1410 wurde der Verteidiger der Marienburg Graf Heinrich von Plauen vom Wahlkapitel einstimmig zum neuen Hochmeister gewählt. Er ernannte mit der Zustimmung des Ordenskapitels sofort neue Komture für verschiedene Ordenshäuser. Großkomtur wurde Hermann Gans, Ordensmarschall Michael Küchmeister von Sternberg. Werner von Tettingen blieb Ordensspittler. Trapier wurde Albrecht von Tonna und Ordenstreßler Behemund Brendel. Komtur von Thorn wurde Eberhard von Wallenfels. Schwetz erhielt in Friedrich von Constetten seinen neuen Herrn und Konrad von Sefeln amtete nunmehr in Danzig als Komtur.

Heinrich von Plauen, der Bruder des gleichnamigen Hochmeisters, übernahm die Komturei Brandenburg. (In der Familie derer von Plauen gab es nur Heinriche.) Ulrich Zenger wurde Komtur von Graudenz, Johann von Bichau von Ragnit, der später durch Helferich von Drahe abgelöst wurde.

Heinrich von Plauen war sich bewußt, daß Polen nicht ruhen werde, um doch noch die Früchte des Sieges bei Tannenberg, die ihnen fast alle wieder entrissen waren, zu ernten. Rüstung war deshalb das Gebot der Stunde.

Herkunft derer von Plauen

Wie Hermann von Salza vor ihm und einige andere Hochmeister und Ordensbrüder nach ihm stammte Heinrich von Plauen aus dem Raume Thüringen. Die Vögte von Plauen, von Weida und der alten Siedlung Plawe, die dort lebten und wirkten, hatten gleich zu Beginn der Kreuzfahrten ins Ordensland Preußen an der Eroberung des Heidenlandes teilgenommen. Seit dem 13. Jahrhundert wurden mehrfach Namen der Plauen von Ritterbrüdern getragen. Alle trugen sie den gleichen Vornamen: Heinrich.

Als 1410 die Schlacht bei Tannenberg geschlagen wurde, standen beispielsweise drei Plauener im Dienst des Deutschen Ordens. Ein vierter kam zu spät aus seiner Heimat mit Hilfstruppen heran.

Von diesen ist Heinrich von Plauen, der spätere Hochmeister, um 1370 geboren. Er kam im Alter von 21 Jahren zum erstenmal nach Preußen. Nach der Heerfahrt trat er als Kreuzritter in den Deutschen Orden ein.

Als er ein zweites Mal nach Preußen zog, trug er bereits den weißen Mantel mit dem schwarzen Ritterkreuz.

Das Jahr 1397 sah ihn als Kompan des Komturs von Danzig. Vom nächsten Jahr an amtete er dort als Hauskomtur und war für die Belange der Verwaltung der aufblühenden Hansestadt verantwortlich.

Nach einer mehrere Jahre während Amtszeit als Komtur von Nessau wurde er im Sommer 1407 durch den neugewählten Hochmeister Ulrich von Jungingen zum Komtur der im südlichen Pommerellen gelegenen Burg Schwetz ernannt.

Als Hochmeister von Jungingen die feindliche Allianz als todbringend für den Orden ansah, ließ er für den Krieg rüsten, wenngleich 1409 ein Waffenstillstand mit Polen und Litauen ausgehandelt werden konnte.

Als Komtur von Schwetz zog Heinrich von Plauen nach einigen Jahren der Verwaltungsarbeit im Jahre 1410 in den Entscheidungskampf des Ordens gegen Polen und Litauen.

Im Mai und Juni 1410 war der Zeitpunkt des Ausbruchs eines offenen Konflikts sichtbar geworden. Der Hochmeister ließ das Ordensheer im Raume Schwetz, einem der südwestlichsten Stützpunkte des Ordens, versammeln.

Nach den Vormärschen und den Kämpfen des 15. Juli 1410, die bereits im Vorkapitel dargestellt wurden, hatte der Orden seine Substanz eingebüßt. Der Tod des Hochmeisters und fast aller Großgebietiger von elf Komturen und 205 Ordensrittern war nicht zu ersetzen.

Die große Flucht, selbst aus den verteidigungsbereiten Burgen des Ordens, begann: Ein Verhalten vieler Ordensritter, das von der Historie als »ein kläglich Ding« bezeichnet wurde. Hier war es Heinrich von Plauen, der ohne eine Sekunde zu zögern, handelte.

Der Orden, scheinbar völlig geschlagen, der Ordensstaat am Rande der endgültigen Vernichtung stehend, wurde durch Heinrich von Plauen vor dem Sturz ins Bodenlose gerettet. Eine Reihe jener Ordensbrüder, die nach der Niederlage ihre eigenen Wirkungsstätten und Ordensburgen aufgegeben hatten, ließen nun auch Heinrich von Plauen im Stich, als es darum ging, diesen Staat wieder aufzurichten, ihn gegen jeden Feind zu verteidigen und die Ordensregeln fester zu schmieden.

Es war der spätere Hochmeister, der jenes Wunder bei und in der Marienburg schuf, das den polnischen König zu dem Ausruf veranlaßte:

»Wir wähnten, sie wären von uns belagert – so sind wir doch von ihnen belagert.«

Die Wahl zum Hochmeister des Ordens bestätigte Heinrich von Plauen das Recht, über den Orden zu herrschen, den Orden wieder emporzuführen. Als einziger sah er auch den weiteren Weg des Ordens deutlich vor sich. Daß er dabei auf das Alte, Überkommene Verzicht leisten mußte, war ihm – im Gegensatz zur allgemeinen Ordensritterschaft – klar.

Als im Februar 1411 zu Thorn der Friede mit Polen geschlossen wurde, war er es, der diktierte und das Wunder von Thorn schaffte, daß der Deutsche Orden alle Gebiete seines Landes behielt. Allerdings mußte er Samaiten, jene Landbrücke die Livland mit Preußen verband, dem polnischen König Wladislaw und dem litauischen Großfürsten Witowd auf deren Lebenszeit überlassen. Nach ihrem Tode sollte Samaiten an den Orden zurückfallen.

Für die Auslösung der Gefangenen hatte der Orden allerdings 100000 Schock böhmischer Groschen zu zahlen, dies in mehreren Raten. Allerdings waren diese Zahlungen so hoch, daß der Orden fast an diesem dicken Brocken erstickte.

Der Ordensstaat selber konnte diese Schulden nicht zahlen. So sann der Hochmeister darauf, wie er diese Last gleichmäßig auf alle Schultern verteilen könne. Als erstes forderte er von allen Brüdern die Herausgabe allen Geldes, des Silbers und der Pretiosen und dazu alles, was sich in den Schatzkammern der Burgen Kommenden und Balleien befand.

Für die erste Rate, die am schwersten aufzubringen war, forderte er, daß dem gesamten Ordenslande eine Steuer auferlegt werde. Diese Maßnahme wurde von den Ständen, dem Adel und der Geistlichkeit der Ordensstädte anerkannt. Am 22. Februar 1411 bewilligten sie auf der Tagfahrt von Osterode das »Geschoß« der Steuer, womit der Hochmeister seinen ersten politischen Erfolg errungen hatte.

Lediglich Danzig weigerte sich, eine Steuer auf das Vermögen der Stadt und ihrer Bürger zu leisten. Die Stadt hatte durch geschicktes Verhandeln sowohl mit der preußischen als auch mit der polnischen Seite große Selbständigkeit erreicht. Man wollte vom Orden durch geschicktes Verhandeln einige Erleichterungen für Danzig erreichen.

Allerdings saß in Danzig der jüngere Bruder des Hochmeisters, Heinrich von Plauen als Komtur. Als die Verhandlungen bereits so weit gediehen waren, daß sich ein Kompromiß anbahnte, ließ dieser am 6. April 1411 die Bürgermeister der Stadt, Letzkau und Hecht, sowie den Ratsherrn Groß bei einer Verhandlung auf seinem Schloß festnehmen und noch in der folgenden Nacht dem Beil des Henkers überantworten.

Es verging eine Woche, ehe diese Bluttat durchgesickert war. Die Bürger Danzigs erfuhren es zur gleichen Zeit wie der Hochmeister, der über diese Tat seines Bruders ebenfalls im Dunkeln gehalten worden war.

Der Hochmeister deckte diese Freveltat seines Bruders, um die staatliche Autorität nicht zu untergraben, griff jedoch sofort durch und berief Vertreter der Zünfte in den Rat der Stadt, um so ein Gegengewicht zur Macht der Danziger Patrizier zu erlangen.

Der Komtur zu Danzig vergaß diese Hilfe seines Bruders nicht, sondern stellte sich ab sofort in jeder Situation dem Hochmeister zur Seite und wurde mit der Zeit zu einem der wenigen und schließlich zum einzigen Vertrauten desselben.

Zeitgenössische Beobachter bekundeten, daß der jäh aufbrausende jüngere Bruder und Komtur wie »ein dunkler, böser Schatten neben dem Hochmeister stand, bis sich sein Schicksal erfüllte.« (siehe Maschke, Erich: Der deutsche Ordensstaat)

Einige Wochen nach der Hinrichtung der drei Danziger Honoratioren wurde der Komtur zu Rheden, Georg von Wirsberg, mit einigen Adeligen unter der Anklage verhaftet, die Ermordung des Hochmeisters geplant zu haben. An dessen Stelle sollte Georg von Wirsberg treten. Gleichzeitig damit sollte der Komtur von Danzig, des Hochmeisters jüngerer Bruder, festgesetzt und die Übergabe des Ordenslandes Preußen an Polen erfolgen.

Einer der in dieser Blitzaktion gefangengenommenen Ritter

war Nicolaus von Renys, der Herr des Eidechsenbundes und zugleich jener, der auf dem Schlachtfeld bei Tannenberg die Flucht seiner Kampfgruppe befohlen und durchgeführt hatte, womit das niederschmetternde Ergebnis der Schlacht besiegelt war.

Er und eine Reihe Adeliger, die des Hochverrats überführt schienen, wurden hingerichtet. Komtur Georg von Wirsberg, der Hauptträdelsführer, wurde von einem Ordenskapitel zu ewigem Kerker verurteilt.

Diese Verschwörung war für den Hochmeister ein sichtbar gewordenes Menetekel, das über dem Ordensland schwebte. Immerhin war der von Wirsberg ein hoher Ordensritter und sein und aller seiner Brüder Mitbruder. Nunmehr war erwiesen, daß Heinrich von Plauens Feinde nicht nur in Polen oder Litauen, sondern auch in den eigenen Reihen zu suchen waren.

Der Hochmeister hatte von seinen Mitbrüdern große Opfer gefordert, um zu erfahren, daß diese nicht gewillt waren, den harten Weg der Befreiung von Polen und allen anderen Feinden, den ihr Ordensherr forderte, mitzutragen und mitzugehen.

Als eine zweite Steuer notwendig wurde, um die Reparationszahlungen an Polen zeitgemäß zu leisten, wurden alle Menschen im Ordensland, bis hin zum letzten Knecht und zur letzten Magd einer allen angemessene Steuer unterworfen. Neue Unruhen waren die Folge dieser Forderungen, dies nicht nur bei den Ständen in den Städten, sondern auch bei des Meisters eigenen Brüdern. Nunmehr mußte er einen anderen Weg beschreiten. Dies tat er mit Entschiedenheit, auch als dieser ihn in Gegensatz zum Orden selbst brachte.

Heinrich von Plauen sah ein, daß er den Ständen nicht nur Pflichten auferlegen durfte, sondern ihnen im Gegenzuge auch Rechte einräumen mußte. Dies war der erste Anlaß, der zeigte, daß er den Ordensstaat Preußen nicht nur auf den Orden aufbaute und durch den Orden verwirklichen und führen ließ. Im Herbst 1412 setzte er – noch mit Zustimmung der Ordensgebietiger – einen Landesrat ein, der sich aus Vertretern des

Adels und der Städte zusammensetzte. Diese sollten nach der alten Chronik »mitwissen, wie des Ordens Sachen standen und für das Land raten helfen in Treuen und Ehren.« (siehe Schulze-Dirschau, Hermann: a.a.O.)

Die Geschworenen des Landrates sollten – vom Hochmeister in diese Position berufen – nicht etwa ihren eigenen Willen gegen die Landesherrschaft durchsetzen. Vielmehr hatten sie lediglich den Willen des Hochmeisters an die Bevölkerung weiterzuleiten und ihr die Notwendigkeit der Aktionen des Hochmeisters klarzumachen. Sie waren also ein vom Hochmeister eingesetztes Gremium und keine ständisch-parlamentarische Vertretung.

Dieser Landrat konnte jedoch nicht nur Helfer des Hochmeisters sein, da er dessen eigenen Willen durchsetzen durfte, sondern »für das ganze Land und nicht nur für den Orden raten helfen mußte, in Treuen und Ehren«.

Den Überlegungen des Hochmeisters entsprungen war der Gedanke, daß er jedem Übergewicht einer einzelnen Gruppe gegenüber anderen Gruppen entgegentreten mußte, weil einzelne starke Gruppen womöglich in eigenem Egoismus den Staat gefährdeten.

Es war der Landrat, mit dessen Hilfe er auch den Einfluß der Großgebietiger des Ordens auf die Ordensherrschaft und deren Selbstsucht auf ein tragbares Maß zurückstutzen wollte.

Damit brach er auch in Danzig die Vorherrschaft des dortigen Patriziats, dieser war Träger und Initiator einer ordensfeindlichen Politik. Um das Patriziat weiter zu schwächen, schuf Heinrich von Plauen für die Zünfte und Gewerke eine Vertretung im Rat, die ihrer Bedeutung entsprach.

Die kleinen Städte wurden gegenüber den großen gefördert. Die preußischen Freien im Samland stellte er neben die Ritterschaft. Den niederen Ständen im Samland verlieh er wertvolle Fischerei- und Holzprivilegien.

Den städtischen Rat oft übergehend, wandte sich Heinrich von Plauen direkt an die Gemeinden, über die städtischen Vertreter auf den diversen Tagfahrten an die Urversammlungen.

Dieses Ausspielen der Teilkräfte des Ordensstaates gegeneinander ließ keine derselben stärker werden als andere. Durch diese planvollen Maßnahmen versuchte der Hochmeister das innere Gleichgewicht im Staate Preußen wiederherzustellen.

Damit war allerdings auch eine allgemeine Schwächung des Ordensstaates selber und jene ihrer tragenden Köpfe verbunden, und das Wesen des Ordens entscheidend verändert. Begriff und Inhalt des Ordensstaates gingen teilweise verloren bzw. wandelten sich zumindest.

Die Umwandlung des Ordensstaates

Dienst am Staat, Opfer für den Staat und Kampf um denselben war hinfort nicht mehr nur für die Ordensbrüder zwingend notwendig. Die Bürger und Bauern des Staates, die bis zu diesem Zeitpunkt nur die rechtlichen Verpflichtungen zu tragen hatten, waren nunmehr auch in die Aufgaben der Ritter eingebunden. Gemeinsam sollten alle ihr Schicksal gegenüber einem ihnen gemeinsamen Feind verteidigen.

Zur Rettung des Ordenslandes forderte der Hochmeister von jedem einzelnen größte Opfer. Die Verantwortung wurde allen Bürgern des Staates gleicherweise auferlegt. Das Dasein aller sollte in die Verteidigung des gemeinsamen Landes eingebunden sein.

Nach 200 Jahren der Alleinherrschaft des Ordens und seiner Ritter sollte nach von Plauens Willen der Ordensstaat in einen Volksstaat einmünden.

Was jetzt folgte, war nicht nur die Erhaltung der Unabhängigkeit des Ordens, sondern der Kampf um den Staat und seine politische Freiheit.

Damit hatte Heinrich von Plauen, als erster und einziger Oberster Herr in Preußen, den neuen Weg beschritten, nicht nur nach den Gelübden seines Ordens zu dienen, sondern nach der Notwendigkeit des Staates Preußen.

Der Dienstbegriff der Ordensbrüder und Ritter wurde durch

ihn zur Pflicht aller am Ordensstaat, womit er an den Grund-festen des Ordens rüttelte, an der Idee des Heidenkampfes und der Heidenbekehrung. Es ging ihm vor allem darum, den Exi-stenzkampf des Staates Preußen erfolgreich zu bestehen und dem geschichtlichen Freiheitskampf zum Siege zu verhelfen.

Mit diesen Vorstellungen entfernte sich der Ordensobere mehr und mehr von seinen Ordensbrüdern, die weniger einen Staat an sich als einen Orden haben wollten, der sie versorgte und nicht »ausplünderte«.

Nicht nur des Hochmeisters jüngerer Bruder war ein Mann allzu offener Worte. Auch er selber wurde in seinen Briefen an die Komture und an den Landmeister von Livland barscher und rücksichtsloser, so daß dieser ihn ermahnen mußte:

»Ihr tut wohl daran, daß Ihr alles freundlich lasset setzen nach alter Gewohnheit, damit die Eintracht, Liebe und Freund-schaft zwischen Euch und uns befestigt werde.«

Der Hochmeister vereinsamte in der Umgebung seiner Groß-gebietiger mehr und mehr. »Er verschloß vor ihnen seine Gemä-cher und besetzte deren Tür mit gewappneten Dienern. Nie-mand außer dem leiblichen Bruder und weltliche Leute ließ er zu sich.« (siehe Maschke, Erich: Der deutsche Ordensstaat).

Dies war eine offene Mißtrauenserklärung und die Brüder stellten (nach den alten Chronisten) unter sich fest, daß sich der Meister mit Astrologen und Sterndeutern befasse und die-se die Ratschläge über Krieg und Frieden und das Schicksal des Landes entscheiden lasse.

Daß Heinrich von Plauen unablässig an die Rettung des Ordensstaates Preußen dachte und dieser einen großen Anstren-gung alles andere unterwarf, schien den Brüdern uneinsichtig, zumal es sich zeigen sollte, daß aller Opfermut nicht ausreich-te, die Gesamtsumme vom 100000 Schock böhmischer Gro-schen aufzubringen.

»Wir sind aus dem Garne in den Keutel (Bezeichnung für ein größeres Netz) gekommen, aus dem sich nur schwer zu befrei-en ist und müssen tanczen, wie man uns vorgeigt.«

Im Herbst 1411 wagte Heinrich von Plauen dann den befreienden Schlag, als er mit drei aufgestellten Heeresgruppen gegen Pommern, Masowien und Großplen antreten wollte. Eines der Heere übergab er seinem Bruder; das zweite seinem Vetter, der ihm schon bei der Verteidigung der Marienburg große Dienste geleistet hatte. Die dritte Heeresgruppe stand zur Verteidigung des Landes unter dem Ordensmarschall Michael Küchmeister von Sternberg an der Grenze bereit. Dieser rief bald schon das Heer des Danziger Komturs von Plauen zurück, das in Masowien kämpfte.

Dieser selbständige Befehl des Marschalls rief sofort den auf dem Krankenlager liegenden Hochmeister auf, der den Marschall und die Gebietiger, die diesen Entschluß mitgetragen hatten, vor ein Kapitel auf der Marienburg lud, um sie zur Verantwortung zu ziehen.

Die Gebietiger und der Ordensmarschall aber hatten bereits ihre Beschlüsse gefaßt. Sie setzten den kranken Hochmeister gefangen und nahmen ihm Schlüssel und Siegel, die Zeichen seines Amtes, fort.

Aus dem Kläger war damit ein Angeklagter geworden, der am 7. Januar 1414 ausdrücklich auf sein Hochmeisteramt Verzicht leistete. Bereits am 9. Januar wurde der bisherige Ordensmarschall Michael von Küchmeister zum neuen Hochmeister gewählt. Der alte Hochmeister mußte diesem den Treueid leisten.

Auf seinen eigenen Wunsch wurde Heinrich von Plauen die Engelsburg im Kulmerland übergeben.

Besonders interessant sind in diesem Zusammenhang die Klageartikel, welche die Gebietiger und die Brüder gegen ihren Hochmeister aufgestellt hatten. Gegen einen solchen Mann konnten sie sich nur durch die eigene Untreue zur Wehr setzen. Deshalb warfen sie ihm vor, »wider unseres Ordens buche saczungen« den Rat bei fremden Leuten gesucht zu haben und, daß er mit der Einrichtung des Landesrates gegen Sinn und Gesetz des Ordens verstoßen habe.

Vor den deutschen Fürsten rechtfertigten sie ihren einmaligen Schritt in der Ordensgeschichte damit, daß sie den Abfall von ihres Ordens Gesetze nicht länger hinnehmen konnten und in Einträchtigkeit diesen Schritt getroffen hätten.

Das war noch nicht alles. Nur wenige Monate später wurde Heinrich von Plauen auch seines Komturamtes enthoben.

Seinem Bruder hatte der Orden das am Frischen Haff liegende Amt eines Pflegers zu Lochstädt übertragen. Hier konspirierte der jüngere Bruder mit dem Feind, sammelte Anhänger des abgesetzten Hochmeisters und wollte diesem wieder durch einen Staatsstreich zur Macht verhelfen.

Als einige Briefe des ehemaligen Hochmeisters nach Lochstädt abgefangen wurden, war der Plan erkannt. Der Komtur von Lochstädt mußte über die Neide nach Polen fliehen. Da der Meister Briefe desselben erhalten hatte, wurde er – ohne jeden Beweis der Mittäterschaft – des Hochverrats bezichtigt und verhaftet.

Sieben Jahre saß der alte Hochmeister in einem Danziger Verlies. Drei weitere Jahre – von 1421 bis 1424 – mußte er in dem Gefängnis am Frischen Haff zubringen, ehe man ihn auf die Burg Lochstädt brachte. Dies geschah jedoch erst, als sein Nachfolger Michael Küchmeister von Sternberg, freiwillig aus dem Amte schied.

MICHAEL KÜCHMEISTER VON
STERNBERG (1414–1422)

Der Ordensmarschall Michael Küchmeister von Sternberg (im folgenden nur Michael Küchmeister genannt) hatte nicht nur den Ehrgeiz, nach der Absetzung des alten Hochmeisters die führende Rolle zu übernehmen, sondern wollte darüber hinaus neuer Hochmeister werden.

Er hatte die Klageartikel gegen Heinrich von Plauen verlesen. Vorher hatte er sich der Unterstützung des Deutschmeisters und des Meisters von Livland versichert. Er konnte außerdem auf den Beistand von nicht weniger als 73 der versammelten Ritterbrüder zurückgreifen.

Obwohl sich die Anschuldigung, der Hochmeister habe sich in seinen Entscheidungen von Sterndeutern und Weissagern leiten lassen, als bares Hirngespinst erwies, obsiegte Michael Küchmeister bei der Meisterwahl im Januar 1414.

Die Gebietiger und der neue Hochmeister beeilten sich, dem litauischen Großfürsten und dem König von Polen untertänigst zu melden, daß es nun eine neue Politik der Verständigung des Ordens mit Polen gebe. Der Hochmeister erhielt wenig später die Quittung für seine Kriecherei, als ihm ein Agent aus Cremona meldete, polnische Abgesandte beschuldigten vor dem Heiligen Stuhl den Orden, polnische Kaufleute ausgeraubt, Frauen und Kinder beraubt und ermordet, ja selbst Kinder an der Mutterbrust erwürgt zu haben. Polnische Frauen seien gefangen, auf die Ordensburgen geschleppt und geschändet worden. Dafür müsse der Orden schwer bestraft werden.

Dies war zwar ein dreistes Lügengebäude, da aber der neue Hochmeister (aus Mangel an Masse) bei seiner Wahl die großzügige Verteilung prächtiger Geschenke an den Papst, die Kardinäle und andere Persönlichkeiten der Kurie vergessen hatte, war Johannes XXIII. ergrimmt.

Der Procurator des Ordens beim Heiligen Stuhl machte den

Hochmeister darauf aufmerksam, daß der Papst bei jeder Hochmeisterwahl ein Kleinod von 400 Gulden Wert erhalten habe.

Auch Heinrich von Plauen, der abgesetzte Hochmeister, schien wie sein jüngerer Bruder mit König Wladislaw von Polen Geheimverhandlungen gepflogen zu haben, um sich wieder an die Spitze des Ordens zu setzen. Darauf deutete die Anwerbung von Söldnern hin, die von ihm Befehl erhielten, sich in den Besitz der Ordensburg zu Nessau zu setzen. Möglicherweise war also die Einkerkerung Heinrichs von Plauen gerechtfertigt.

Beim Heiligen Stuhl machte dennoch dieser Handstreich des Ordensmarschalls gegen seinen obersten Herrn keinen guten Eindruck. Herzog Johannes von Münsterberg nannte den Orden gar »aller Welt verboste Verräter und falsche Schelme, die mich belogen und betrogen haben.« (siehe Voigt, Dr. Johannes: a.a.O.)

Unter Michael Küchmeister erlitt das Ordensland im Frühjahr 1414 wieder einen schweren Sturm, der bei Sindau und Polangen 18 Schiffe auf den Strand warf. Zerborstene Dämme mußten neu aufgeschüttet werden. Der Seehandel lag darnieder und mußte um jeden Preis wiederbelebt werden.

Diese Unwetter und schweren Schläge setzten sich fort. Im Frühjahr 1427 ließ beim Eisgang der Weichsel ein gewaltiger Sturm riesige Wasserwogen aufbranden, welche die Dämme abermals zum Einsturz brachten. Die Fluten ergossen sich in den kleinen Werder und brandeten bis nach Danzig hinein. Viele Menschen und große Tierherden fanden dabei den Tod.

Im Oktober war es die Memel, die bei langen schweren Regenfällen über die Ufer trat und an mehreren Stellen die Dämme zum Brechen brachten. Dörfer, Felder und Wälder wurden unter riesigen Wassermassen begraben.

Im Gefolge dieser Hochwasserfluten brachen Seuchen aus, die 183 Ordensbrüdern, 560 Domherren und Priestern und über 38000 Bürgern das Leben kosteten.

25000 Knechte und Mägde und 18000 Kinder fielen darüber hinaus diesen Seuchen zum Opfer. Weite Landstriche wurden nahezu entvölkert. (Alle Zahlen scheinen stark überzogen.)

Burg Marienwerder wurde um 1240 vom Deutschen Orden erbaut und 1322 bis 1360 großartig umgebaut. Die Marienburg diente als Vorbild. Burg und Dom bilden eine bauliche Einheit. In der Krypta des Doms ruht der 1330 ermordete Hochmeister Werner v. Orseln.

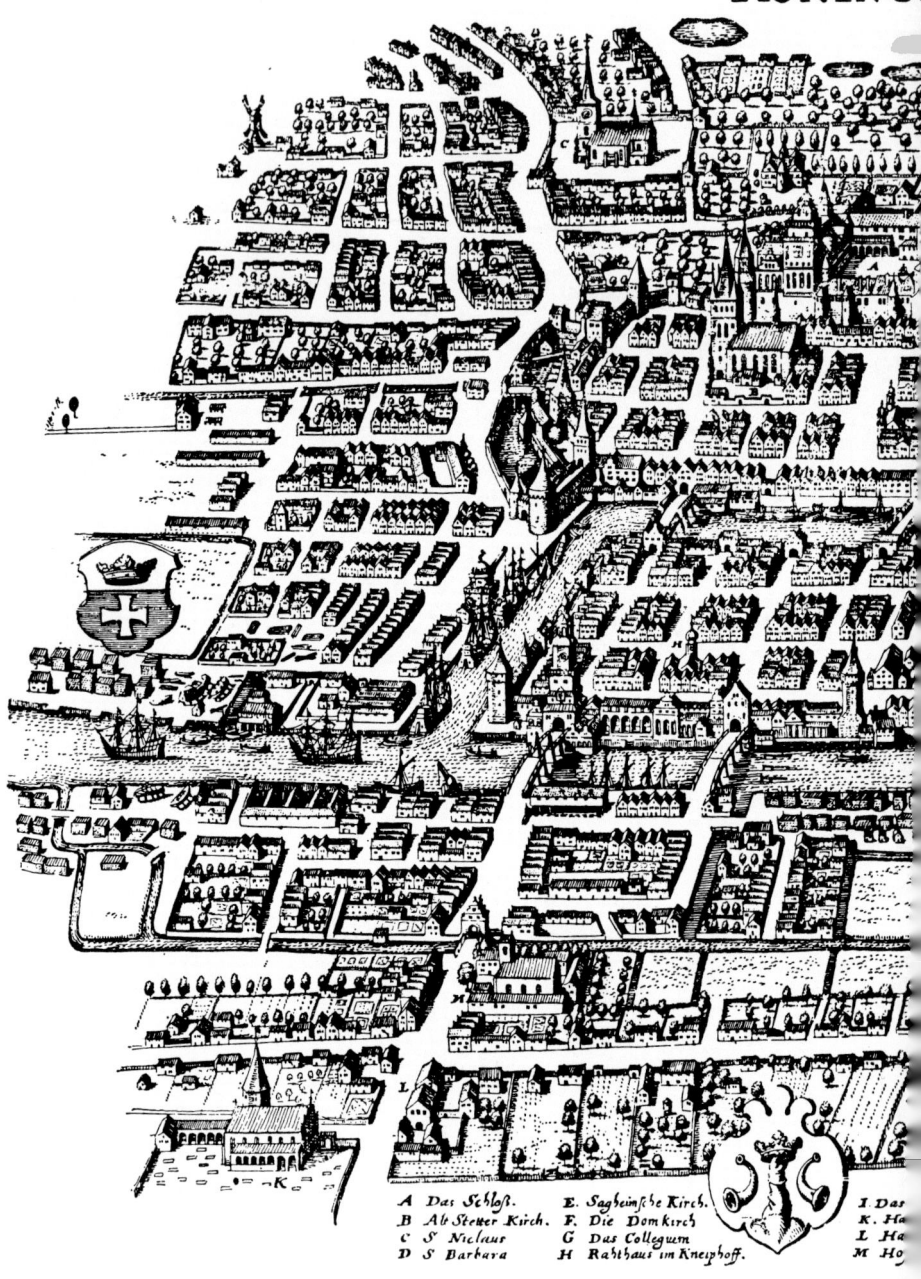

A Das Schloß.
B Alt Stetter Kirch.
C S̄ Niclaus
D S̄ Barbara

E. Sagheinsche Kirch.
F. Die Domkirch
G Das Collegium
H Rahthaus im Kneiphoff.

I.Das
K. Ha
L Ha
M Ho

Königsberg um das Jahr 1611 – nach einem Stich von Merian.

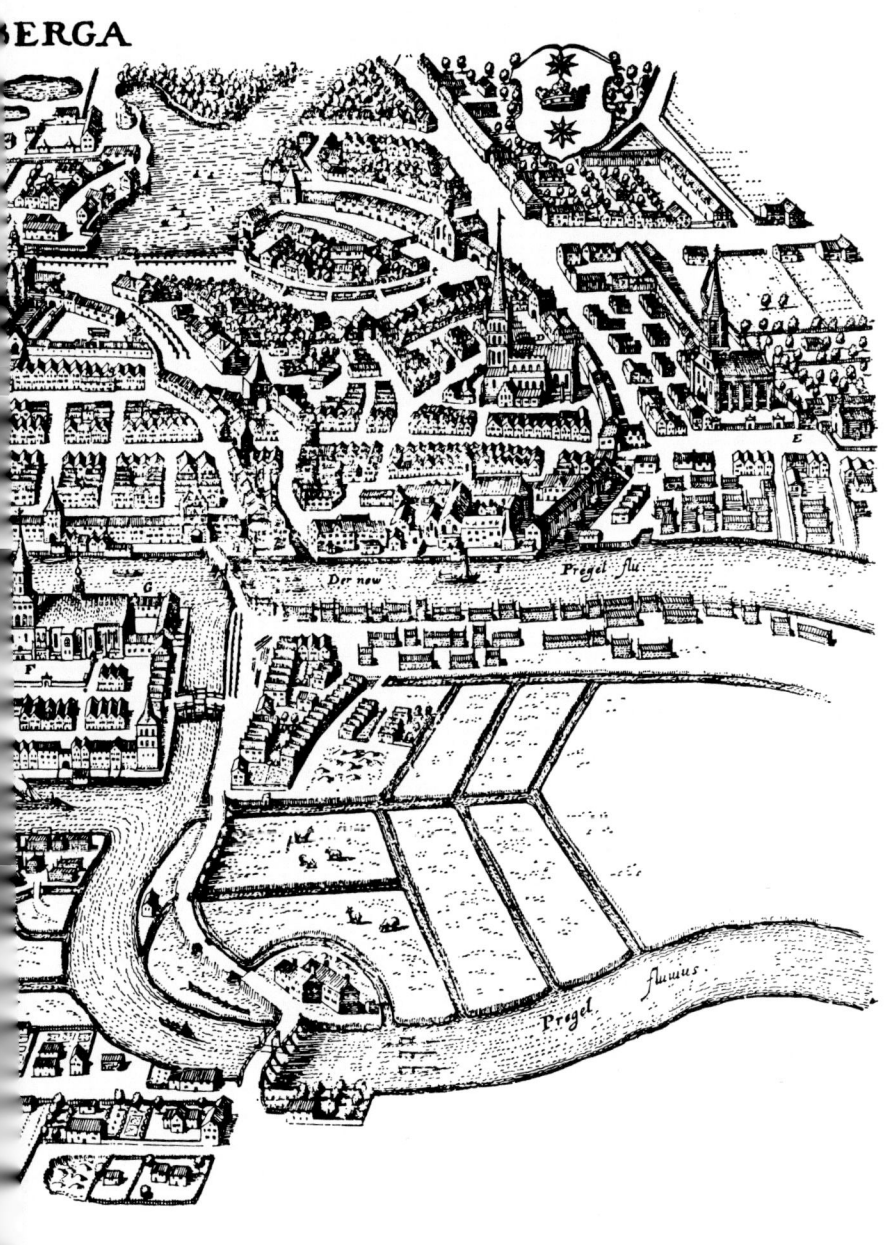

Königsberg ist eine Gründung des Deutschen Ordens.
Im Residenzschloß residierte der Hochmeister. Das Schloß wurde
1944/45 durch Kriegseinwirkung weitgehend zerstört und 1969 von der
sowjetischen Verwaltung restlos abgetragen.

Am Ausfluß der Deime in das Kurische Haff errichtete der Deutsche
Orden eine Burg – Wahrzeichen des 1258 zum erstenmal erwähnten Ortes
Labiau, der für den Orden später ein bedeutendes Handelszentrum wurde.

Der Deutsche Orden erbaute von 1406 bis 1409 Burg Tilsit,
Keimzelle der späteren ostpreußischen Stadt. Die Ordensburg wurde
im 19. Jahrhundert abgerissen. Neben der Burg befindet sich
die Deutschordenskirche.

Die Insterburg wurde 1336 unter Dietrich von Altenburg errichtet.
Sie war ein Ausgangspunkt für die Litauerzüge des Ordens. Unter ihnen
waren auch deutsche, französische und englische Ritter, wie beispielsweise
Heinrich von Derby, der spätere König Heinrich IV.

Oben: Auf dem 30 m hohen
Steilufer einer in die nordöstli-
che Ecke des Frischen Haffes
hineinragenden Landzunge
gründete der Orden 1239 die
Burg Balga, die Ausgangspunkt
für eine rege Siedlungstätigkeit
nach dem Landesinnern zu bis
nach Masuren hinein wurde.

Rechts: Hochmeisterstein,
Ulrich von Jungingen,
zur Erinnerung an die Schlacht
bei Tannenberg 1410.

Hochmeister Paul von Rosdorf wies Burg Lochstädt (Ostpreußen) dem Retter der Marienburg, Heinrich von Plauen, zum Aufenthalt an, der hier 1429 starb.

Ein erstes Fazit

Was Michael Küchmeister später den unseligen Titel als »Erzberger des Deutschen Ordens« eintrug (ein Begriff, den Alfred Rosenberg prägte), war die Tatsache, daß er gegen Heinrich Reuß von Plauen wie ein Kleinbürger auftrat und handelte. Mit ihm verblaßten die Gestalten der harten Ritter des Ordens, die allein im Stande waren, dieses Land nicht nur zu erobern und zu befrieden, sondern es auch zu ungeahnter Blüte emporzuheben.

Jener Ritterorden, der es seinen Brüdern bei harter Strafe verbot, die eigene Mutter zum Abschied zu küssen, jener Orden, der jeden Gebietiger ohne Ansehen der Person bei Vergehen gegen die Ordensregeln ausmerzen und auf freiem Feld verscharren ließ, und bei denen, wo man bei ihrem Ableben im Nachlaß baren Besitz gefunden wurde, ebenso verfuhr, war längst dahin.

Die großen Hochmeister, ein Siegfried von Feuchtwangen, Dietrich von Altenburg, Luther (auch Luder) von Braunschweig und Winrich von Kniprode, gab es nicht mehr.

Bereits zur Schlacht bei Tannenberg wäre der Orden verloren gewesen, wenn es nicht einen Heinrich von Plauen gegeben hätte. Unter Michael Küchmeister ging dieser Verlust mit schleichenden Schritten weiter, dem Abgrund entgegen. Wie Küchmeister Fürsprecher der Friedenspartei war, und den Frieden von 1411 mit herbeiführte, weil er nicht auf die Kraft seiner Mitbrüder vertraute, sondern »auf dem Boden der gegebenen Tatsachen« blieb, so wurde der Friede zu Thorn unter ihm später zur tiefsten Demütigung des Deutschen Ordens.

Da dies innerhalb eines geschlagenen Staates, gegen dessen Regeln und Gesetze in Opposition zu gehen nicht schwer war, geschah, tat Hochmeister Küchmeister dies auch gegen den eigenen Ordensstaat. Schwerer jedoch und für ihn unmöglich war es, seine Friedensbemühungen in die Tat umzusetzen. Es zeigte sich sehr bald, daß alle seine Vorbereitungen eines Friedens mit Polen nichts fruchteten. Nicht einmal sein Eingreifen gegen den Einmarsch der Ordenstruppen nach Großpolen, wo das Heer auf sein Geheiß hin an der polnischen Grenze umgekehrt war, trug Früchte. König Wladislaw erkannte darin nur Schwäche, und die nutzte er nach Kräften.

So sehr der neue Hochmeister das Lied der Schuld seines Vorgängers anstimmte, und mit der Mentalität des Gewöhnlichen glaubte, das Gute zu tun, sah er schließlich ein, daß es nicht genügte, Machtpositionen zu erobern, indem man seinen Vorgänger den Hyänen zum Fraß vorwarf. Nun hätte er handeln müssen – und dies nicht nach seiner Rezeptur, nach welcher er außenpolitisch allem und jedem nachgab und sich innenpolitisch neu orientieren zu müssen glaubte.

Wenn er glaubte, daß er seinen Ständen, Rittern und Kirchenfürsten genug nachgegeben habe, war es denen nie genug. Als die Städte während des Reichstages zu Horodlo, das polnisch-litauische Bündnis zum Nachteil des Ordens neu bestätigten, bat der Hochmeister zur gleichen Zeit zur Huldigung auf die Marienburg. Die Gerufenen kamen, um ihm zu huldigen. Gleichzeitig brachten sie ihre Forderungen vor und setzten sie auch durch.

Sie errangen die Gerichtsbarkeit in den Städten und die Straßengerichte in ihren Bezirken. Hinzu erhielten sie das Recht, daß nur Einheimische mit allen Ordnungsämtern ihrer Städte beauftragt werden durften. Die städtischen Abgeordneten erhielten Immunität. Der Hochmeister bewilligte alles, denn immerhin huldigten sie ihm auch.

Damit war der Kampf Heinrichs von Plauen gegen die Städteherrschaft abgetan.

Im Gefolge dieser Genehmigungen kam es in Danzig zum Aufstand der Handwerker gegen den Magistrat. Dies wurde ihnen mit einer Strafaktion ausgetrieben, bei der sich der Hochmeister auf die Seite des Magistrats schlug.

Das Schlimmste aber, was Hochmeister Küchmeister tun konnte, war die Amnestie, die er den Fahnenflüchtigen von Tannenberg, an ihrer Spitze Nicolaus von Renys, gewährte.

Nikolaus von Renys, von Heinrich von Plauen aufs Schafott geschickt, wurde posthum freigesprochen, seine noch lebenden Parteigänger rehabilitiert.

Nunmehr regierte der Partikularismus, jenes Bestreben der Bürgerschaft, der Bewohner der Städte und der Komturbezirke, sich Sondervorteile jeder Art zu verschaffen. Die Verfolgung regionaler und lokaler Vorteile stand an der Spitze aller Bestrebungen. Der Orden trat in den Hintergrund. Westfälische Kaufleute und Handwerker standen gegen Süddeutsche und diese wiederum glaubten, gegenüber den Mitteldeutschen besser gestellt werden zu müssen.

Der Hochmeister schloß mit dem Ermländer Bischof Heinrich Vogelsang einen Frieden, der zu Lasten des Ordens ging – dies obgleich auch dieser Bischof bei Tannenberg mit den Eidechsenrittern gemeinsame Verratssachen betrieben hatte. Ehe dieser gesiegelt werden konnte, wurde der Bischof jedoch abgelöst und durch Johann Abezier ersetzt.

Auch gegenüber Polen war Michael Küchmeister von geradezu knechtischer Unterwürfigkeit, um mit allen Mitteln einen Frieden zu erzielen und zu erhalten. Dies war an und für sich eine lobenswerte Eigenschaft. Wenn der Friede mit dem Verlust von Samaiten verbunden war und versucht wurde, weiter den Polen hinterherzulaufen, obgleich sich das Land im Bündnis von Horodlo bei Lublin mit den Litauern am 2. Oktober 1413 zu einer Union miteinander verband und damit das Weiterbestehen des Großfürstentums Litauen bestätigten, so war dies mehr als unklug.

Mit dem de facto geleisteten Verzicht auf die Neumark hatte man nicht etwa die Polen ruhiggestellt, sondern ihnen Appetit auf mehr gemacht.

König Wladislaw von Polen hatte hinter dieser Verzichtpolitik die Schwäche des Ordens erkannt. Zum Schein ging er darauf ein, um später auf der Besprechung zu Grabau liebenswürdig und zugleich eisenhart die Rückgabe von Pommerellen vom Orden zu fordern. Um das Maß voll zu machen, forderte er darüber hinaus noch die Rückgabe des Kulmerlandes, der

243

Michelau und von Samaiten. Das war mehr als der Ordensstaat verkraften konnte.

Um seine eigene Niederlage zu bemänteln, erklärte der Hochmeister, daß der Orden dies alles seinem Vorgänger, Heinrich von Plauen, zu verdanken habe.

Als Michael Küchmeister noch einmal mit neuen Friedensvorschlägen zum polnischen König durchdrang, waren diese selbst den Ständen im Ordensland zuviel, die um ihre Handelsprofite fürchten mußten, falls sie in die Tat umgesetzt werden würden.

Als Antwort darauf stießen polnische Truppen ins Ordensland vor, verwüsteten das Oberland, konnten aber weder Königsberg noch die Marienburg in ihren Besitz nehmen.

Nach einigen Monaten der Plünderung einzelner Gebiete des Deutschordensstaates liefen die Polen und die von ihnen angeheuerten Landsknechte auseinander, eine trügerische Ruhe kehrte ein. Nunmehr wandte sich Michael Küchmeister an das in Konstanz tagende Konzil. Hier war es der polnische Abgesandte Professor Paul Wladimiri aus Krakau, der den versammelten Kirchenvätern eindeutig klarmachte, daß die alte Aufgabe und eigentliche Existenzberechtigung des Ordens – der Kampf gegen die Heiden – längst vorbei sei. Er plädierte im Auftrage von König Wladislaw dafür, der Papst möge den Orden in der Türkei einsetzen, wo es Heiden in Hülle und Fülle gebe und man das Reich am besten vor ihnen schützen könne.

Diese »Sache« wurde an ein Schiedsgericht verwiesen, dem Kaiser Sigismund vorstand und das in einigen Monaten in Breslau zusammentreten sollte.

Noch ehe dieser Schiedsgerichtstag heraufgezogen war, hatte König Wladislaw von Polen mit Herzog Erich von Pommern, der Nachfolger Königin Margaretes, als Herr über die Kalmarer Union und zugleich König der drei vereinigten Königreiche Skandinaviens, einen Bündnisvertrag abgeschlossen.

Dieses Bündnis richtete sich gegen den Herzog von Braunschweig ebenso wie gegen den Deutschen Orden. Es war der

Hussitenaufstand, der dem Orden gelegen genug kam, weil nun der Polenkönig mit dem Papst die Glaubensfeinde bekämpfen mußte, und ihnen dabei auch an der Mithilfe des Ordens sehr gelegen war.

Da Kaiser Sigismund sich gerade anschickte, die Nachfolge des verstorbenen Königs Wenzel von Böhmen anzutreten, hatte er in Breslau nur eine Sache voll zu vertreten: die des Deutschen Ordens.

Dieser Scheinerfolg, der dem Hochmeister auf einem silbernen Tablett beschert wurde, hätte ihn veranlassen müssen, nun mit aller Macht auf Polen einzuwirken, die Ordensansprüche zu akzeptieren. Die Zeit war günstig, denn vom Kaiser hatte König Wladislaw in dieser Situation nichts zu erwarten.

Hochmeister Küchmeister aber ließ diese einmalige Chance nutzlos verstreichen. Damit ließ er zu, daß der polnische König und der Markgraf von Brandenburg, sich auf Kosten des Ordens über die Neumark einig wurden.

Am 8. April 1421 kam es zum brandenburgisch-polnischen Schutzbündnis. Die Außenpolitik des Ordens war zum Scheitern verurteilt.

Daß es auch in bezug auf die Innenpolitik im Ordensstaat nicht besonders stand, war vorprogrammiert. Man hielt dem Hochmeister vor, daß er in den acht Jahren seiner Regierung nicht weniger als achtmal einen Waffenstillstand ausgehandelt und achtmal erneut habe rüsten lassen, daß er Mißerfolge auf der ganzen Linie erzielt habe und nicht im Stande sei, den Ordensstaat Preußen fernerhin zu führen.

Michael Küchmeister legte am 10. März 1422 sein Amt als Hochmeister nieder. In der Zeit seiner Regierung hatte er den Orden praktisch an den Rand des Abgrunds geführt.

Als er sich im Jahre 1421 an den Deutschmeister gewandt und um Hilfe gebeten hatte, dies sowohl in diplomatischer als auch in pekuniärer Hinsicht, war er abgewiesen worden. Der amtierende Deutschmeister Eberhard von Seinsheim meldete ihm, daß er ihm »schwerlich 30 Pferde und Reiter zur Verfügung stellen könne. Er könne nur sechs bis acht Berittene stellen, weil die große Armut des Ordens in Deutschland, die Schulden und anderen Bedrängnisse der dortigen Ordensbesitzungen so groß und die Ordensämter so in Not seien, daß man unmöglich einen ansehnlichen Zug nach Preußen unternehmen könne.« (siehe Schulze-Dirschau: a.a.O.)

Der Hochmeister machte seinen Amtsbruder in Deutschland auf den großen Nachteil dieser Meldung aufmerksam, auf die Schmach und den verderblichen Einfluß sowohl auf die Feinde, als auch auf die Landesritter, wenn er mit so schwachen Kräften daherkomme. Dazu versicherte der Deutschmeister noch einmal die Armut des Ordens, obgleich in den Ordensschatzkammern erhebliche Mittel zur Verfügung gestanden hätten, die man aber nicht in diese Sache stecken wollte.

Damit war ein weiteres trauriges Kapitel des Deutschen Ordens und des Ordensstaates Preußen abgeschlossen – nicht einmal die eigenen Brüder in Deutschland wollten helfen.

PAUL VON RUSDORF
(1422–1441)

Die Wahl, erste Maßnahmen

Noch am Tage des Rücktritts Michael Küchmeisters von Sternberg von seinem Hochmeisteramt, wurde nach den Ordensregeln einstimmig der Oberste Trapier Paul von Rusdorf zum
Hochmeister des Ordens gewählt.

Paul von Rusdorf wurde im erzbischöflichen Sprengel zu
Köln am Rhein geboren. Dort war sein Geschlecht bereits seit
einigen hundert Jahren bekannt. Bis zu seiner Wahl zum Hochmeister hatte er schon neun Jahre Ämter in der Ordenshierar-
chie bekleidet, zuerst als Pfleger zu Tuchel im Jahre 1413.
Bekannt geworden war er kurz nacheinander als Vogt zu Leipe und Papau, um bereits 1414 das Amt des Ordenstreßlers
unter Michael Küchmeister zu bekleiden.

Im Jahre 1415 avancierte er zum Amt des Ordenstrapiers
und Verwalters von Christburg und Mewe. Zu Pfingsten 1416
erhob ihn der Hochmeister zur Würde eines Großkomturs, welches Amt er zwei Jahre versah, ehe er im Juni 1418 wieder in
sein früheres Amt als Ordenstrapier zurückkehrte.

Von dieser Position wurde er in das Amt des Hochmeisters
gewählt. Eine reiche Erfahrung in der Ordensverwaltung und
die Tatsache, daß er als hochgescheiter Mann mit »klugem
und witzigem Verstand« geschätzt wurde, hatte seine einstim-
mige Wahl begünstigt. Daß er auch bei den Polen hohe Ach-
tung genoß, ist der Ordenschronik zu entnehmen. Seine Frömmigkeit und friedliche Gesinnung wurden ebenfalls rühmend
erwähnt.

Für Paul von Rusdorf stellte sich als erstes die Aufgabe, den
gestürzten und eingekerkerten Hochmeister Heinrich von Plau-
en aus der unwürdigen Haft zu befreien und ihm die Burg Lochstädt zum Domizil anzuweisen. Wohl zum erstenmal hatte ein

Hochmeister mit einem Vorgänger Erbarmen bewiesen. Er gebot am 28. Mai 1429, Heinrich von Plauen die Stelle eines Pflegers in Lochstädt zu geben. Hier starb jener Hochmeister, der die Marienburg vor dem endgültigen Untergang gerettet und ihre Fortdauer als Ordenshauptstadt bis zum Jahre 1457 gesichert hatte, am 28. Dezember 1429.

Daß der Hochmeister vor jener schier unlösbaren Aufgabe stand, die im Ordensstaat Preußen in die Brüche gegangene innere Einheit wieder zu kitten und die Zerrissenheit der Parteien zusammenzufügen, wußte er, und er war sich dieser schmerzlichen Aufgabe bewußt, daß er die auseinanderstrebenden Interessen und Bestrebungen nicht mit friedlichen Mitteln würde lösen können.

Dieses Krebsgeschwür innerer Zerrissenheit mußte herausgeschnitten werden, wenn der Ordensstaat überleben sollte. Die äußeren Umstände gestatteten es Paul von Rusdorf nicht, länger untätig zu bleiben. Er mußte die Rüstung beginnen und den Landmeister von Livland anweisen, seinerseits gerüstet zu sein, falls ein polnisch-litauischer Angriff begänne. Agenten und Spione hatten von gewaltigen Rüstungsanstrengungen dieser Länder berichtet, und daß König Wladislaw und Herzog Swintrigal ein riesiges Heer zusammenzogen.

Für diese beiden Heere gab es nur ein Ziel: das Ordensland.

Zum Glück für den Orden, der nicht auf Hilfe des Deutschmeisters rechnen durfte, sagten die Herzöge Otto und Kasimir von Stettin dem Orden ihren Beistand zu. Auch die Hansestädte wollten einen Zuzug von Truppen ins Preußenland bewirken.

Im Juli 1422 fielen die vereinten Streitkräfte Polens und Litauens mit angeblich 100000 Mann, beinahe auf dem gleichen Vormarschwege wie zwölf Jahre vorher, als Tannenberg das Ziel war, über die Grenze ins Ordensland ein. Erst jetzt erhielt der Orden die Kriegserklärung mit dem Entsagebrief Herzogs Swintrigal. Am 1. August stürmten dichte Truppenscharen Polens bis vor die Mauern von Löbau, deren Burg vom Vogt von Dirschau besetzt gehalten wurde, nachdem sich der Orden mit allen kampfkräftigen Männern bis zu einer Verteidigungslinie vor der Stadt zurückgezogen hatte. Hier stemmte er sich dem Feind entgegen.

Das Ordensheer wurde von der gewaltigen Übermacht in die Stadt zurückgeworfen. Die Angreifer entwässerten den ersten Stadtgraben, indem sie die Schleusen öffneten. Der zweite Graben wurde noch vom Vogt von Dirschau verteidigt, so daß die Polen nicht zum Angriff auf die Stadt antreten konnten.

König Wladislaw hob, nachdem viele Tote und Verwundete gemeldet wurden, die Belagerung auf und stieß dafür in Richtung der Drewenz, damit auf das Kulmerland vor. Das polnische Heer erzwang den Übergang über die Drewenz, warf die Truppen des Ordens, die sich ihnen entgegenstellten, zurück, und erstürmte Riesenburg, das geplündert und in Asche gelegt wurde. Der Verteidiger der dortigen Burg übergab diese kampflos an den Feind. Die herrliche Riesenburger Kirche ging in Flammen auf. Das polnische Heer zog danach in Richtung Stuhm weiter und kam mit seinen Streifscharen bis vor die Marienburg.

In dieser Situation erhielt der polnische König ein Ermahnungsschreiben der in Nürnberg versammelten deutschen Kurfürsten. Er solle seine Kräfte zur Vertilgung der Ketzer verwenden und die gegen den Orden gerichteten Waffen niederlegen.

Der polnische König ließ dem Hochmeister einen Frieden anbieten, zu dem sich Swintrigal von Litauen als Vermittler anbot. Einen solchen Frieden, wie ihn König Wladislaw »mit dem Schwert in der Hand« antrug, konnte der Hochmeister nicht annehmen, vor allem deshalb, weil von mehreren anderen Teilkriegsschauplätzen gute Nachrichten eingingen. So hatte der Komtur zu Schlochau Zempelburg erobert und die polnische Besatzung bis Nakel zurückgetrieben, dabei Burg und Stadt Camin in Besitz genommen und beide eingeäschert. Mit einer weiteren Hilfe des Hochmeisters erbot er sich, jeden Feind über seine Grenze zurückzuschlagen.

Hilfe aus Deutschland schien sich ebenfalls zu formieren, denn auf dem Reichstag zu Nürnberg hatte nicht nur König

Sigismund erklärt, daß er den Orden retten wolle, sondern alle versammelten Fürsten sagten ihm ihren Beistand zu. (siehe: Schreiben des Komturs von Brandenburg als Beobachter in Nürnberg, an den Hochmeister und den Komtur von Thorn. D. Nürnberg, Freit. vor Vincula Petri 1422, in: Schbl. 1. XXI, 47.48)

Paul von Rusdorf nahm diese Aufforderung zur Verhandlung nicht an, weder zu einem Frieden noch zum Waffenstillstand.

Das Ordensland wurde inzwischen von polnischen, litauischen und tatarischen Truppen überschwemmt, der gesamte westliche Teil des Ordenslandes Preußen mit Feuer und Schwert überzogen. Von Strasburg bis Stuhm stand alles in Flammen. Danzig lag bereits im Einzugsbereich der Feinde, so daß die Nogatdämme bei der Stadt besetzt werden mußten. Bei Osterode und Soldau wurde das Land verheert. Der Vogt der Neumark mußte sich mit der letzten Kraft gegen einen Streithaufen des Feindes wehren.

Der nach Christburg in Marsch gesetzte Ordensmarschall, sah sich von den dortigen Gebietigern enttäuscht. Er fand keine Hilfstruppen und erklärte dem Hochmeister, daß alles verloren sei, wenn er nicht rasch Hilfe erhalte.

Witowd von Litauen hatte inzwischen Bischofswerder in Besitz genommen. Nun wollte der Hochmeister mit ihm verhandeln, doch jetzt lehnte der Feind alle Verhandlungen ab. Er rückte mit seiner Streitmacht gegen Golub vor, während König Wladislaw am 15. August 1422 zwei Meilen vor Strasburg am Wansen-See sein Lager aufschlug.

Als Golub erstürmt war, hatten die polnischen Truppen die direkte Verbindung mit Polen erreicht. Noch wehrte sich der Komtur auf der Burg Golub. Als einer der Haupttürme gebrochen wurde und 15 Feindbüchsen die Burgmauer in Trümmer warfen, mußte sich die Besatzung ergeben. 15 Ordensritter waren mit ihrem Komtur im Kampf gefallen. Die umliegenden Höfe und Dörfer gingen in Flammen auf, die reichen Güter des Ritters Hans von Orsechau wurden ebenfalls eingeäschert.

Vor allem die Tataren und Walachen im polnischen Heer verübten die übelsten Greuel. Jungfrauen und Frauen wurden
selbst in den Kirchen, in die sie sich geflüchtet hatten, bis zum
Tode geschändet und ihre Leichname zerfleischt. Priester wurden an den Füßen aufgehängt, das Brot Christi wurde mit Füßen
getreten und dazu gegröhlt:

»Das ist der Christen Gott! Laßt sehen, ob er sich helfen
kann.« (siehe die Schrift des Hochmeisters Paul von Rusdorf
in: »Des Hochmeisters Vorrede« Schbl. XXI. 179).

Unerbittlich ging der Kampf weiter. Die vom römischen
König und dem deutschen Reich sowie auch vom Deutschmeister zugesagte Hilfe wurde in keinem Falle erfüllt, der Deutschmeister hatte nicht einen Mann geschickt.

Tröstende Nachrichten, Ermahnungen, im Kampf nicht nach-
zulassen und Ermunterungen, sie würden es schon schaffen,
waren ein einziger Hohn – vor allem die Forderung, daß der
Orden mit dem Feind unter keinen Umständen Frieden schließen dürfe. Zusicherungen trafen von allen Seiten ein, aber nicht
ein Mann traf zur Stärkung der Truppen ein!

In Marienwerder versammelte der Hochmeister die Stände
des Landes, alle stimmten sie für Frieden. Die beiden Bischöfe
von Pomesanien und Ermland sowie die Komture von Elbing
und Thorn wurden beauftragt, die Friedensverhandlungen einzuleiten.

Die Genannten ritten zum königlichen Lager am Melno-See.
Die Forderungen König Wladislaws waren derart, daß sie uner-
füllbar erschienen. Schließlich wurde ein Friede zu den Bedingungen geschlossen, daß aller Streit beigelegt und nie wieder
angeregt werden solle. Alle geistlichen Güter im Ordensland
sollten mit allen Rechten und Einkünften beim Orden bleiben.
Der Orden trat das Gebiet von Nessau mit den Dörfern Orlow,
Morin und Neuendorf an Polen ab. Die Burg müsse der Orden
vorher schleifen. Dies zugleich mit der Hälfte der Weichsel,
ihren Inseln und Zöllen, vom Einfluß der Drewenz an bis hinunter zur alten Grenze von Pommern und Bidgost, nebst der Hälfte des Zolls an der Fähre bei Thorn.

Die Grenzen zwischen Polen und Pommern, der Neumark, dem Kulmer – und dem Michelauerland sollten noch in bestimmter Zeit berichtigt werden.

Alle Privilegien des Ordens, sofern sie dem Friedensvertrag in irgendeinem Punkte widersprachen, wurden für ungültig und nichtig betrachtet. Pommern, Kulmerland und Michelauerland verblieben fernerhin beim Orden.

Alle Abtrünnigen des Ordens werden aus den Landen des polnischen Königs verbannt und nirgends mehr geduldet. Ersatz für Kriegsschäden soll kein Land mehr zur Sprache bringen. Alle künftigen Könige von Polen, die Großfürsten von Litauen, und die Hochmeister des Ordens sollen sich verpflichten, den Vertrag unverbrüchlich zu halten.« (siehe Schulze-Dirschau, Hermann: a.a.O.)

Darüber hinaus gelobte Paul von Rusdorf ausdrücklich, den Frieden unverletzlich zu beachten und ihn mit dem großen Ordenssiegel zu bekräftigen. (siehe dazu die Urkunde des Hochmeisters Schbl. 65.54).

Damit war ein Friede für den Orden geschlossen, wie er schmachvoller nicht einmal nach der Schlacht bei Tannenberg geschlossen worden war. Daß der Hochmeister dem Erzfeind einen solchen Friedensvertrag unterzeichnete und mit dem großen Ordenssiegel versah, war eine Schande für den Orden und die Landstände, die darauf drangen und sich daran beteiligten.

Das Elend zog ins Ordensland Preußen ein. Alle Burgen waren ausgehungert und selbst auf der Marienburg herrschte solcher Mangel, daß man die Konventspferde zum Grasen in die Wälder treiben mußte. Paul von Rusdorf schrieb an den Meister von Livland: »Wir können Gott wohl klagen, daß wir dahin gediehn sind, wo wir alle Tage nichts anderes finden denn dieses Landes und unser aller Verderben.

Wir haben nichts um unseren armen und abgebrannten Leuten zu helfen, die uns in unseren Gegenden mit schweren Worten anfertigen. Wir verwüsten unsere Häuser, Höfe und Städte in allen Dingen und verdienen doch damit wie an den Gästen so an unseren eigenen Leuten ungehofften großen Unwillen und werden zuletzt nichts anderes davon empfangen als Schaden, Schmach und Schande.« (Schreiben des Hochmeisters an den Meister von Livlandi. Siehe Voigt, Dr. Johannes: Die Marienburg).

Weitere Rüstungen beider Seiten folgten, da der Friede noch immer nicht unterzeichnet war. Erst eine Zusammenkunft des Hochmeisters mit dem König von Polen am Himmelfahrtstage des Jahres 1424 zur Vermittlung und Versöhnung führte zu einer Beilegung der Streithändel.

Dies geschah zur rechten Zeit, denn im Frühjahr 1425 wütete ein schwerer Sturm im Raume Memel, bei dem 18 Schiffe am Memelstrand bei Windau und Polangen auf den Sand geworfen wurden. Auch die Burg zu Memel erlitt Schäden.

Große Wasserbaumaßnahmen mußten getroffen werden. Alte Dämme wurden durchstoßen und neue angelegt, da sonst die Burg Memel bei ihrem nunmehr fast trockenen Burggraben ungeschützt sein würde. In ähnlicher Weise mußte auch die Burg Ragnit umwallt werden.

Während dieser Ereignisse und deren Beseitigung erhielt der Hochmeister eingangs 1425 eine Einladung von König Wladislaw von Polen nach Krakau, um eine Patenstelle bei der Taufe seines Sohnes einzunehmen.

Bischof Franziskus von Ermland, ein besonders treuer Ratgeber des Hochmeisters, bewog diesen, nicht nach Krakau zu reisen, sondern an seiner Stelle den Großkomtur und den Spittler zu entsenden. Diese sollten auch die inzwischen aufgetretenen Irritationen beseitigen.

Wenig später kündigte der König von Polen an, daß er in Begleitung des Königs von Dänemark – der in Krakau und Kalisch gewesen war – nach Preußen reisen wolle, um dem Hochmeister einen Besuch abzustatten.

Der König Dänemarks hatte nach seiner Pilgerreise ans Heilige Grab das Bedürfnis, nun auch das Brigittenkloster zu Danzig zu besuchen und dort für das Seelenheil seiner Familie zu beten. Nähere Nachrichten, daß dieser Besuch stattgefunden habe, sind nicht bekannt.

Neben Reformen in der Gerichtsbarkeit wurde in Preußen die Förderung von Industrie und Verkehr in Angriff genommen, Mißbräuche auf den verschiedenen Märkten des Landes wurden abgestellt.

Darüber hinaus war der Hochmeister bemüht, für den Seehandel von Elbing und Königsberg die notwendigen wasserbaulichen Maßnahmen einzuleiten – so beim Störhof am neuen Tief, bei der Ausfahrt aus dem Frischen Haff in die offene See. Die Wassertiefen wurden sehr unterschiedlich erkannt, so daß zur Nivellierung eine weit ausgedehnte Verdämmung vorgenommen werden mußte, wenn nicht der Seehandel dieser beiden wichtigen Handelsstädte großen Schaden erleiden sollte.

Ungarn will wieder einmal Hilfe

Rüstungsanstrengungen gegen die Hussiten, Verhandlungen mit Polen und Dänemark und die Säuberung der Ostsee von den wieder vermehrt in Aktion tretenden Seeräubern waren Aufgaben, die großen Einsatz forderten und beträchtliche Geldmittel verschlangen. Um diese zu bekommen und auch die angeworbenen Söldner bezahlen zu können, mußte abermals eine neue Steuer ausgeschrieben werden. So wurde von jeder dienstpflichtigen Hufe Landes ein Schilling behalten.

Im Frühjahr 1427 forderte König Sigismund, der in Ungarn mit den Türken im Kampf stand, des Ordens Hilfe. Kaspar Slick, Sekretär des Königs, brachte das Hilfsersuchen zur Marienburg. »Der König vertraue darauf«, bemerkte Slick, daß der Orden, der ja zur Bekämpfung der Heiden gegründet worden sei, auch ihm gegen die heidnischen Türken beistehe und ihm Ordensritter – je mehr desto besser – mit Kampferfahrung schicken möge. Des weiteren 20 gute Schiffsbauer, einige Berater in Kaufmannsdingen und einige Ritter mit polnischen und russischen Sprachkenntnissen. Diese sollte der Hochmeister bezahlen, während er, der König, die so vom Orden vorgestreckte Summe vom vereinbarten Kaufpreis der Neumark abziehen könne. Der König, so Kaspar Slick, erbiete sich, die Grenz-streitigkeiten zwischen Polen, dem Orden und der Neumark noch in diesem Sommer zu beenden.

Da gerade in diesem Jahr schwere Schläge auf das Preußen-land einhieben, war der Hochmeister nicht in der Lage, diesem Wunsche zu willfahren. An Weichsel und Memel brachen aber-mals die Deiche. Die Fluten richteten so schwere Schäden an, daß monatelang Hunderte Männer zu den Erneuerungsarbei-ten benötigt wurden.

Als der Winter besonders milde ausfiel, brach zu allem Unglück noch eine ansteckende Seuche aus, die 183 Ordens-brüdern, 550 Domherren und Priestern, 38000 Bürgern, über 25000 Knechten und Mägden und 18000 Kindern das Leben kostete. Im Zuge dieser schrecklichen Zeit machten sich aller-lei Laster und Verbrechen breit.

In einem neuen Gesetz wurden Gebote und Verbote erlas-sen, die Rückschlüsse auf diese Zustände zuließen. So wurde die Beherbergung von Ehebrechern, von unehelichen gemei-nen Weibspersonen, Spielern und Topplern (Würflern) mit allem Ernst und bei schweren Strafen untersagt und diesen ver-boten, auf Märkten und offenen Plätzen ihren Erwerb zu suchen. (siehe: Ussatzunge vorramet czur Prüschen Ylaw am Sontag nach Conversion Pauli XXVII. Im Fol. des Geh. Archivs.)

Vor allem versuchte der Hochmeister die Lage des allgemei-nen Volkes zu verbessern, indem er öffentliche Bekanntma-chungen erließ, die in bezug auf das sittliche Verhalten der Ordensbrüder gegenüber Landleuten und weltlichen Leuten strenge Maßstäbe anlegten. So wurde verordnet, daß man dem Landmanne kein ungewöhnliches Scharwerk zumuten durfte, welches das Land beschwere. Kein Gebietiger dürfe seine Höfe auf Kosten des Landes bauen. Jeglicher Gebietiger solle aber darauf sehen, daß seine Amtleute nicht zu sehr mit den Gerich-ten das Land beschwerten und daß er die armen Leute gnädig richte.

»Wenn sich ein Armer« so die hochmeisterliche Verordnung,

»der Not wegen auf den Meister berufe, so soll man ihn ungehindert diesen aufsuchen lassen, um ihm seine Not zu klagen und darum solle man ihn nicht stücken oder türmen.« (Mit Stockschlägen bestrafen und in Kerkertürmen einsperren.) Diese Verordnungen sind enthalten in: »Dese ungesrebenen Articuli syn usgessatzet und vorramet un unserm Homeyster mit Eyntrechtigen synes Rathes Gebitigern in unsers Ordens Capittel am Sontag vor Lucie gehalten im Jahre 1427«.)

Teilnahme des Ordens am Nordischen Krieg

Der Seehandel Preußens und seiner Hansestädte wurde durch den Krieg des dänischen Königs stark gestört. So beschwerte sich der Herzog von Burgund, daß durch den Dänischen Krieg fast aller Verkehr zwischen Holland, Seeland und Preußen erdrückt worden sei. Nicht einmal der Hochmeister konnte seinen Wein aus Koblenz über See nach Preußen bringen lassen. Die Hansestädte waren mit starker Flotte in den Sund eingelaufen, und kein fremdes Schiff war mehr vor ihnen sicher.

Im Frühjahr 1428 wurde es noch schlimmer, als die Flotten der Hamburger und Lübecker im Nordsund, dem verabredeten Sammelplatz, aufkreuzten. Dorthin segelten auch etwa 30 Kauffahrerschiffe aus Preußen, die von einigen Kriegsschiffen begleitet wurden, die ihnen von den preußischen Hansestädten geschickt worden waren.

Die hansischen Schiffe griffen jedoch noch vor deren Ankunft die dänische Flotte an. Den Dänen wurden von den Lübeckern mehrere Schiffe fortgenommen. Die Hamburger Flotte aber wurde besiegt und die meisten Besatzungsmitglieder ermordet, die Schiffe versenkt und die besten genommen.

Drei Stunden später erreichten die preußischen Schiffe das Kampffeld. Sie wurden ebenfalls von den Dänen angegriffen, konnten sich zunächst verteidigen, mußten schließlich aber die Flucht ergreifen. Einen Teil ihrer Schiffe mußten sie den Dänen überlassen.

Da die Hanseaten dem Hochmeister den Schadensersatz verweigerten, ließ dieser die in den preußischen Häfen einlaufenden Schiffe aus Rostock und Wismar aufbringen und die Mannschaften festsetzen. Damit versiegte der Seehandel Preußens zur Gänze, zumal die Lübecker alle Ordensschiffe vor dänischen Kaperfahrern warnten, die auf See auf sie lauerten. Diese Verwicklungen mußte der Hochmeister zu lösen trachten, wenn es wieder aufwärts gehen sollte.

Die Verhandlungen mit dem Gegner, König Erich von Dänemark, verliefen erfolgreich. Dieser fand sich sofort bereit, den preußischen Seefahrern volle Sicherheit auf See zu gewähren, wenn diese im Gegenzuge seinen Feinden keine Hilfe mehr leisteten. Preußen schied aus diesem Seestreit aus und die Hanse billigte diesen Ausstieg, so daß der Kampf zur See nur noch zwischen der Hanse und König Erich von Dänemark ausgetragen wurde.

Auf dem Fürstentag zu Luczk zu Beginn des Jahres 1429, zu dem der Hochmeister den Komtur von Balga und den Pfleger von Rastenburg entsandte, um mit dem Großfürsten von Litauen und dem König von Polen zu verhandeln, ging es einmal nicht um den Orden, sondern um die Türkenkriege und die Hussitteneinfälle. Gerade in dieser Lage erging das Hilfegesuch von König Sigismund gegen die Türken. Der römische König wollte in Anrechnung auf den Verkauf der Neumark an den Orden eine Anzahl fester Burgen zwischen Ungarn, Serbien und der Wallachei anlegen lassen und dort die Schutzwehr gegen die Türken, eine ritterliche Kolonie der deutschen Ordensbrüder, errichten. Diese sollten als Schutzwall gegen weitere Türkenangriffe dienen.

Gemeinsam mit seinem Vertrauten, dem Ordensritter Klaus von Rewitz, den er zum Grafen der Münz- und Salzkammern von Siebenbürgen ernannt hatte, richtete Kaiser Sigismund im Frühjahr 1429 eine weitere dringendere Aufforderung an den Hochmeister, ihm eine Anzahl an Ritterbrüdern mit den notwendigen Handwerkern zu senden. Dabei wies er eindeutig auf die Bestimmung des Ordens zum Heidenkampf und deren

Schutzpflicht gegenüber den Kirchen und des Glaubens im Heidenland hin.

Jetzt mußte der Hochmeister eine Anzahl Ritterbrüder und die erforderlichen Handwerker und Helfer ausrüsten. Im Mai 1429 traten diese unter der Führung des zur Marienburg gekommenen Grafen von Redwitz den Zug nach Ungarn an.

In Preßburg wurden die Ordensleute von König Sigismund freundlich empfangen und mit den nötigen Vorschriften versehen. Diese zeigten, welche Aufgaben ihnen in den neuen Besitzungen gemacht wurden. Sehr bald ersuchte der König den Hochmeister, diese ein wenig knappe Stiftung (es wurden in den Dokumenten nach Schöl, VII 25, nur sieben Ordensritter genannt, die den Weg mit ihren Knappen und Knechten angetreten hatten) weiter aufzustocken. Dazu stellte er den Antrag, den Ritter Klaus von Redwitz zum Ordensmeister in Ungarn zu ernennen.

Nach den Plänen König Sigismunds sollten die neuen ungarischen Ordensburgen mit Komturen und Amtsleuten so besetzt werden, wie dies in Preußen der Fall war. Diesem Ersuchen konnte der Orden wegen Mangels an Masse nicht stattgeben.

Ein Magister namens Peter Wichmann

Dies um so mehr als 1430 ein Mönch des Klosters St. Nicolai in Neustadt, der Magister Peter Wichmann, der dort Inquisitor war, in seinen Predigten öffentlich verkündete, daß das Volk nicht verpflichtet sei, den Priestern und Pfarrherren die Gerechtsame zukommen zu lassen, denn die meisten derselben seien offensichtliche Ketzer. »Man muß sie eher für Juden und Heiden, denn für Christen halten und sie allesamt dem Teufel übergeben, weil sie das Volk zu verführen suchten.«

Dieser Magister und Inquisitor des Papstes gab sich darüber hinaus als vom Papst bevollmächtigt aus, Angeklagte vorzuladen und sie mit dem Bann zu bedrohen.

Schließlich gelang es dem Ordensprokurator am Heiligen

Stuhl, zwei Bullen zu erhalten, darin der Bischof zu Kulm Peter Wichmann vor sich laden, über ihn zu Gericht sitzen konnte und diesem keine Appellation an Rom helfen werde.

Magister Wichmann brachte die übrigen Mönche seines Klosters auf seine Seite. Alle boten dem Bischof der von Rom ausgestellten Bullen nicht nur Trotz, sondern hetzten auch andere Geistliche und Laien gegen die bischöfliche Gewalt auf. In aller Öffentlichkeit warfen sie den Ordensrittern allerlei Laster und Verbrechen vor.

Nachdem sie einen Großteil der Einwohner von Thorn auf ihre Seite gebracht hatten und die Mär von einem eigenen »Mönchsstaat« in Thorn die Runde machte, ließ der Bischof acht der Mönche in den Bann tun, was an deren weiteren Umtrieben nichts änderte.

Hilfesuchend wandte sich der Bischof nun an den Hochmeister. Dieser ließ den Prior und sechs der »unruhigsten Mönche« durch den Komtur von Thorn aus dem Land jagen. Peter Wichmann floh nach Deutschland. In Thorn blieben die Aufrührer weiter tätig. Schließlich sprachen auch die abtrünnigen Mönche Bannflüche aus. Bis zum Jahre 1432 hatte jede Seite die andere mit Bannflüchen belegt, die Kirchen wurden geschlossen. Nicht einmal der Komtur konnte einen geregelten Gottesdienst für die Gläubigen erzwingen. Die Macht des Magistrats war ebenfalls zusammengebrochen.

In diesem Jahr brach noch ein Verhängnis über Preußen und den Deutschen Orden herein.

Hussiteneinfall nach Preußen

Wie vom Orden befürchtet, fielen die Hussiten schließlich auch nach Preußen ein. Sie drangen zunächst bis Konitz durch, wo sie gestoppt wurden und nach Mewe und Neuenburg abdrehten.

Es war ihnen gelungen zum polnischen König durchzudringen, dem sie die Zusage machten, ihm eine Hilfstruppe von

11000 Berittenen zur Verfügung zu stellen. Sie wollten gemeinsam mit dem König von Polen den Ordensstaat angreifen und vernichten.

Bisher hatten die seit 1420 andauernden Hussitenkriege den Ordensstaat Preußen verschont und waren vom kaiserlichen Heer immer wieder niedergeschlagen worden, ohne aber deren radikalen Zweig, die Taboriten zur Aufgabe zu zwingen.

Nun kämpften sie mit der Unterstützung eines katholischen Königs gegen den Orden. Währenddessen machte sich die polnische Reiterei diese Bindung der preußischen Truppen zunutze und brach in das Gebiet von Schwetz ein.

Nunmehr versuchten die Hussiten in das Werder von Stüblau einzudringen und, hindurchstoßend bis nach Danzig zu gelangen. Als sie am 29. August 1432 Dirschau erreichten und die ersten Häuser »abfackelten«, wurden die Flammen über die gesamte Stadt geweht. Bald stand diese vom ersten bis zum letzten Haus in Flammen. Die Blutgier der Hussiten kannte keine Grenzen. Die Bürger von Dirschau wurden,soweit man ihrer habhaft werden konnte, ermordet. Die nachrückenden Polen lieferten alle entkommenen Bürger, die ihnen in die Hände fielen, an die Hussiten aus – vor allem einen Haufen Böhmen, die übergelaufen waren.

Der Hussitenhauptmann Czapko ließ einen großen Scheiterhaufen aufschichten und seine eigenen böhmischen Brüder darin verbrennen. Durch dieses Beispiel angetrieben, ließ ein polnischer Hauptmann einen Haufen tapferer Danziger Schiffskinder in einen hölzernen Pferch stecken, diesen mit brennbarem Strauchwerk umgeben und anzünden.

Der Kastellan von Krakau, Nicolaus von Michalow, der sich mit seiner Kampfschar in der Nähe befand, gebot diesem grausigen Spiel mit Waffengewalt Einhalt.

Die Hussiten stürmten nun gen Danzig. Dort lockten alle Schätze, welche die Stadt mit ihrem blühenden Handel erworben hatte. Dort standen allerdings auch Ritter und Knechte und alles Volk der Stadt bereit. Vier Tage ließ Hauptmann Czapko seine Hussiten anrennen. Dann gab er die Belagerung auf und brannte die umliegenden Dörfer nieder, um schließlich zum Kloster Oliva weiterzuziehen, dieses zu plündern und den Flammen zu überantworten.

Von Danzig bis nach Weichselmünde war es nur noch ein Katzensprung. Auf dem Weg dahin hinterließ das Hussitenheer eine breite Blutspur. Am Ufer der Ostsee ließ Hauptmann Czapko – die Ordensritter nach getanem Werk nachahmend – 200 seiner Kämpfer den Ritterschlag erteilen. Auch Hauptmann Czapko erhielt für diese »Heldentaten« den Ritterschlag.

Auf dem Rückweg ging das Sengen und Morden weiter. Erst am 13. September 1433 wurde im polnischen Lager bei Jeßnitz ein Friede geschlossen, der zunächst nur ein Beifriede war und nur bis Weihnachten galt. Später sollte in Brzesk der endgültige Friede beschworen werden.

König Wladislaw, der mit dem polnischen Heer angegriffen hatte, zog sich auf seinen Hof nach Medica zurück. Hier zog er sich eine schwere Erkältung zu. Zum Pfingstfest ließ er sich nach Grodek bringen. Dort fiel er in ein schweres Fieber, dem er eine Woche später, am 30. Mai 1434, erlag.

Über ein halbes Jahr hatte dieser christliche König im Ordensland gekämpft und gemeinsam mit den hussitischen Ketzern Preußen an den Rand des Unterganges gebracht.

Zu seinem Nachfolger wurde sein erstgeborener Sohn Wladislaw III. gewählt. Dreimal wurde zum Friedensgespräch nach Brzese gebeten, aber erst beim letzten Mal, im November 1435, kamen die Verhandlungen in Gang, um am Neujahrsabend 1435 in einem »ewigen Frieden« einzumünden. Nur daß das Wort »ewig« sehr großzügig ausgelegt wurde, wie dies die verschiedenen neuen Kriege nach einem solchen ewigen Frieden bewiesen.

Die Schulden des Ordens –
Verleumdung unter Ordensmeistern

Der Orden, der seit etwa 1435 in schweren Schulden steckte, ließ den Hochmeister in diesem Jahr den Deutschmeister die Rückzahlung einer Forderung von 1600 Gulden, die dieser ihm schuldete, einfordern.

Dies geschah, weil der Friedensschluß zu Brzese hohe Geldopfer forderte. Dem polnischen König war eine riesige Summe an Sühne- und Ablösegeld zu zahlen. Darüber hinaus gingen eine Vielzahl Forderungen verschiedener Söldnerführer ein. Einer der unverschämtesten war der Sachse Heinrich von Maltitz, der bereits 1434 hohe Forderungen erhoben hatte. Dies obgleich der Hochmeister ihm eine unterschriebene Quittung vorlegen konnte, auf der von Maltitz den Erhalt dieser Summe bescheinigt hatte.

Diese Streitigkeiten arteten in schwere wüste Beschimpfungen aus, an denen sich auch der Deutschmeister beteiligte. Dieser warf seinem Hochmeister und Ordensbruder ungeheuerliche Vergehen »Unredlichkeit in der Verwaltung, Vergehen gegen Kirche und Reich, gegen des Ordens Ehre und Wohlfahrt, Meineid und Ungehorsam« vor. Gewissermaßen als Tüpfelchen auf dem »i« ließ er den Hochmeister nach Deutschland vor das Gericht des Deutschmeisters fordern.

Wäre Paul von Rusdorf dieser Vorladung gefolgt, hätte ihn der Deutschmeister – Ordensregeln hin oder her – für abgesetzt erklärt.

Diese gravierenden Zwistigkeiten; ein unversöhnlicher Bruderhaß veranlaßte den in Basel weilenden Kaiser dazu, den Orden in Preußen aufzuheben und die Ritter an der Grenze zur Türkei einzusetzen. »Dort sind sie jenen Ungläubigen näher, die es zu bekämpfen gilt!«

Das waren gefährliche Zeiten für den Orden, denn eine solche Versetzung fort von allen preußischen Fleisch- und Honigtöpfen war das Letzte, was er wollte. Auch wenn die Heidenbekämpfung des Ordens ureigenste Angelegenheit war, so war man nicht erpicht darauf, in sehr fernen Landen zu verschimmeln und ein elendes Leben zu fristen.

Dieser Kelch ging gnädigerweise am Orden vorüber, als Kaiser Sigismund am 9. Dezember 1437 starb. Im Ordensland Preußen war aus diesem traurigen Anlaß kein einziger Schmerzenslaut noch ein solcher des Bedauerns zu hören. Man weinte dem Kaiser keine Träne nach.

Herzog Albrecht von Österreich, der Gönner des Ordens, wurde zum neuen König von Ungarn gewählt. Der Hochmeister ließ ihm anläßlich der Krönung zwei seiner besten Pferde mit zwei Tummeljungen (welche die Pferde bewegen mußten, wenn sie nicht geritten wurden) schicken. Königin Elisabeth erhielt ein wunderschönes Bernstein-Paternoster.

Da der Deutschmeister es offenbar darauf anlegte, dem Orden in Preußen weiter zu schaden, versuchte 1438 zuerst der Erzbischof von Köln, den Streit beim Hochmeister zu beenden. Er blieb erfolglos. Nunmehr erließ Papst Eugen IV. eine Bulle, in der er den Deutschmeister »mit schärfstem Ernst zum Frieden ermahnte«.

Deutschmeister Eberhard von Seinsheim aber ließ sich nicht beirren. Der Papst war weit. Außerdem hatte er, von Scinsheim, zwei hohe Gönner: den Landmeister von Livland und König Albrecht von Ungarn.

Dennoch fand am 6. Januar 1439 in Frankfurt an der Oder ein Verhandlungstag statt, auf dem diese Zwistigkeiten in der Führung des Ordens beseitigt werden sollten. Der Deutschmeister wurde zu einer Reise nach Preußen eingeladen. Dieser sah in der Einladung den Versuch eines Anschlages auf seine Person, obgleich er einen vom Hochmeister gesiegelten Geleitbrief erhielt. *Selbst die höchste Ordensführung traute einander den Mord eines Widersachers zu.* So weit war es zwischen den Ordensoberen gekommen.

Im weiteren Verlauf dieser Streitigkeiten eskalierten diese insofern, als der Deutschmeister – entgegen den Ordensregeln – den Hochmeister für abgesetzt erklärte. Dieser enthob im

Gegenzug den Deutschmeister seines Amtes. Dieses alles erregte vor allem in Deutschland größtes Aufsehen. Bis hin zu Vorwürfen der Fälschungen der Ordensregeln und anderer Manipulationen gingen die gegenseitigen Beschuldigungen.

Der Hochmeister befahl den Komturen in Deutschland dem abgesetzten Deutschmeister nicht mehr zu gehorchen, »bis wir euch einen anderen Gebietiger in Deutschland geben werden.« (siehe Buch des Deutschen Ordens in Preußen).

Die Balleien Marburg, Westfalen, Biesen und Utrecht schwuren dem Hochmeister Gehorsam. In Livland aber hielt man zum Deutschmeister und teilte dem Volk in der dortigen Domkirche mit, daß der Hochmeister abgesetzt sei und der Deutschmeister als Statthalter die Führung übernommen habe. Heinrich Heidenreich Finke wurde als Landmeister von Livland bestätigt.

Die nächste Ordenstagung fand in Kulm statt. Hier wurde das unheilvolle Zerwürfnis des Ordens und deren Schandtaten beklagt. Die anwesenden Ritter ebenso wie die Bürgerschaft sprachen von Gewalttaten an Rittern und Knechten, Bürgern und Landsleuten – selbst an Frauen, Kindern und Jungfrauen durch die hochfährtigen Ordensritter, die von diesen »ohne Scheu vor Gott und den Menschen verübt würden«. (siehe Dirschau, Hermann: a.a.O.). Und das Volk hatte genügend Beweise, dies auch zu glauben.

Untaten der Ordensbrüder – Aktionen des Hochmeisters

Seit langer Zeit waren dem Hochmeister von allen Seiten Klagen zugegangen, welche die Untaten der Ordensbrüder dargelegt hatten. Vor allem aber wurde auch über die ungeordnete und unsittliche Lebensweise der Ordensritter geklagt. Eine Reihe abtrünniger Ordensritter hatten sich darüber hinaus ins Ausland abgesetzt und dort eine Reihe übelster Schandtaten verübt. So lief in Geldern ein Ordensritter herum, der offen bekannte, daß er auf des Hochmeisters Weisungen in Livland manche Schandtat verübt habe.

Der Komtur von Memel mußte einen Ordensbruder, der sich Tag und Nacht in der Stadt herumtrieb und unsittliche Dinge beging, in den Kerker werfen lassen. (siehe: Schreiben des Komturs zu Memel am Palmabend 1437 Schbl. VII, 55).

Der Komtur von Osterode bat sogar den Hochmeister, keine untüchtigen und unredlichen Ordensbrüder mehr in seinen Konvent zu schicken, da er deren leider schon übergenug habe, und keinem davon auch nur das geringste Amt anvertrauen könne. Auf ähnliche Klagen der anderen Komture und Pfleger konnte der Hochmeister in Fülle zurückgreifen. Eine Bemerkung eines zeitgenössischen Autors dazu: »Wie die Herren, so deren Knechte!«

Der Hochmeister reagierte mit einer strengen Auslese bei der Neuaufnahme von Brüdern, er setzte Visitationen aller Ordenskonvente in ganz Preußen an und erteilte den Visitatoren weitgehende Vollmacht, alle Gebrechen, Mißbräuche und Laster überall und sofort streng zu bestrafen.

Der Ackerbau wurde besonders gefördert, um die Teuerung für Getreide und Landesfrüchte durch vermehrte Erzeugung zu beheben. Aber die düstere Stimmung im Lande hellte sich nicht auf. Noch waren die ärgsten Schandtaten nicht gesühnt. Die Knechtschaft und Bedrückung der Landleute, die Gewalttaten der Ordensritter nahmen nicht ab, und so schrieben die Enttäuschten:

»Wo ist ein Armer im Lande, dessen Eltern, Brüder und Freunde nicht unter dem Schein der Freundschaft verräterisch ermordet, andere ohne Urteil und Recht, ohne Anklage und Verhör enthauptet, oder wieder andere ihrer Güter beraubt wurden? Wo sind nicht Männer um ihrer schönen Frauen willen ersäuft, oder ihre Frauen und Töchter verführt, ihre eigenen Freunde zu Wasser und zu Land verkauft und der Kaufmann mit Lasten aller Art beschwert worden?

So ist's vor Zeit nie zugegangen. Die alten Hochmeister, als Heinrich Dusemer, Winrich von Kniprode und andere frommen Regenten, regierten ihr Land mit Treue, bauten es an, leisteten uns Beistand, beschirmten die Städte. Wo ein armer Mann war, dem halfen sie, daß er nicht verdarb. Sie hielten fleißig Gottesdienst. Also, daß man überall in fremden Landen diesem Lande großes Lob zollte.

Diese neuen Schwaben aber, diese Baiern und Franken tun jetzt in allem das Gegenteil. Sie vergessen die Gottesfurcht und sprechen keck, wir Preußen seien nur ihre Leibeigenen, mit dem Schwerte gewonnen. – – –

Fürwahr, es taugt nicht, daß wir länger stille sitzen und schweigen, sondern daß wir bedenken und beraten, wie wir solches unleidliche Joch von unserem und unserer Nachkommen Nacken schütteln.« (siehe: Alte Preußen: Preussische Chronik, p. 52).

Als das Jahr 1440 begann, gab es eine Reihe von Tagfahrten und Beratungen der Ritterschaft im Kulmerland und in den Städten Kulm und Thorn. Man schloß sich enger zusammen und so erwachte der Gedanke an einen Zusammenschluß der Ritter, die Vereinigung in einem Bund, um so alle Kräfte zur Verteidigung der erworbenen Rechte und der Durchsetzung berechtigter Wünsche zusammenzufassen.

Der Hochmeister ließ schließlich alle Versammlungen dieser Art verbieten. Dies gab den Rittern Veranlassung sich erneut, diesmal in Elbing, zu treffen.

Hier wurde beschlossen einen Bund zu gründen, zur Abwehr allen Unrechts, allen Druckes und aller Gewalt, die von den Herren des Landes verübt würde, anzugehen und einander Beistand zu leisten habe.

In einer zweiten Tagfahrt in Elbing faßte dieser »Bund gegen Gewalt«, wie er sich schließlich nannte, jene Hauptpunkte zusammen, die er dem Hochmeister vortragen wollte.

Der Hochmeister sah sich derart in die Enge getrieben, daß er sich mit Rücktrittsabsichten trug, denn nicht nur der Deutschmeister und der Bund gegen Gewalt, der sich in seinem eigenen Land formierte, waren gegen ihn. Auch im Haupthaus zu Marienburg hatten Zwietracht und Hader Einzug gehalten.

Nach Fastnacht des Jahres 1440 reiste Paul von Rusdorf zum Konvent nach Balga. Dort wollte er zur Ruhe und Besonnenheit ermahnen. Er erfuhr dort aber, daß man den in Balga sitzenden Ordensmarschall nicht mehr anerkennen könne. Mit allen Mitteln versuchte er, diese Sache zu bereinigen.

Als er sich gerade zur Rückreise anschickte, ergriffen die Brüder des Komturs zu Balga den Ordensmarschall, nahmen ihm die Schlüssel und das Amtssiegel fort und entsetzten ihn seines Amtes.

So etwas war in der über 200-jährigen Geschichte des Ordens nie passiert. Großkomtur von Helfenstein versicherte sich der Mithilfe der Komture von Thorn, Schwetz und Tuchel. Gemeinsam beschlossen sie zu handeln. Sie brachten in Mewe den Hochmeister dazu, die Einsetzung des Komturs Konrad von Erlichhausen zum Ordensmarschall und die Umbesetzung der Komturen zu Schwetz und Thorn mit Männern ihrer Wahl zuzustimmen.

Der Hochmeister wurde nun mißtrauisch. Er entsetzte den Großkomtur seines Amtes und verbannte ihn auf die kleine Komturei Althaus. Der Vogt von Dirschau, Bruno von Hirzberg, wurde zum Großkomtur ernannt, weil sich der Hochmeister auf diesen verlassen konnte.

Nach einer Reihe weiterer Verhandlungen kehrte Paul von Rusdorf zu Ende des Jahres 1440 von Danzig zur Marienburg zurück. Dort erkannte er den nach Marienburg gereisten Deutschmeister von seiner bösesten Seite und gab alle Hoffnungen, sich mit diesem gütlich einigen zu können, auf.

In einem Kapitel im Haupthaus zu Marienburg bat er um seine Entlassung aus dem Amt, das er 19 Jahre lang verwaltet hatte. Diese wurde ihm gewährt und er erwählte das Pflegeamt von Rastenburg zu seinem Alterssitz.

Einen Tag nach dieser Entscheidung befiel Paul von Rusdorf eine schwere Krankheit, der er am 9. Januar 1441 erlag. Auch er wurde in der St. Annengruft zu Marienburg bestattet.

KONRAD VON ERLICHSHAUSEN
(1441–1449)

Die Tagfahrt zu Elbing

Am 12. April 1441 wurde mit Konrad von Erlichshausen der neue Hochmeister gewählt. Da der Deutschmeister, der ja noch mit Paul von Rusdorf verhandelt hatte, ein großes Interesse an dieser Wahl hatte, um seine Forderungen durchzusetzen, traf er zur Wahl Konrad von Erlichhausens auf der Marienburg ein. Dort blieb er bis zum Juli 1441.

Der neue Hochmeister galt als Mann von ruhiger Besonnenheit. Er schien prädestiniert, das in wilden Wogen schwankende Schiff des Ordens in ruhigeres Fahrwasser zu lenken.

Er stammte aus fränkischem Adel, der im Raume des Odenwaldes seine Besitzungen hatte. Im Ordensdienst hatte er reiche Erfahrungen gesammelt. Von 1415 bis 1418 war er Kompan des Ordensmarschalls Michael Küchmeister gewesen. Danach übernahm er das Amt Roggenhausen als Vogt und verwaltete dieses bis 1421. Im darauffolgenden Jahr amtete er als Komtur zu Ragnit. Diesem Amt stand er mit wachsendem Erfolg zehn Jahre, bis 1432, vor. Danach war er ein Jahr lang Großkomtur, um im April 1434 Ordensmarschall zu werden. Im November 1436 brachte er die Komtur Althaus wieder ins Lot, wurde als »Feuerwehr« nach Thorn versetzt, um ab 1440 ein zweites Mal als Ordensmarschall anzutreten.

Eine der ersten Aufgaben des neuen Hochmeisters war es, den »Bund gegen Gewalt« in seine Schranken zu verweisen. Allerdings kam der Bauernaufruhr im Ermland an erster Stelle. Dort hatte ein großer Teil der Bauern im Kammeramt Mehlsack des Ermländischen Domkapitels die Leistung des Scharwerks an den Stiftsherrn verweigert.

Der Bischof versuchte, diesen Händel beizulegen und schlug eine schiedsrichterliche Entscheidung vor. Den Bauern sollte nach dessen Willen durch einen hochmeisterlichen Beschluß eine Strafsumme von 100 Mark Goldes abgepreßt werden. Dies war die Strafe der Kurie gegen alle, die ohne jedes Recht die Besitzungen der Kirche beraubten. Der Bischof widerrief diesen Schritt, denn er wußte, daß dieser Beschluß das Landvolk zugrunde richten mußte.

In einer Tagfahrt zu Elbing sollten 16 von den Komturen, den Ländern und Städten ausgewählte Schiedsrichter nach gründlicher Erwägung beider Seiten ihren Spruch fällen.

Ihr Spruch lautete: Von den Schultheißen von Mehlsack soll zur Buße ein Stein Wachs, von Benedict von der Galie und den anderen Bauern, die sich ihm angeschlossen hatten, ein halber Stein Wachs und von den Dörfern, die sich gegenüber ihrer Herrschaft ungehorsam erwiesen hatten, ein halber Stein Wachs gegeben werden.

Ferner sollten aus jedem der aufrührerischen Dörfer an einem bestimmten Tage jeweils der Schultheiß mit vier Bauern ungegürtet, barfuß und barhaupt zur Kirche nach Frauenburg gehen und in aller Namen ihre Herren wegen des verübten Frevels um Verzeihung bitten.

Die Bauern nahmen diesen Spruch nicht an. Alle Versuche des Bischofs, das Volk zur Vernunft zu bringen, schlugen fehl, so daß er schließlich gezwungen war, eine Anzahl der Aufrührer ins Gefängnis werfen zu lassen.

Der neue Hochmeister lud anfangs 1442 zu einer Tagfahrt nach Marienburg ein. Aber auch er sah kein Nachgeben der Bauern, bis schließlich der Bischof ein weiteres Mal direkt eingriff, den Rädelsführer gefangensetzen ließ, um durch Vermittlung des Rates von Braunsberg noch im Januar 1442 die Schultheißen und Bauern dazu zu bringen, sich der Gnade des Bischofs zu ergeben.

Zur Abwehr aller Unbill und Gewalt in Landen und Städten und zur Bewahrung der Freiheiten und Gerechtsamen des Landes, wurde noch 1440 von den Rittern und Bauern des Landes beschlossen, sich in einem Bund zusammenzutun. Die Ritterschaft des Kulmerlandes forderte die anderen Landschaften und Städte auf, diesem Bund beizutreten und auf dem vereinbarten Bundestag zu erscheinen.

Am Schluß dieser Versammlung trat der edle Ritter Hans von Baysen auf den Plan. Er wurde einer der wichtigsten Ritter in dieser Vereinigung. Der Ritter erklärte, daß er sich mit seinen Gebieten Osterode der Vereinigung anschließen werde. Noch aber gehöre er zu des Meisters von Preußen Rat und es zieme sich für ihn nicht, daraus auszuscheiden. Erst wenn der Hochmeister das Land verunrechte, werde er diesen verlassen und treu und fest zum Bunde stehen.

Damit waren alle Klagen und Beschwerden gegen den Orden und den Hochmeister artikuliert. Dies geschah auch von Rittern und Bevollmächtigten der Städte, an ihrer Spitze Hans von Czegeberg, ein Adliger des Kulmerlandes, der zu dieser Zeit Bannerführer der Kulmer war.

Dieser wurde gewählt, dem Hochmeister die Botschaft des Bundes gegen Gewalt auf der Marienburg zu überreichen.

Nunmehr rief Kulm die kleineren Städte des Kulmerlandes Danzigs, Pommerns und der übrigen Landschaften zur Teilnahme am Bund und zur Entsendung von Bevollmächtigten an einer Tagfahrt zu Marienwerder auf.

Die ersten Teilnehmer des Bundes waren die Hansestädte Thorn, Kulm, Elbing, Danzig, Braunsberg und Königsberg.

Mit diesen Städten verbanden sich auch die Ritter und Knechte des Kulmerlandes. Hinzu kamen die Gebiete Osterode, Brathean, Christburg, Elbing und die bischöflichen Teile Pomesaniens und des Ermlandes. Auch einige kleinere Gebiete von Balga wollten diesem Bund beitreten. In fast allen Landschaften gab es einflußreiche Ritter, die dort die Führung übernahmen.

Der Hochmeister war mehr als beunruhigt, als er von der weiten Verbreitung dieses Bundes erfuhr. Zu allem kam noch jener Zwist hinzu, der wegen der Verteilung der Ordensämter entstand.

Der Bund gegen Gewalt war nunmehr fest gegründet. Er war mit Vertretern von 19 Städten besetzt und mit 53 Rittern und Adeligen vertreten. Nach dem Willen der Bevölkerung sollte er als Wiederhersteller der inneren Ordnung und Reformator des Ordensstaates wirken. Dies war der Wunsch der meisten teilnehmenden Ritter und Adeligen des Landes. Seine später zwangsläufig folgende Rolle als Vernichter des Deutschen Ordens und des Ordensstaates Preußen war nicht im Sinne der meisten Adeligen, denn damit verbunden waren – das wußten sie – Gewalt und Gesetzlosigkeit.

Es war vor allem der Bürgermeister von Thorn, Tileman von Wege, der als Erzfeind des Ordens galt. Der Versuch des Ordens, diesen Bund aufzulösen, wurde 1446 im Orden besprochen. Spione und Agenten hatten erfahren, daß vor allem die kleineren Städte geneigt waren, zum Orden zurückzukehren.

Danzig erklärte sich schließlich zum Austritt bereit, wenn andere ihr vorangingen, oder der Hochmeister sie an Ehre und Ruhm bewahren werde. Alle kleineren Städte und die Adeligen wiederum beriefen sich auf die großen Städte, besonders auf Kulm und Thorn. Als die Edlen des Kulmerlandes und deren Ritterschaft zu einer Tagung eingeladen und zur Auflösung ihres Bundes angehalten wurden, sagten sie:

»Der Bund, der in Eintracht geschlossen wurde, muß auch in Eintracht wieder abgelöst werden.« Auf der Tagfahrt zu Marienwerder im Juli 1446 kam es zu keiner anderen Haltung in dieser Frage.

Die Ältesten und Schöppen der großen Städte sagten übereinstimmend aus, daß sie den Bund nicht aufgeben und zu seiner Verteidigung tätigen Beistand leisten würden. Alle wollten sie treu zum Bund halten und ihn mit Leib und Gut verteidigen.

Eine Abordnung der Ritterschaft unter Führung des Hans von Baysen, der einmal Vertrauter des Hochmeisters gewesen war, gingen zu diesem und erklärten freimütig:

»Nach gemeinsamer Beratung ist unser Bund erneuert worden. Nicht wider des Ordens Recht, sondern nur wider Gewalt und Unrecht.« Die Antwort des Hochmeisters lautete, daß auch der Orden sie und ihre Kinder gegen Gewalt und Unbill schützen würde. Er sagte ihnen einen jährlichen allgemeinen Gerichtstag zur Ausgleichung allen Unrechts zu. (siehe Schulze-Dirschau, Hermann: a.a.O.)

Das Jahr 1447 zeigte, daß es dem Hochmeister mit einer Versöhnung ernst war. Gleichzeitig aber schützte und verteidigte er die Unverletzlichkeit der Privilegien und Rechte des Ordens.

Erneuerungen im Innern

Um die Landeserzeugung aller Güter zu verbessern, ließ der Hochmeister aus anderen Ländern bekannte Künstler und tüchtige Arbeiter ins Land holen. Es waren einmal Manufakturisten, dann wieder Büchsenschützen, welche die Wehranstalten reformieren sollten. In die Neumark ließ er Bergleute rufen, um die dortigen Bergwerke ergiebiger zu betreiben. Mehreren Gewerben, wie jenen der Goldschmiede, Tucharbeiter und Riemergewerke, gab er neue Ordnungen. Er holte einen geschickten Mühlenbaumeister aus Frankreich, der die Mühlen Preußens auf den besten technischen Stand brachte.

Daß er gleichzeitig auch für Zucht und Ordnung, nicht nur in den Städten sondern auch in seinen Komtureien sorgte, zeigten einige Beispiele.

So gab es in Preußen ebenso wie in Deutschland eine große Zahl an Ordensbrüdern, denen Zucht und Ordnung ihres Ordens nur noch als eine Art von Fessel erschien, die sie abstreifen mußten. Wie weit einige Beamte des Ordens gesunken waren, zeigte das Beispiel des Vogtes von Brathean, Heidiche von Milen. Da er im Suff mit seinen großen Schätzen prahlte, und dabei von 20000 Nobeln sprach, ordnete der Hochmeister eine Untersuchung an. Er ließ auch den Vogt von Soldau als Zeugen vernehmen, der vom Vogt von Brathean selber gehört hatte, daß man ihn in Verdacht habe, sich die Schätze des letzten Hochmeisters Paul von Rusdorf angeeignet zu haben, und daß er eher hundert falsche Eide schwören würde, als dies zuzugeben – selbst wenn er es gewesen sein sollte.

Es meldete sich ein Goldschmied, der dem Vogt des öfteren goldene Ringe, Frauengürtel und große vergoldete Knöpfe angefertigt hatte.

Aufgrund dieser Aussagen schickte Konrad von Erlichshausen den Ordenstreßler und den Komtur von Osterode zur Hausdurchsuchung nach Brathean. Dies geschah, aber man fand bei dem Vogt nur 400 Nobeln, die er aus einem Kornhandel erzielt haben wollte. Außerdem allerdings noch mehrere Pretiosen, die in der Tat dem verstorbenen Hochmeister gehört hatten – darunter ein goldener Ring mit einem Diamanten, den der Hochmeister täglich getragen hatte.

Der Vogt wurde vor den Hochmeister gebracht und von diesem, assistiert von einigen Gebietigern, verhört. Der Vogt erklärte, diese Dinge und den Ring vom Hochmeister zum Geschenk erhalten zu haben, was völlig unglaubwürdig klang. Die übrigen Kleinodien des Hochmeisters habe er in jenem Sack gefunden, in dem dieser ihm ein Geldgeschenk gemacht habe.

Der Beschuldigte wurde vom Gericht überführt, daß er dem Orden durch frevelhafte Wegnahme des Eigentums des verstorbenen Meisters einen Verlust von mehr als 20000 Nobeln verursacht habe. (siehe Verhandlungsniederschrift der Verhandlung mit dem Vogt von Brathean im Ordensregister VIII. S. 188–190).

Um dieses verbrecherische Verhalten eines Ordensoberen zu vertuschen und »vor der Welt geheim zu halten« wurde er mit einer schweren langjährigen Gefängnisstrafe belegt. Den Teilnehmern am Gericht wurde strengstes Schweigen befohlen.

Dennoch kursierten bald die wildesten Gerüchte im Lande, die dem Orden mehr schadeten als dies die ganze unverblümt preisgegebene Wahrheit getan hätte.

Als sich die Verwandten des Verurteilten und Eingekerkerten an die Erzbischöfe von Köln und Trier wandten und auch bei Graf Gottfried von Wittgenstein und anderen Grafen im Reich um Hilfe baten, bewog dies den Hochmeister zur Begnadigung des Vogtes und dazu, diesen wieder in sein Amt einzusetzen.

Nun mußte der Hochmeister die Wahrheit verkünden, was geschehen war. Dieser setzte die Bittenden davon in Kenntnis, daß nicht er als Hochmeister, sondern das Ordensgesetz das Urteil über den Schuldigen gesprochen habe.

Zu Ende des Jahres 1447 berief der Hochmeister ein Ordenskapitel ins Haupthaus des Ordens zusammen, um die zu treffenden Entscheidungen für das kommende Jahr zu besprechen und den Orden wieder in seinen guten alten Stand zu versetzen. Nichts schien notwendiger als die Aufrechterhaltung von Sittlichkeit und Disziplin. Es geschah nach den Worten des Hochmeisters fast täglich, daß sich ungehorsame Ordensritter, die sich Vergehen, ja Verbrechen schuldig gemacht hatten, nach Deutschland absetzten und dort dem Orden durch Schmähreden Abbruch taten.

Darüber hinaus mußten die dänischen Verwicklungen beraten werden, um die dort lebenden und von dort aus die Ordensküsten schatzenden etwa 500 Seeräuber zu vernichten. Dort hatten einige entscheidende Umbesetzungen stattgefunden. So hatte der schwedische Reichs-Truchseß, Karl Knutson, Stockholm in Besitz genommen, um bald darauf den Thron Schwedens zu besteigen. Fast gleichzeitig wählten die Dänen Christian I. von Oldenburg zu ihrem neuen König. (siehe Geijer: Geschichte Schwedens, Bd. I, S. 212–214)

Der Hochmeister beglückwünschte Karl von Schweden und versprach ihm seine Hilfe im Kampf um Gotland und sich des abgesetzten Königs Erich zu bemächtigen, der Wisby hielt. Dieser hatte ebenfalls den Orden um Hilfe gebeten, was der Hochmeister ihm unter den neuen Umständen abschlug.

Der Orden schien auch gegenüber Polen völlig gesichert, denn bereits im Februar 1448 hatten der Hochmeister und der neue polnische König (wieder einmal mehr) zu Rastenburg den ewigen Frieden beschworen.

Der Hochmeister, der nach den zeitgenössischen Berichten bereits »am Abend seiner Tage« stand, baute infolge seiner Krankheiten mehr und mehr ab, so daß ihm Rom bereits auch an Fasttagen Dispens erteilt hatte, und er an diesen Tagen Fleisch und Milch zu sich nehmen durfte.

Seit Beginn des Jahres 1448 war sein Körper ständig hinfälliger geworden. Er hatte eine Fistel, die ständig eiterte. Im Herbst 1449 erlitt er einen Schlaganfall. Dennoch war er auch in diesem Jahr anfangs Oktober zur Landesvisite aufgebrochen. Über Roggenhauser erreichte er mit seinem Gefolge Graudenz. Dort erlitt er einen zweiten Schlaganfall und konnte sein Pferd nicht mehr besteigen. Dennoch versuchte er es einige Tage darauf erneut und ritt – entgegen dem Rat seines Arztes und seiner Freunde – nach Thorn und Schönsee. Hier brach er endgültig zusammen und wurde nach Stuhm zurückgefahren.

Unter Aufbietung der letzten Kräfte kehrte er zur Marienburg zurück.

Die Gebietiger versammelten sich – in aller Eile herbeigerufen – im Haupthaus und erfuhren nach ihren tröstlichen Worten von ihrem Meister:

»Mir ist so wohl, daß ich nichts anderes begehre, als zu sterben. Gott vergebe mir meine Sünden.«

Befragt, wen er sich an seiner Stelle als Hochmeister wünsche, erklärte er: »Nehmt Ihr Heinrich Reuß von Plauen, so habt Ihr einen Aufstand der Untertanen. Wählt Ihr meinen Vetter Ludwig, so weiß ich dies selber nicht zu raten und muß tun, was Ihr und andere wollt. Ich dürfte Euch wohl raten zu Herrn Wilhelm von Eppingen, Komtur zu Osterode, der ein sanftmütiger, friedliebender Mann ist und dem Lande in Treue dient. Aber wes ich Euch rate, ist alles umsonst, denn ich weiß wohl, daß jüngst die meisten Gebietiger, zu Mewe versammelt, beschlossen haben, wer von allen als Hochmeister erkoren werde, der solle den Bund gegen Gewalt vernichten, sollte man auch das Land darüber verlieren. – – – Gott erbarme sich seiner!« (siehe Schulze-Dirschau, Hermann: a.a.O.)

Am 7. November 1449 um fünf Uhr abends starb Hochmeister Konrad in seiner Kammer und wurde am Abend vor Martini feierlich in der St. Annen-Gruft bestattet. Er war der letzte Hochmeister des Deutschen Ordens, der hier seine Ruhestätte fand, nachdem er neun Jahre dem Orden gedient hatte.

LUDWIG VON ERLICHSHAUSEN
(1450–1465)

Die Wahl des neuen Hochmeisters

Wie in den Ordensstatuten festgelegt, ging die Landesverwaltung zunächst in die Hände der Obersten Gebietiger über. An der Spitze derselben stand der Großkomtur Heinrich von Richtenberg. Mit ihm amteten im Rat der Ordensmarschall Kilian von Exdorf, der Oberstspittler Heinrich Reuß von Plauen, der Obersttrapier Wilhelm von Helfenstein und einige andere Gebietiger.

Anfang Dezember ernannten die Gebietiger des Rates den Großkomtur Heinrich von Richtenberg zum Statthalter des Ordens. Erst danach wurden die Meister von Deutschland und Livland, die Landkomture von Österreich, des Elsaß und andere zur Meisterwahl ins Haupthaus Marienburg auf den Sonntag Lätere des Jahres 1450 eingeladen.

Im Einladungsschreiben wurde angekündigt, daß sich der neue Hochmeister nicht allein, sondern dem ganzen Orden huldigen lassen werde, »Wie dies von altersher so sei.« Die Wahl des Hochmeisters erfolgte am 31.3.1450.

Die Landkomture und Komture in Deutschland sollten in Zukunft nur Grafen, Freiherren, Ritter und deren Knechte nach alter guter Gewohnheit, nicht aber Bürger oder Bauern nur um ihrer Güter oder ihres Geldes willen, in den Orden aufnehmen. Schicke man solche oder überhaupt Leute von nicht guter Geburt nach Preußen, so würden sie wieder dorthin zurückgeschickt, von woher sie gekommen seien. (siehe Ordensbuch.)

Auch dem Hochmeister wurden gewisse Zwänge auferlegt. So konnte in Zukunft jeder Gebietiger seinen Hauskomtur und alle anderen Amtsleute selbst anstellen. Der Meister müsse sich nicht damit befassen. Darüber hinaus sollte der zukünftige Meister kein Amt unter sich schlagen und Preußisch Mark und

Mewe keine Konvente mehr sein. Falls dem Hochmeister von den Gebietigern Amtsleuten oder anderen der »Kläfferei oder unendlichen Reden« angezeigt werden, so müsse der Hochmeister diese Beschuldigten vor sich rufen, die Sache untersuchen und jene, die keine Rechtfertigung vorzubringen hatten, nach dem geltenden Recht bestrafen.

Um die Ämter in Zukunft gut auf die einzelnen Balleien aufzuteilen, sollte der Hochmeister von den Rheinländern, Meißenern und allen aus den nahen Landen in seinen inneren, und drei in den äußeren Rat nehmen. Drei Schwaben, Franken und Bayern sollten ebenfalls in jedem der beiden Räte vertreten sein. Alle weiteren Ämter sollten fortan entsprechend diesem Schlüssel aufgeteilt werden. Damit war gewissermaßen das Proporzdenken im Ordensland Preußen eingekehrt und die Auswahl nach den Fähigkeiten abgetan.

Die meisten dieser neuen Satzungspunkte waren dazu bestimmt, die Gewalt des Hochmeisters zu beschneiden und die Gebietiger ihm gegenüber freier zu stellen: (siehe: Vorbundt der Gebietiger im Orden etlicher Artikel, die ein konftiger Hochmeister czu halten versprechen und czusagen soll.(In: Schbl. XXI.)

Die Wahl des neuen Hochmeisters erfolgte am Tage des heiligen Benedikts, dem 21. März 1450. Ohne die Warnung des verstorbenen Hochmeisters zu beachten, ernannten die Gebietiger dessen Vetter Ludwig von Erlichshausen einstimmig zum Hochmeister.

Vielleicht waren sie der Ansicht, daß sich dieser am ehesten den einschneidenden Bevormundungen unterordnen werde.

Die Huldigungszeremonie wurde auf einer Tagfahrt zu Elbing besprochen. Marienburg huldigte dem Hochmeister zuerst und zwar mit dem alten Eid, wie dies unter den früheren Hochmeistern geschehen war.

Der Hochmeister erklärte in seinen Reden auf der Huldigungsreise durch Preußen immer wieder, daß der Bund gegen Gewalt ungesetzlich sei. Auf der Tagfahrt zu Elbing sagte er den anwesenden Vertretern des Bundes:

»Euer treuloses Bündnis, das ihr gegen euren Herrn gemacht habt, hat noch kein redlicher Mann gebilligt, und ich werde es niemals billigen. – – Wollt ihr von eurem Legaten keinen Kirchenbann befürchten, so zeigt euch von jetzt an gehorsam.« (siehe Schulze-Dirschau, Hermann: a.a.O.)

Als dann im folgenden Jahr durch Hans von Baysen eine erste Spaltung des Bundes dem Hochmeister gemeldet wurde und Baysen darauf hinwies, daß nun die Zeit der Auflösung des Bundes gekommen sei, ließ der Hochmeister durch alle Komture die Ritter und Herren und Knechte anhalten, die Versammlungen des Bundes nicht mehr zu besuchen. Dadurch – so die Überlegung – könne er auf kaltem Wege und ohne einen Schwertstreich erledigt werden.

Da auch der Hochmeister und der Deutschmeister beim deutschen König erfolgreich gegen denselben interveniert hatten, und der König »an solchem Vornehmen und Handlung des Bundes großes und erschreckliches Mißfallen gefaßt« habe, schienen dessen Stunden gezählt.

Der König erklärte den Bund darüber hinaus als »gegen geistliches und weltliches Recht streitend« und befahl, »ihn mit Güte abzutun und sich nicht mehr gegen Gesetze, Freiheit, Recht und löbliche Ordnung aufzulehnen.«

Auf einer Tagfahrt zu Marienwerder wurde dieses Schreiben des Königs verlesen. Der Hochmeister sicherte dem Bund bei einer Vergleichung an, daß er gegen Überfall, Gewalt und Unrecht durch ihn persönlich sichergestellt sei.

Aber alles dies fruchtete nichts! Der Bund wollte nicht weichen. Die vornehmen Ritter dieses Bundes, Hans von Czegenberg, Augustin von Schewe, Jacob von Swenten, Gabriel von Baysen, Michael von Buchwalde, Thielemann von Wege und andere waren durch nichts zu erschüttern.

Thorn – Stadt der Aufrührer

In Thorn hatte der Bund gegen Gewalt seinen Anfang genommen – mit dem Vorgeben, daß dieser Bund »zur Wiederherstellung der alten Ordnung und als Reformator des Ordensstaates« angetreten sei.

Seine wirkliche Aufgabe aber war die Vernichtung des Ordensstaates. Es war schließlich Thielemann von Wege, der auf jener Tagfahrt zu Elbing am 24. September 1451 den neuen Hochmeister niederschrie, als dieser seine Absichten kundtat, den Orden zu reformieren und ausrief:

»Wäre hier ein Bürger von Thorn, der den Brief des Hochmeisters annehmen würde, dem wollten wir den Kopf abschlagen und ihn vor die Hunde werfen.«

Von Thorn aus ging eine Gesandtschaft an den König von Polen ab, die diesem die Herrschaft über Preußen antrug. Hans von Baysen führte die Gesandtschaft an und als Stellvertreter des Bürgermeisters von Thorn war Rotger von Birken mit dabei.

In Krakau wurde durch geschickte polnische Diplomaten aus dem Bund gegen Gewalt eine Bewegung zur Wiedervereinigung mit Polen gemacht.

Nachdem der zur Schlichtung nach Preußen angereiste päpstliche Legat nichts bewirkte und nach Rom zurückgereist war, riet auch Deutschmeister Jost von Venningen zu einer gütlichen Einigung mit den Bundesmännern, weil er nach seinen Worten, »von der Strenge des Rechts und von den Strafen des Papstes gegen die Häupter des Bundes nur Unheil für das Land Preußen befürchtete.« (siehe Schreiben des Deutschmeisters, auf Burg Horneck, Dienstag zu Ostern 1451; Schbl. DM 94). Gleichzeitig wandte er sich an den römischen König, den Markgrafen Friedrich von Brandenburg, den Erzbischof von Köln und weitere Fürsten mit der Bitte, an die Bundesritter in Preußen nachdrückliche Mahnschreiben zu erlassen, daß diese ihrem Tun entsagten. Widrigenfalls möge der römische König einen Richttag bestimmen, auf dem Bevollmächtigte des Ordens nach

Anhörung der Klagen und Gebrechen Mittel finden sollten, die Zwistigkeiten auszugleichen und danach den Bund aufzulösen. Dies sei der einzige Weg einen gütlichen und rechtlich gesicherten Austrag zu erzielen.

Zur gleichen Zeit fanden sich auch im Bund gegen Gewalt gegensätzliche Stimmen. Der Hochmeister hatte Hans von Baysen ins Kulmerland geschickt. Dieser berichtete aus Thorn, daß es nun die rechte Zeit sei, auf die Auflösung des Bundes hinzuwirken. Er wolle es dabei an Eifer und Fleiß nicht mangeln lassen.

Hans von Baysen war vom Hochmeister als Superspion nach Thorn geschickt worden, um die Gesinnung der einzelnen Mitglieder des Bundes auszuforschen. Es gelang ihm auch, den Bundesvorsitzenden Hans von Czegenberg auf die Seite des Ordens zu ziehen. Dieser blieb denn auch der Beratung des Bundes zu Leßlau fern, auf der Augustin von Schewe ihn bezichtigte »den Hals aus der Schlinge ziehen« zu wollen. Jakob von Swenten wurde beauftragt, Hans von Czegenberg auf allen Wegen zu beobachten.

Der Vogt von Roggenhausen riet dem Hochmeister, möglichst viele der Zerstrittenen auf seine Seite zu ziehen und jede Versöhnung dieser gespaltenen Gruppen zu verhindern. (siehe: Schreiben des Vogtes von Roggenhausen am Sonnabend nach Margarethe 1451, Schbl. LXXVII. 122)

Anfang 1452 trat der Deutschmeister seine Reise nach Preußen an. Ein Geleitbrief des Hochmeisters machte die Reise möglich, denn ohne einen solchen »wagte der Deutschmeister es nicht, in Preußen zu erscheinen.« (Schr. des Deutschmeisters an den Hochmeister von der Horneck, Mittwoch nach der Kreuzerhöhung 1451).

Ende März wurde das Generalkapitel auf der Marienburg eröffnet. Die Stände hatten beschlossen, die Anwesenheit der Meister aus Deutschland und Livland zu nutzen, um ihre Klagen und Beschwerden frei zu äußern. Die Stände hatten des weiteren geplant – so Meisterspion Hans von Baysen – den Hochmeister, Prälaten und Gebietiger wegen der vielfachen

Gewalttätigkeiten und Ungerechtigkeiten unter Anklage zu stellen. Dies sollte erhärten, daß der Bund gegen Gewalt rechtmäßig sei.

Die Eidechsenritter hatten sich wieder mit dem Bund gegen Gewalt zusammengetan, kamen Mitte Juni in Marienwerder zu einer Tagfahrt mit dem Bund zusammen. Hans von Czegenberg, Augustin von Schewe, Jakob Swenten, Gabriel von Baysen, Michael von Buchwaldte, Thielemann von Wege und andere stellten eine Abordnung zusammen, die dem Hochmeister eine Schrift nach Mewe bringen sollten, wohin dieser sich begeben hatte.

Es kam zu einer Absichtserklärung des Hochmeisters, weitere Gerichtstage zu halten, auch wenn er sich gerade auf einer Reise durch Pommerellen befinde. Die Sprecher des Bundes beklagten die Bestechungsversuche, Geldzuwendungen, nicht zuletzt die Drohungen, mit denen Brüder des Bundes von diesem getrennt würden.

Der Hochmeister antwortete nicht darauf. Die Mitglieder des Bundes richteten Warnschreiben an alle jene, die diese Abwerbungen mit Samthandschuhen und eiserner Faust betrieben und vorgaben, der Bund gehe mit List, Lug und Trug zu Werke.

Das Land näherte sich dem offenen Aufruhr, als eine neue Bulle des Papstes eintraf, darin dieser den Bund für Null und nichtig. und dessen Bestimmungen und Satzungen für kraftlos erklärte. Der wider alle Kirchenfreiheit streitende Bund wurde mit dem Bann bedroht, falls er nicht sofort zum Gehorsam gegen den Orden, die Gebietiger und Prälaten zurückkehre. (Transsumpt vom Jahre 1455 mit dem Datum Rome VIII Cal. Maji 1452 p.a. sexto Schbl. XIV, 6).

Die gegenseitigen Anschuldigungen gingen weiter. Schließlich wurden Augustin von Schewe, Ramschel von Krixen als Vogt des pomesanischen Domstiftes, Thielemann von Wege und Andreas Brunau aus Königsberg als Sendboten zu Kaiser Friedrich III. ausgesucht. Diese sollten vor dem Kaiser und dessen Rechtsräten den Hochmeister und dessen Ordensspittler Heinrich Reuß von Plauen anklagen.

Letzterer habe insbesondere arme Waisen ihrer Güter beraubt und arme Kinder in die Viehhöfe gesteckt. Von Hauskomtur zu Preußisch Mark wurde gemeldet, er habe drei Menschen »gräulich gemartert und sie dann heimlich im Tunn ermorden« lassen. Dies war nur ein Teil der Schändlichkeiten, für die die Ankläger allerdings keinerlei Beweise hatten.

Von der folgenden Tagfahrt zu Kulm aus ließen die Bundesgenossen die Nachricht verbreiten, daß der Hochmeister bereits in Böhmen eine starke Söldnertruppe in Dienst genommen habe, die ins Land einrücken und dem Bund den Garaus machen würden, sobald der Hochmeister Befehl dazu erteile.

Die Führer des Bundes wandten sich um Hilfe an den polnischen Hauptmann zu Dibau. Danzig rüstete sich für ein Jahr mit Vorräten aus, um den Söldnern des Ordens standhalten zu können. An vielen Orten wurden Vorbereitungen zur Abwehr getroffen. Im ganzen Lande ließen die Bundesritter verkünden, daß man sich bei Ausbruch eines vom Hochmeister angezettelten Kampfes sofort unter den Schutz des polnischen Königs stellen werde.

Im Oktober 1452 traten die Sendboten des Bundes gegen Gewalt mit 30 Pferden ihre Reise nach Wien an, um die Klage gegen den Orden vorzubringen. Gleichzeitig ging eine Gesandtschaft unter Gabriel von Baysen an den Erzbischof von Gnesen, um von dort aus direkt nach Krakau weiterzureisen und sich der polnischen Hilfe zu versichern.

Im Ordensland kursierten nun zwei Schlachtrufe: »Bündische Hunde« riefen die Ordensritter, »Meineidige Schalke« lautete die Antwort der Ritter und Stände des Bundes.

Der Haß ging sogar so weit, daß man den Hochmeister warnte, sich beim Essen und Trinken in acht zu nehmen und in Küche und Keller auf getreue Diener zu achten, damit man ihm nicht etwa durch Gift beikomme, wie der Komtur zu Golub am Donnerstag nach Lucia 1452 warnend schrieb.

Daß der Orden nicht untätig abwartete, wie die Bundesritter ihn vor dem Kaiser anschwärzten, verstand sich gleichfalls. Der Hochmeister entsandte den Ordensritter Georg von Egloffstein und den Pfleger von Rastenburg, Wolfgang Sauer, zum Kaiserhof nach Wien, wo sie, auf einigen Zwischenstationen mit frischen Pferden versorgt, noch vor den abgesandten Bundesrittern eintrafen.

Sie schafften es, daß die Fürsten und kaiserlichen Räte am Hofe sich einig waren, daß der Ständebund in Preußen gegen Recht und Gesetz streite. (Schreiben des Landkomturs von Österreich und des Vogtes von Lippe aus Neustadt am Tage Andreae 1452.)

Am 6. Dezember 1452 trafen auch die Bundesritter in Wien ein. Sie überreichten dem Kaiser ansehnliche Ehrengeschenke und ersuchten ihn – nach Vorbringen der eigenen Sache – um eine richterliche Entscheidung.

Die Ordensabgesandten erklärten, daß es keines Rechtstages bedürfe, denn »die Ursachen des Bundes sind todt, so muß auch der Bund selber todt sein.«

Kaiser Friedrich III. ließ einen Rechtstag zu Johanni des nächsten Jahres festlegen. Die Fürsten rieten dem Orden »daß ihr wohl daran tuet in der einen Hand das Schwert und in der anderen das Recht zu haben.«

Der Orden, so die Fürsten, habe Preußen geschaffen und dürfe es nicht verlieren. Man rate dem Meister, er möge bald einige tausend Trabanten in Böhmen oder Mähren aufnehmen, um gegen den Bund vorerst sicher zu sein. Dies war nach Überzeugung des Bundes schon vorher geplant gewesen.

Die Bundesgesandten zogen im Triumph in Thorn ein. Hier wurde verkündet, der Kaiser habe den Ordensgesandten gesagt: »Ihr Kreuzherren macht mir viel Unwillen. Lasset ihr nicht davon ab, so wird für euch nichts Gutes daraus entstehen.«

Auf einer Tagfahrt zu Marienwerder 1453 beschlossen die Bundesabgeordneten, auch polnische Große in den Bund gegen Gewalt aufzunehmen oder sie in die Eidechsengesellschaft hineinzubringen. Damit erzielten sie einige Erfolge. Haß und Todfeindschaft gingen im Ordensland um.

Der Hochmeister nahm Doktor Peter Knorr, Propst zu Wetzlar, und Doktor Gregor Heymburg aus Nürnberg in den

Ordensdienst, um dessen Sache vor dem Kaiser zu vertreten. Ein Geschäftsträger des Ordens in Italien erhielt den Auftrag, von der Rechtsschule zu Bologna ein juristisches Gutachten einzuholen, das den Bund vernichten solle.

Dies zeigte, daß man sich des Volkes von Preußen nicht mehr sicher war und nun die »Rechtsverdreher« ans Werk rief.

Dazu bat Ludwig von Erlichshausen den Deutschmeister, er möge Gunst und Beistand mehrerer Reichsfürsten zu erringen versuchen und auch die Erzbischöfe von Köln und Mainz und einige Pfalzgrafen auf die Seite des Ordens zu ziehen.

Das wiederspenstige Volk sollte mit »Recht und Gesetz« niedergeknüppelt werden.

Der Kaiser und der »Bund gegen Gewalt«

Im Mai 1453 trafen die Ordensbevollmächtigten in Wien ein. Die Bevollmächtigten des Bundes zogen um diese Zeit erst von Preußen aus. Allerdings war Thielemann von Wege in Wien geblieben, um die Hofbeamten zu bestechen und den Orden weiter zu beschimpfen.

Nur sein Vorwurf, der Orden trachte den Bundesrittern nach dem Leben, erwies sich als die Wahrheit. Auf ihrer Reise durch Mähren war die Bundesgesandtschaft etwa vier Meilen vor Brünn von den Rotten des Edelherrn von Miltitz überfallen worden. Einige Männer wurden verwundet, die meisten Papiere und Gelder fielen in die Hände der Räuber und mehrere Diener hatten bei der Verteidigung ihrer Herren das Leben verloren.

Ob Herr von Miltitz jener Adressat war, der auch Truppen für den Orden bereitstellen sollte, ist nur eine Vermutung.

Gabriel von Baysen hatte sich durch diese Wegelagerer hindurchgeschlagen und erreichte Wien auf seinem schnellen Roß. Er meldete, daß Hans von Thauer, die Bürgermeister von Kulm und Danzig und zwei andere Begleiter gefangen auf Schloß Miltitz gebracht worden seien. Er erklärte am Kaiserhof:

»Das Bubenstück sey wohl auf des Ordens Anstife geschehen, damit die Gesandten nicht zum Rechtstag hätten eintreffen können.« An seine Bundesbrüder nach Preußen meldete er, daß der Vogt zu Leipe des Ordens persönlich an diesem Raub- und Mordanschlag beteiligt gewesen sei. Er bat, so schnell wie möglich einen kampfstarken Reitertrupp zur Burg des Herrn von Miltitz zu schicken, um die Gefangenen zu befreien.«

Beweise der Täterschaft des Ordens lagen nicht vor. Es gab aber ein Indiz, das die Beteiligung des Ordens wahrscheinlich sein läßt. Der Komtur zu Thorn hatte kurz vor Abreise der Bundesgesandten aus Preußen dem Hochmeister deren Abreise gemeldet und ihm nahegelegt: »Er möge, wenn es mit Fug geschehen könne, den Bösewichten nachstellen und sie niederlegen lassen.« (siehe Schreiben des Komturs von Thorn in: Voigt, Dr. Johannes: Die Geschichte der Eidechsengesellschaft, Seite 126).

Auf alle Fälle hatte die Ordensgesandtschaft den notwendigen Vorsprung erhalten, um am Kaiserhof gegen den Bund mit Erfolg zu intrigieren. Es gelang dem Orden, die Beamten des Kaisers auf Friedrichs III. angebliche Bestätigung des Bundes anzusetzen. Eine solche wurde nie gefunden und Friedrich III. ließ öffentlich bekanntmachen, daß sich der Bund nicht unterstehen solle, sich einer solchen kaiserlichen Bestätigung zu rühmen. (siehe: Warnungsschreiben des Kaisers aus Grätz, Mittwoch vor Maria Magdalene 1453)

In Preußen war man sicher, daß hinter dieser Meucheltat der Orden stecken müsse, wie auf den Tagfahrten des Bundes zu Kulmsee und Graudenz artikuliert wurde. Der Bund ließ alle Burgen und Städte, in deren Besitz er war, besonders befestigen.

Der Orden tat auf seinen Burgen ein Gleiches. Zur Bemannung der Burg zu Königsberg wurde vom Hochmeister sogar bewaffnete Hilfe aus Livland angefordert. Das Heiligtum S. Barbaras schien auf Burg Althaus nicht mehr sicher. Es wurde auf die Marienburg geschafft.

Königsberg drohte dem Hochmeister und dem dort residierenden Ordensmarschall offen mit entschiedener Gegenwehr, sobald der Meister die Feindseligkeiten gegen den Bund eröffnen werde.

Die Ritterschaft Kulms ließ durch ihren Bundesritter von Beyersee verkünden, daß er Hab und Gut daransetzen werde, daß der Meister nicht ein Jahr mehr überleben werde. (siehe Schreiben des Pflegers von Papau vom Sonntag nach Laurentius 1453 und des Komturs zu Graudenz vom selben Tage.)

In dieser Situation erhielt der Hochmeister die Nachricht, daß in Polen zum Kampf gerüstet werde – der polnische Hauptmann Scherlenski habe den Bundesrittern 4000 Reiter versprochen.

Es schien so, als sollte die durch ganz Europa verbreitete Prophezeiung von der Umwälzung aller Ordnung im Staate für Preußen in Erfüllung gehen. (Diese Prophezeihung war durch Kardinal S. Angeli dem Kaiser zugeschickt woren).

Der erste Gerichtstag zu Wien dauerte von Mitte Oktober bis zum 7. November 1453. Die Bundesritter erklärten, daß der Bund ein natürliches Recht auf Notwehr habe. Die andere Seite konterte: »Die Regel Gewalt durch Gewalt zu vertreiben, kann Untertanen gegen ihre Herren und Richter nimmermehr zugegeben werden.« Der Anwalt des Ordens verlangte Abstellung und Nichtigerklärung des Bundes, Auslieferung des Bundesgebietes, Zurücknahme des Erlaubnis- und Bestätigungsbriefes des Kaisers sowie eine Ehren- und Rechtserklärung für alle aus dem Bund Ausgeschiedenen, ferner noch den Verfall aller Lehnsgüter für die Bundesverwandten wegen ihres Ungehorsams, die Bestrafung nach Inhalt der Goldenen Bulle und den Verlust aller ihrer Freiheiten.

Überdies sollten 200000 Gulden für erlittene Schmach und Ungerechtigkeiten und 400000 Gulden als Schadensersatz gezahlt werden. Nicht zuletzt forderte der Orden Erstattung des eingenommenen Schlosses und die Wiedereinsetzung des Ordens in alle Gerechtsame. (siehe: Kaiserliche Urkunde p. 57).

Das war eine Rache, welche die Beteiligten in den Ruin treiben mußte.

Eine Antwort des Bundes-Rechtsanwalt Meister Martin Mayer gab es nicht, denn dieser hatte sich abgesetzt. Der Kaiser ließ – wie es die Hofetikette vorschrieb – einen der Türhüter vor das Palasttor treten und dreimal mit lauter Stimme den Verteidiger des Bundes herbeirufen. Als dieser nicht erschien, stellten die Ordensvertreter den Antrag, das Urteil zu verkünden.

Das kaiserliche Urteil lautete: »Es ist durch und mittsammt unseren Räten und Beisitzern zu Recht erkannt, daß die von der Ritterschaft, der Mannschaft und die von Städten des Bundes in Preußen den Bund nicht billig getahn, noch ihn zu tun Macht gehabt haben. Daß auch der Bund von Unwürden, Unkräften ab und vernichtet sei. Und soll darnach in dem Andern geschehen, was Recht ist.« (siehe kaiserlicher Gerichtsspruch in Neustadt 1. Dezemb. 1453). Dieser Spruch wurde urkundlich ausgefertigt.

Die nach Thorn zurückgekehrten Bundesritter verkündeten, daß der Deutsche Orden den Bund vor dem Kaiser selbst mit Luzifer verglichen habe, der seinen Stuhl über Gott setzen wolle.(Schreiben des Komtur zu Thorn am T. Nativit. Mariae 1453)

Die Antwort der Bundesritter

Die Bundesritter und mit ihnen im Bunde die Eidechsenritter ließen durch Gabriel von Baysen verkünden:
»Weil Lande und Städte in Preußen von alten langen Jahren durch mannigfache Gewalt und Unrecht bedrückt worden, so sind sie einträchtig zu Rathe gekommen, solche Gewalt und Unrecht von den Kreuzigern nicht mehr zu dulden. Weil aber das Land Preußen von altersher und auch die Herrschaft der Kreuzritter dortselbst aus der Krone Polens ausgegangen ist, und die Kreuzritter selbst noch den König für einen Patron erkennen, so hat keiner billigeres Recht zu dem Lande, als seine königliche Gnaden. Deshalb haben alle Lande und Städte Preußens den König zu ihrem rechtmäßigen Herrn erkoren und

flehen und bitten, daß er sie wieder in seine Herrschaft und Beschirmung und ihr Herr sein wolle, wie ihm solches mit Recht gebühret.«

Dies war Musik in König Kasimirs Ohren. Seine angesehenen Prälaten, Woiwoden und Gelehrten der Universität Krakau bestätigten, daß der König zum Lande Preußen volles Besitzrecht habe. Der Bischof von Krakau setzte noch einen drauf, indem er erklärte, daß alle Landeschroniken, die er habe befragen lassen, eindeutig festlegen, daß Preußen einst durch Verrat und Treulosigkeit an die Kreuzritter abgefallen sei und der polnischen Krone teils durch Gewalt, Ungerechtigkeit und eine Reihe von Friedensbrüchen entrissen worden sei.

Nachdem dem König diese »Beweise« seines Besitzrechtes geliefert worden waren, nahm er das Anerbieten der Bundesabgesandten am fortan »der Bedrängten Schutzherr und König zu sein.« Hans von Baysen, der Top-Agent des Ordens, schlug sich nun auch auf die Seite des Bundes und knüpfte die Verbindung zu Hauptmann Scherlenski an. Er empfing polnische Gesandte und ließ die Altstadt Thorn stark befestigen.

Der Komtur zu Thorn bat nun den Hochmeister, den bundeshörigen Münzmeister aus der Burg zu entfernen, weil dieser sich den Ingrimm des Volkes zugezogen habe. Es schien allen klar, daß auch nach der Verstärkung der Ordensburgen, vor allem Thorn, Strassburg und Rheden, diese sich kaum dem Ansturm des Volkes erwehren konnten.

Immer noch waren Bundesritter in Wien und betrieben »Aufklärung«, wie der Orden einst die Heiden »mit dem Schwert gewonnen und zu Leibeigenen gemacht habe« und daß man sie Ehrlose, Meineidige, bündische Heiden und Hunde nannte und vor allen Leuten verspottet und verhöhnt habe. Schließlich seien sie auch stets bedroht worden.

»Die Ordensherren wollen lieber ein wüstes Land haben, in welchem sie die Herren sind, als ein bevölkertes Land, in dem sie ohne Gewalt wären. Es müßten nach Erkenntnis des Ordens 300 bis 400 Unruhestifter aus dem Weg geräumt werden, um dann auch mit den anderen fertigzuwerden.«

In bezug auf die Regierung der Ordensritter erklärte ein Bundesritter, daß diese nicht einmal zum Bau eines Kuhstalls richtigen Rat geben könnten, wie sollten sie das für ein ganzes Land können?

Das Gerücht kursierte, daß dem Hochmeister nach Rückkehr der Bundes-Sendboten Hans Baysen, Thielemann von Wege und anderer, die Köpfe von 200 Landesrittern vor die Füße gelegt werden sollten.

Die Bande des Gehorsams lösten sich, es gab keine Landesherrschaft und keine Landesbehörden mehr – Städte standen feindlich gegen Städte, Ritter gegen Ritter, Bauern gegen Bauern. Eine Seite war dem Orden, die andere dem Bund gegen Gewalt zugetan. Der Bürgerkrieg stand bevor.

Am 30. Januar 1454 entwarfen Bundesritter und polnische Bevollmächtigte einen Anschlag zum Abfall Preußens vom Orden. Um dem zu wehren, rief der Hochmeister besonders die kleinen Städte zu einer Tagfahrt nach Marienburg. Dort verteidigte er sich und erklärte gegenüber den so lautenden Beschuldigungen, daß er keine Söldner aufgenommen habe, die Städte und Stände nicht überfallen und sie natürlich nicht zu Leibeigenen machen wolle. Er erklärte, daß des Ordensvolkes Verderben auch das Verderben der Ordensritter sei und bat um Vertrauen.

Abschließend wies er auf die Truppen hin, die der Bund in verschiedene große Städte zum Schaden des Ordens gelegt hatte. Die Anwesenden versicherten ihn ihrer Treue und versprachen, bei einem Krieg von Söldnern gegen den Orden diesem als »getreue Leute mit Leib und Gut« Beistand zu leisten.

Der Hochmeister bemerkte, daß die Sache des Ordens noch nicht verloren war, und daß das Volk auf dem Lande wie in den Städten im Ernstfalle zu ihm halten würde.

Dennoch, in Thorn war der Kampf bereits entbrannt. Es fehlte nur noch die Kriegserklärung. Der Komtur von Thorn war nie vor der Erstürmung seiner Burg sicher, zumal für die Verteidigung wenig getan worden war und weder Pulver für die neuen Pulverbüchsen noch Geschosse und Mannschaften im erforderlichen Maß zur Verfügung standen.

Um Thorn-Stadt herum standen über 200 »Donnerbüchsen« des Bundes bereit, die Kanonade zu eröffnen und zum Sturmangriff anzutreten.

Es war Ramschel von Krixen, der inzwischen für den Bund einen starken Haufen böhmischer Söldner ins Land geführt, und auf die Städte Thorn, Kulm und Elbing verteilt hatte.

Spione beider Seiten zogen als Pilger und Handwerksgesellen getarnt durch das Land. Selbst einige verkleidete Ordensritter wurden ausfindig gemacht. Der Bundesrat von Thorn erließ eine Warnung »auf dieses Spionagesindel überall ein scharfes Auge zu haben.« (siehe Warnungsschreiben des Bundesrates zu Thorn).

Die Komture, die Auftrag hatten die Stimmung im Raume ihrer Komtureigebiete auszuforschen, meldeten aus den kleineren Städten wie Stargard, Neuenburg, Mewe und anderen, aber auch aus Balga und Brandenburg, Treue zum Orden.

Der Komtur zu Osterode bildete einen Gegenbund zum Bund gegen Gewalt und ließ seine Mitglieder schwören, den Meister vor aller Gewalt zu schützen, dem Orden mit Gut und Blut beizustehen und jeden, der zu jenem dem Orden feindlichen Bund übertreten werde, auf Leben und Tod zu verfolgen.

Aber die Czegenburg, von Wege, Tergowitz, Schewe, Stibor und Gabriel von Baysen, von Krixen, von der Jene und viele andere, die den harten Kern des Bundes gegen Gewalt bildeten, waren nicht zimperlich in der Wahl ihrer Mittel zur Durchsetzung ihrer Ziele.

Auf einem Bundestag in Thorn am 6. Februar 1454, auf dem auch der Orden mit hohen Funktionären vertreten war, wurde beschlossen, den Hochmeister und die wichtigsten Gebietiger des Ordens gefangenzusetzen. Dazu wurde zwei Tage vorher dem Hochmeister ein Absagebrief geschickt, darin wieder eine Reihe Pflichtverletzungen der Ritter und der Ordensführung vermerkt waren. Dem Hochmeister wurde der Gehorsam und der Huldigungseid aufgekündigt.

Dieser Absagebrief sollte von einem Bediensteten des Bundes dem Hochmeister an dem Tage übergeben werden, da die Ordensgesandten bei ihrem Eintreffen in Thorn festgesetzt werden würden.

Dieser Bote war bereits am 5. Februar auf der Marienburg eingetroffen, hatte sich aber erst am Abend des 6. Februar – dem St. Dorotheentag – zur Collationszeit dem Hochmeister zu melden und diesem den Absagebrief zu übergeben. Allerdings waren auch die Gebietiger noch nicht in Thorn eingetroffen, sondern lagerten noch in der Ordensburg Papau. Sie hatten gerüchtweise erfahren, daß man ihnen an den Kragen wolle. Deshalb wandten sie sich an die führenden Thorner Bundesritter und baten um einen Geleitbrief. Diese schickten sofort das Versprechen, daß sie in Kulmsee von einer Geleiteskorte erwartet würden.

In Kulmsee wurden sie in der Tat von einem Haufen Reisiger des Bundes unter Otto von Machwitz »empfangen«. Drei Gebietiger und ihre Diener wurden in Fesseln nach Thorn geschafft.

Die Burg von Thorn war in den vorausgegangenen Tagen von den Bundestruppen in Besitz genommen worden. Damit sollte dem polnischen König ein sicherer Stützpunkt zur Verfügung gestellt werden, sobald er ins Ordensland einmarschieren würde.

Zur gleichen Zeit ging dem Hochmeister eine Nachricht aus Danzig zu, daß die dortige Burg ebenfalls »so gut als verloren und die Besatzung jämmerlich verraten sei.«

Der Bund wolle neben Danzig und Thorn noch die Burgen Elbing und Königsberg in seine Hand bringen und sie an den König von Polen übergeben, an den bereits eine Botschaft mit reichen Geschenken unterwegs war.

Noch in der Nacht zum 7. Februar schickte der Hochmeister Boten an die Komture zu Strasburg, Balga, Brandenburg und viele andere mit dem Befehl, sofort zur Abwehrschlacht zu rüsten.

Zunächst gingen beruhigende Nachrichten von dort ein. Als

aber auf der Spitze des höchsten Turmes der Burg zu Thorn jenes Feuer aufloderte, daß den Abtrünnigen zeigte, daß die Burg in der Hand des Bundes sei, verbreiteten sich diese Flammenfanale von Turm zu Turm weiter. Der Aufstand durchraste das Kulmerland. Binnen weniger Tage hatten die Aufständischen die Burgen Althaus, Golub, Graudenz, Rheden, Roggenhausen und Schönsee in ihren Besitz gebracht. Die Städte Strasburg, Graudenz und Rheden liefen zum Bund über.

Um das Haupthaus des Ordens sichern zu können, ließ der Hochmeister gemeinsam mit dem Ordensmarschall alle Vorbereitungen zur Verteidigung treffen. Ludwig von Erlichshausen mußte sich nun vorwerfen lassen, daß er die Söldnerhaufen nicht ins Ordensgebiet gezogen hatte. In der Stunde der Gefahr standen sie nicht zur Verfügung, während der Bund über mehrere Kontingente verfügte.

Mehrere Komture und Pfleger des Hinterlandes erhielten die Aufforderung, sich mit allen Dienstpflichtigen, Dienern, Knechten und Getreuen zur Marienburg zu begeben. Die Pfleger von Seesten und Rastenburg waren jedoch bereits von Bundestruppen gefangengenommen.

Auch hier war der Hochmeister zu spät gekommen. Der Pfleger von Rastenburg wurde von den Bürgern seiner Stadt ersäuft.

Die Hilferufe an die beiden Herzöge von Masowien, den Kurfürsten von Brandenburg und die Herzöge von Sachsen blieben ebenso erfolglos wie die Bitte an den alten König der Dänen, Erich von Pommern.

Die auf der Marienburg stehenden Ritteroberen wollten nun Verhandlungen mit dem Bund aufnehmen, doch diese verwiesen den Hochmeister an ihre in Elbing versammelten Bevollmächtigten. Der Hochmeister tat dies und wandte sich gleichzeitig an den König von Polen mit der Bitte um Vermittlung. Auch dieser hüllte sich in Schweigen, er hatte ganz andere Pläne mit Preußen.

Inzwischen waren die Burgen Birgelau, Papau, Althaus, Graudenz, Schwetz, Mewe und Sobowitz in Feindeshand. Schöneck ergab sich freiwillig dem Danziger Sturmhaufen. Der

Hauskomtur zu Danzig, Konrad Pfersfelder, überlieferte die Burg den Bürgern der Stadt. Er und seine Ordensbrüder erhielten dafür eine ansehnliche Geldsumme und die Erlaubnis ungefährdet bis zum Sommer in Danzig bleiben zu können. Die dortige Burg wurde auf den Rat des Komtur hin völlig zerstört. Dieser hatte, dazu befragt, bemerkt:

»Wenn die Bauern nicht länger den Storch auf ihrem Hause leiden wollen, dann werfen sie sein Nest herunter.« (Konrad Pfersfelder sagte sich vom Orden los und heiratete.) (siehe Baczke, Bd. III, 308.)

Von Danzig aus wurde die Burg Grevin nach kurzer Gegenwehr der Ordensritter erobert und niedergebrannt. Die Burg von Elbing leistete unter Graf Adolf von Gleichen einige Tage Widerstand. Dann »warf der verräterische Hauskomtur den Ordensmantel von sich und vereinigte sich mit den Bürgern«. Am 12. Februar ergab er sich der stürmenden Volksmenge, die die Burg in Brand steckte. Die Ordensherren verbrannten vorher ihre Kornhäuser, in denen für 2.000 Mark Getreide vernichtet wurde.

Preußisch Holland fiel ebenfalls. 13 Burgen waren in einer Woche gefallen – teils durch Verrat der Ordensdiener und Flüchtlinge, die sich auf ihnen befanden; teils durch Feigheit und Untreue der Ordensritter selber. (siehe Ordens Fol. A, 175).

Das Domkapitel von Ermland schlug sich auf die Seite des Bundes und sagte sich von seinem Bischof und vom Orden los. Die Ordensburg in Königsberg ergab sich ohne Gegenwehr. Den Ordensbrüdern wurde dafür freier Abzug nach Lochstädt zugesichert. Die noch kämpfenden Ordensritter wurden von den Burgmauern in die Tiefe gestürzt, in nahen Gewässern ersäuft oder auf offener See ausgesetzt.(Follikel 175 der Ordenschronik).

Der Hauskomtur zu Preußisch-Mark wurde gewarnt, daß die freien Bauern ihn über die Mauer in die Tiefe stürzen würden. Er sah sein Heil in der Flucht und nahm das gesammelte Zinsgeld mit.

Weitere Burgen traten zum Bund über. Nach vier Wochen

befanden sich 56 Burgen in den Händen der Aufrührer. Außer der Marienburg und Stuhm war kaum noch eine weitere Burg in den Händen des Ordens.

Hilfe konnte nur noch aus dem Ausland kommen. Vor allem hoffte man auf die Unterstützung der Kurfürsten und Reichsstände, der Hansestädte und der beiden Meister aus Deutschland und Livland.

Der Hochmeister befahl dem Deutschmeister Ulrich von Leutersheim, der 1454 gewählt worden war, er möge dem deutschen Adel die Rettung des Ordens auf das »Dringendste ans Herz legen«. In gleicher Weise schrieb der Hochmeister mit dem Datum Mar. am T. Scholastica 1454 an Könige und Fürsten.

Der Kurfürst von Brandenburg machte seine Hilfeleistung von der Rückerwerbung der Neumark abhängig. Um ihn zu gewinnen, mußte der Orden die Neumark wieder an Brandenburg abtreten.

Die Ritter des Eidechsenbundes und des Bundes gegen Gewalt schickten nunmehr eine Abordnung an König Kasimir und baten diesen die Oberherrschaft über Preußen an.

Zwölf prominente Vertreter des Bundes, an der Spitze Hans von Baysen, Augustin von der Schewe und Gabriel von Baysen trafen am 18. Februar 1454 in Krakau ein. Hier fanden sie zu ihrer Überraschung den Ordenstreßler und einige Ordensherren vor. Diese hatte der Hochmeister zur Hochzeitsfeier des Königs mit Elisabeth, der Tochter König Albrechts, eingeladen, an seiner Statt nach Krakau reisen lassen.

Die Delegationsleiter des Bundes erklärten König Kasimir III., daß eine Einigung mit dem Orden nicht mehr möglich sei, dies habe man 14 Jahre lang vergebens versucht.

Am 6. März 1454 stellte König Kasimir in seiner Residenz Krakau jene Urkunde aus, in welcher die Bewohner von Preußen unter seinen Schutz gestellt wurden, daß er sie als Untertanen in seine Herrschaft aufnehmen wolle. Er versicherte allen Edlen und allen Ständen Preußens seine Gnade und Schutz gegen alle Gefährdung ihrer Sicherheit und, daß sie als die Lande der Krone Polens nie entfremdet oder veräußert würden.

Zum Schluß setzte König Kasimir zum Schutz und zur Verwaltung Preußens einen Gubernator ein, der mit Genehmigung der Städte ernannt werden sollte.

Als die Bundesgesandten nach Preußen zurückgekehrt waren, faßte die Bundesversammlung zu Elbing den Beschluß, sich aller Ordensgüter zu bemächtigen und für diese erbeuteten Werte Söldner anzuwerben. Es handelte sich um alles Gold und Silber der Ordenshäuser und Kirchen, um Schmuck und andere Wertgegenstände.

In diesen entscheidenden Tagen standen Heinrich Reuß von Plauen der Jüngere, Veit von Schönberg und Graf Hans von Kirchberg mit einer Anzahl von etwa 600 Rittern und Edelleuten aus Deutschland, die eine große Streitmacht mit sich führten, in Konitz bereit, dem Orden zur Hilfe zu eilen. Sie wurden durch den Bundeshauptmann Jon von der Jene mit dessen Dienstpflichtigen gestoppt.

Hans von Baysen, im Orden »der lahme Drache« genannt, war von König Kasimir zum Gubernator von Preußen ernannt worden. (siehe Ernennungsurkunde: Krakau, Sonnabend vor Invocavit 1454). Er wandte alle Kräfte auf, um Konitz zu gewinnen, denn das war jene Stelle, die alle Hilfstruppen aus Deutschland passieren mußten.

Jon von der Jene war mit seinem Haufen in den Raum Tuchel geritten und hatte sich dort mit dem polnischen Hauptmann Scherlenski vereinigt. Dieser lag mit 1000 Pferden und 300 Trabanten bereit. Bei Hans von Baysens Bruder Stibor, der die Truppen befehligte, welche Konitz belagerten, lief alles durcheinander. Kaum jemand wollte den Befehlen Stibors gehorchen. Auf der Marienburg aber stand abermals ein Mann, dessen Vorfahr bereits einmal die Metropole Preußens gerettet hatte: Heinrich Reuß von Plauen. Er ermunterte auch die Ordensburg Stuhm, sich standhaft zu verteidigen und stellte baldige Hilfe aus Deutschland in Aussicht.

Konitz wurde gehalten und verteidigt. Hier stand der Komtur zu Schlochau an der Seite von Heinrich Reuß von Plauen. Das polnische Belagerungsheer unter Hauptmann Nicolaus Scherlenski war auf 3000 Mann angewachsen.

Zwischenzeitlich war der Markgraf von Brandenburg gemeinsam mit dem Deutschmeister nach Prag gereist, um den König von Böhmen zur raschen Hilfeleistung zu bewegen.

Der polnische König kommt –
Die Schlacht bei Konitz

Im Mai 1454 war König Kasimir von Polen mit seiner Gemahlin, vielen Reichsgrößen und einer starken Truppe ins Land gezogen und am 23. Mai 1454 in Thorn eingetroffen. Hier leisteten ihm die Eidechsenritter und die Abgeordneten der Städte den Treueid. Danach zog er nach Elbing weiter. Dort erwartete ihn ein Schreiben des Hochmeisters, der ihn an sein Versprechen erinnerte, Feinden des Ordens in keiner Weise Beistand zu leisten.

Auch in Elbing wurden König Kasimir die Huldigungsbriefe überreicht, darin Ritterschaft und Landadel ebenso wie die Honoratioren der Städte ihm Gehorsam gelobten und sich erboten, »alle Kräfte aufzubieten, den Orden aus dem Lande zu vertreiben und seine Herrschaft bis auf die letzte Spur zu vertilgen.« In Königsberg wiederum nahm der königliche Kanzler Johann von Coniezpole die Huldigung für seinen König entgegen.

Die Angriffe auf Konitz und die Marienburg wurden verstärkt. Bei jedem dieser Angriffe auf die Hochburg trat die Bürgerschaft um Bürgermeister Bartholomäus Blume an die Seite der Verteidiger und war bei allen Ausfällen der Ritter dabei.

In Thorn empfing König Kasimir die auf dem Reichstage zu Regensburg losgeschickten Gesandten des Papstes, des Kaisers und der deutschen Reichsfürsten. Alle ermahnten ihn, das eingenommene Land sofort zurückzugeben. Kasimir III. entließ sie mit nichtssagenden Floskeln und störte sich nicht an geschriebenen Worten, solange hier das Schwert regierte. Die Marienburg wurde belagert.

Der Verlust von Stuhm war ein schwerer Schlag für den Orden, denn auch die gesamte Besatzung ging zu den Polen über. In zwei Ausfällen gelang es den Verteidigern der Marienburg das Lager der Danziger mit 2000 Reitern und Fußtruppen zu überfallen und sieben volle Wagen mit Verpflegung zu erbeuten und diese in die Burg zu schaffen. Wenig später gelang es Hans von Hohenstein 40 Wagen mit Lebensmitteln aus Danzig fortzunehmen und diese mit 40 Gefangenen ins Haupthaus zu bringen.

Die Danziger setzten sich in der folgenden Nacht aus dem Belagerungsring ab, als die Ritter ihr Lager erneut überfallen hatten. Sie ergriffen die Flucht.

Nunmehr erfüllten sich endlich auch die Zusagen aus dem Reich. Bei Konitz trafen die ersten Hilfstruppen aus Deutschland ein. Es waren viele edle Herren mit 13000 Mann Truppen. Neben diesen war auch der Deutschmeister mit einer starken Kriegsschar im Anzug. Der Herzog von Burgund sandte weitere wackere Streiter.

König Kasimir eilte am 9. September mit einem starken Heer, darunter 12000 Kämpfer aus Polen, nach Konitz. Die dort dem Ordensheer gegenüberliegende polnische Kriegsmacht hatte sich damit auf etwa 40000 Mann verstärkt.

Am 18. September lagen die Ordenstruppen im weiten Halbkreis um Konitz. Darunter auch das Ordens-Söldnerheer unter Herzog Rudolf von Sagan und Bernhard von Zinnenberg mit 9000 Kämpfern und 6000 Trabanten in einer starken Wagenburg.

Der Deutschmeister lag noch mit seinem Truppenkontingent an der Oder. Polnische Späher hatten seine Anwesenheit bereits ins Hauptquartier nach Krakau gemeldet, so daß Polen sich zum Angriff darauf vorbereiten konnte.

An der Spitze der polnischen Truppen standen einmal der Hauptmann Nicolaus Scherlenski, ferner Stanislaus von Ostrorog, der Woiwode von Kalisch und andere Herren, die geprahlt hatten, daß es nur »eines Peitschenknalls ihrer Fuhrleute bedürfe, um die Ordensritter und Kämpfer aus Deutschland auseinanderzusprengen«.

Doch sie sahen sich getäuscht, denn Herzog Rudolf von Sagan drang mit 4000 Böhmen und Deutschen tief in die feindlichen Reihen ein. Er wurde durch das Schwert eines polnischen Kämpfers erschlagen. Doch nun trat die deutsche Truppe mit 3000 Berittenen ins Gefecht. Sie schlugen sich durch den Feind hindurch bis an die Mauern von Konitz vor.

Im gleichzeitigen Ausfall aus Konitz gelang es Heinrich Reuß von Plauen und Veit von Schönberg die rückwärtige Schlachtreihe der Polen auszuheben. Der Feind floh und der polnische König steckte mitten im Schlachtgewühl.

Die in einem Sumpfgebiet aufgestellte polnische Reiterei; welche die Entscheidung erzwingen sollte, blieb im Morast stecken. Bald war die Kampfstätte mit 3000 toten Polen bedeckt. Unter ihnen 36 Woiwoden, Hauptleute, Ritter und Edle, auch des Königs Vornehmste – so der Kanzler mit dem königlichen Siegel, der Marschall sowie Nicolaus von Scherlenski und der Woiwode von Pommern, Jon van der Jene, königliche Grafen, Räte und Ritter.

Die polnische Reichsfahne, alle schweren Geschütze und 4000 Wagen mit Kriegsgerät: Ausrüstung, Lebensmittel, Schätze an Gold, Silber, Tafelgeschirr und Waffen fielen den Söldnern des Ordens in die Hände. Die erbeuteten Lebensmittel reichten aus, um Konitz über zwei Jahre zu versorgen. Der polnische König, der von einem seiner Ritter ein frisches Pferd erhalten hatte, erschien mitten in einer Gruppe flüchtiger Soldaten mehrere Tage später in Thorn.

Die Gefangenen wurden auf die Marienburg gebracht. Es waren über 300, die hier in den Gefängnissen umkamen und in die Nogat geworfen wurden, weil man sie keines ehrlichen Begräbnisses würdig hielt. Von einer Seuchengefahr hatte man nicht die geringste Ahnung.

Die Schlacht bei Konitz hatte den Befreiungsschlag für den

Orden gebracht. Schon in den nächsten Tagen und Wochen wurde Burg für Burg zurückgewonnen. Weite Gebiete fielen ohne einen einzigen Schwertstreich dem Orden wieder zu. Fast alle Burgen bekehrten sich zum Hochmeister, nachdem die polnischen Besatzungen abgezogen waren. Christburg, Deutsch-Eylau, Neumark, Hohenstein, Marienwerder, Riesenburg, Bischofswerder, Freistadt, Lessen und Schönberg, ferner Mewe, Burg und Stadt, erklärten sich wieder für den Hochmeister. Dirschau wurde von den Söldnern des Ordens den Danzigern weggenommen. Die abgefallenen Bischöfe von Pomesanien und Samland fanden zum Orden zurück.

Das Geld der Söldner

Hauptaufgabe des Hochmeisters war es nun, die dem Orden günstige Stimmung zu fördern, den zurückgekehrten Städten und Burgen volle Verzeihung zu bieten und ihnen Schutz und Sicherheit für Leben und Eigentum ihrer Bürger zuzusichern.

Noch lagen die 15000 Mann Heinrichs Reuß von Plauen, von Zinnenbergs und der übrigen Söldnerführer jenseits der Weichsel, um das Eintreffen von Johann von Pfannenberg mit 6000 weiteren Söldnern abzuwarten. In der Zwischenzeit aber forderten jene Söldnerführer des Ordens, die unter Adolf von Gleichen, Veit von Schönberg, Konrad von Zetwitz wie auch jene des böhmischen Hauptmanns Ulrich Czirwenka, ihren Sold.

Der Hochmeister mußte ihnen versprechen, allen Sold den sie bereits verdient hatten und noch verdienen würden, bis zur künftigen Fastnacht voll auszuzahlen. Der größte Teil dieses Söldnerheeres lag um die Marienburg herum.

Um Martini drang das polnische Kriegsheer mit etwa 60000 Mann über die Thorner Brücke ins Kulmerland ein. Der polnische König blieb im sicheren Thorn und in Kulmsee, ohne den Angriff zu befehlen. Derweilen lagen die Söldner in den Schlössern und auf den Gütern des Ordens, aus denen sie offenbar nicht abrücken wollten.

Der Hochmeister geriet in arge Geldnöte, denn die Forderungen der Söldnerführer fielen täglich höher aus. Heinrich Reuß von Plauen und Veit von Schönberg sollten an ihre Söldner 38000 ungarische Gulden an Sold und 20000 rheinische Gulden an Schadengeld zahlen. Georg von Schlieben wurde mit einer Forderung von 24000 ungarischen Gulden zur Kasse gebeten. Zu zahlen hatte der Orden.

Der Hochmeister ersuchte den Deutschmeister, diese Summe aus allen deutschen Balleien zu beschaffen. Doch dieser konnte nicht mehr als 2000 Gulden für Herzog Balthasar von Sagan beschaffen.

Als Nachrichten eingingen, daß aus dem Reich wieder eine Verstärkung von 500 Reisigen und 100 Ordensrittern mit ihren Knechten, geführt vom Landkomtur zu Franken, angekommen seien, und sich mit den Truppen der Komture von Balga und Danzig und jenen des Grafen von Henneberg vereinigen würden, ließ der Bund die neue Stadt Danzig im Einvernehmen mit den Danziger Honoratioren im Januar 1455 niederbrennen. 1400 Häuser fielen mit allen Kirchen und Klöstern diesem Brand zum Opfer. Die Altstädter, die in der Neustadt eine große Konkurrenz sahen, beteiligten sich am »Abfackeln.«

Ein letzter Versuch mit dem König von Polen einen neuen Frieden auszuhandeln, sah die Ordensgesandtschaft im königlichen Lager von Lessen. Er blieb erfolglos. Nicht einmal die in Bebern in Elend und Not gefangengehaltenen und in Eisen geschmiedeten Ordensgebietiger von Tuchel, Heinrich von Rabenstein, Georg von Egloffstein und andere konnten freigekauft werden.

Kasimir von Polen zog Mitte Januar 1455 nach Krakau zurück. Unter den Ordensbrüdern aber hielten – schlimm wie nie zuvor – Unzucht, Ungehorsam und Übermut Einzug. So sagten der Komtur zu Mewe wie auch der Ordensspittler dem Hochmeister, »daß wir bei solcher Zuchtlosigkeit im Orden unsere Ämter nicht länger verwalten können.«

Dort wo die Ordenssöldner lagerten, hausten sie mindestens so schlimm wie die polnischen. Sie plünderten die Häuser in

Städten und Dörfern, mißhandelten ihre Bewohner, stahlen alles Vieh und steckten nicht selten ganze Dörfer in Brand.

Die Reaktionen des römischen Königs und der Kurie

Die Schlacht bei Konitz war nach den langen Jahren der Niederlagen und Verluste für den Orden ein »Gottesgeschenk«. Hinzu kam als Nebeneffekt, daß sich viele Städte des Bundes dem Orden ergaben. Dennoch erwuchs aus diesem Sieg kein Friede. Der Kampf – versteckt und offen – ging weiter. Papst Calixtus III. und der Kaiser zitierten sowohl die polnische als auch die Führung des Bundes gegen Gewalt vor ein Kuriengericht. Da keine der beiden Gruppen erschien, wurde über alle die Reichsacht verhängt. Dies bedeutete, daß alle männlichen Personen dieser Gruppen, im Alter von über 14 Jahren, mit allem Gut und aller Habe außer dem Frieden gestellt wurden. Niemand durfte sie aufnehmen, Herberge geben oder verpflegen. Von Handel und Verkehr waren sie ebenfalls ausgeschlossen. Diese Achterklärung, vom Kaiser in Neustadt am 24. März 1455 ausgesprochen, war eine der schwersten Strafen.

Der Deutschmeister sprach zum ersten Male in der Ordensgeschichte auf dem Reichstag zu Nürnberg jenen Satz aus:

»Die Lage des Ordens in Preußen ist ernst. Der Verlust Preußens steht unmittelbar bevor.«

Das Jahr 1456 ließ das Vertrauen in den Orden weiter schwinden. Eine Reihe Städte erklärte den König von Polen zu ihrem Herrn. Beinahe täglich wurde der Hochmeister von den um die Marienburg lagernden Söldnern bestürmt, den lange gestundeten Sold zu zahlen: Sie waren seit über einem Jahr hingehalten worden. Schließlich besetzten sie die Marienburg und begannen, das von ihnen besetzte Land zu verkaufen. Der Hochmeister mußte ihnen 100000 ungarische Gulden versprechen, zahlbar am nächsten Johannistage. Am Tage nach Auszahlung der Summe wollten die Söldner die Marienburg und das umgebende Land verlassen. Falls das Geld nicht beschafft werden konnte, wollte der Orden ihnen dafür das ganze Land Preußen zum Pfand geben. Der Hochmeister zu dieser Situation:

»Wir vertrauen auf den allmächtigen Gott. So ihr mit uns eins würdet und solch Geld von uns annehmt, daß wir mit seiner Hilfe 200000 Gulden an Gold, Silber und Geld auf Michaelis werden entrichten können, wozu wir Mittel und Wege gefunden.« (siehe: Schreiben des Ordensspittlers an die Söldner-Hauptleute zu Marienburg in: Preuss. Annalen, Montag nach Georgii 1456).

Als in der Folgezeit keine Zahlungen eingingen, übernahm der böhmische Hauptmann Ulrich Czerwenka aus Ledetz zu Marienburg die Führung der unzufriedenen Söldner. Er ritt mit einer Eskorte nach Thorn und brachte Jon von Eichholz dazu, zum polnischen König zu gehen und von diesem Hilfe zu erbitten.

Gleichzeitig waren auch die vom Orden ins Land geholten Söldner unzufrieden. Der Söldnerhauptmann Balthasar von Sagan, der in Königsberg lag, litt Not – andere ebenfalls. Auch sie wurden von der Truppe zum Rückmarsch gedrängt.

Im Juni 1456 kehrte Söldnerführer Czerwenka nach Marienburg zurück. Er hatte eine Zusage des Königs von Polen, der sich erbot, die Hälfte der Schuldsumme des Ordens gegen Abtretung der Hälfte der von den Söldnern besetzten Burgen und Schlösser, vor allem der Marienburg, in Thorn an die Hauptleute zu zahlen.

Der Hochmeister wartete immer noch vergebens auf die vom Deutschmeister und dem Meister von Livland zugesagte Summe, die sich auf 100000 Mark und 34000 Gulden beliefen. Das Geld kam nie an.

Ein Land und ein Orden werden verkauft

Am 15. August 1456 schlossen die Söldnerführer den Verkaufs-
vertrag mit Kasimir von Polen ab. Dieser sagte ihnen die
Gesamtsumme zur Deckung aller Sold- und Schadensforderun-
gen in Höhe von 436000 Gulden in drei Raten zu.

Der König von Polen erklärte:»Allen, die beim Hochmeister und Orden gestandenen und Feinde des Königs gewesen,
Rittern und Knechten, allen Bewohnern in den Städten und
auf dem Lande, wird der König Gnade und Verzeihung wider-
fahren lassen. Allen wird er ihre Privilegien, Freiheiten, Begnadigungen und Verschreibungen bestätigen. Wer nicht im Lande bleiben will, mag binnen zwei Jahren sein Eigentum
verkaufen und dann sicher ziehen, wohin er will.«

Er sicherte auch der Kirche im Ordensland Bestand und
Erhalt allen Eigentums zu. Alle gegenseitigen Gefangenen soll-
ten freigegeben werden, aber alle Geschütze, Waffen und das
Hausgerät in den Schlössern würden dem König zufallen.

In Bezug auf die Ritter des Ordens erklärte er:»Sobald
nach der Zahlung dem König die Marienburg übergeben ist,
wird er den alten und kranken Kreuzigern, die ihrer Gebrechen halber im Lande bleiben wollen, den Ort Neuteich im
Werder zum Wohnort anweisen und sie da lebenslang mit
allen notwendigen Bedürfnissen unterhalten. Heiligtümer und
Kirchengeräte auf der Marienburg werden dem Orden belas-
sen.

Als verkaufte Burgen werden dem König überwiesen. Nach
der ersten Zahlung: Allenstein, Wartenburg, Rößel, Ortelsburg,
Rhein und Seesten. Nach der zweiten Zahlung: Schönberg,
Neumark, Brathean, Hohenstein, Soldau und Deutsch-Eylau.
Nach der dritten Zahlung: Stuhm, Marienwerder, Lessen, Rie-
senburg, Danzig, Dirschau, Mewe, Konitz, Hammerstein und
Friedland. Zuletzt die Stadt Marienburg.«

Damit war der größte Teil des Ordenslandes Preußen mit
dem Haupthaus, der Marienburg, von einer Anzahl ausländi-

scher und einiger deutscher Hauptleute an König Kasimir von Polen verscherbelt worden.

In Thorn und Danzig wurde bereits heftig geplündert. Alle Ordnung war außer Kraft gesetzt. Hochmeister Konrad von Erlichshausen plante einen Fluchtversuch, von dem ihn aber der Ordensspittler abbrachte. So wurde denn der Hochmeister und seine Ordensbrüder auf der Marienburg von den Besatzern schändlich behandelt und ausgeplündert. Wenn sie in den Nächten zur Messe gingen, wurden sie überfallen, geschlagen, verwundet, oftmals ihrer Kleider beraubt und mit Peitschen und Ruten durch den Kreuzgang getrieben.

Großkomtur Ulrich von Isenhofen floh nach Stuhm. Alle übrigen Ordensritter und Brüder verließen ebenfalls fluchtartig das Hochschloß. Nur der Hochmeister blieb mit zwei Kämmerern, einigen Hilfejungen, einem Koch und einem Diener auf der Marienburg zurück.

Zu Ende 1456 stellten der Deutschmeister und die dorthin gegangenen Ordensgesandten auf dem Reichstag zu Frankfurt den Reichsfürsten die schreckliche Lage im Ordensstaat vor und führten ihnen den Verlust des Ordensstaates vor Augen.

Die Fürsten waren zu Tränen gerührt. Sie beschlossen Hilfe zu leisten. Es wurde sogar ein Angriff gegen Polen beraten. Zum Schluß aber wurde alles auf den neuen Reichstag des nächsten Jahres verschoben. Es wurde besprochen, beraten, bedauert und verflucht – getan wurde nichts. Nicht einmal zur Auslösung der Marienburg konnten sich die hohen Herren entschließen. Die versprochene Hilfe der Reichsfürsten und jene des Deutschmeisters war nur heiße Luft.

Als der Auszug des Hochmeisters aus dem Haupthaus des Ordens feststand, bat dieser Ulrich Czerwenka, der von Thorn zur Marienburg zurückgekehrt war, wenigstens die Heiligtümer der Marienburg – zwei Bilder der Jungfrau Maria und der heiligen Barbara, das heilige Kreuz und die übrigen Kirchengeräte – mitnehmen zu dürfen. Die Hauptleute versprachen, diese Bitte zu erfüllen.

Am Pfingstsamstag des Jahres 1457 zogen in tiefer Nacht

600 Polen und Verbündete vor das Haupthaus der Marienburg. Ulrich Czerwenka öffnete ihnen die Tore. Am Tage darauf, dem Pfingstsonntag, befahlen die Hauptleute dem Hochmeister, sich für den folgenden Tag bereitzuhalten, um nach Dirschau zu reisen. Er könne die genannten Bilder und Heiligtümer auf einem Wagen mit sich führen.

Ein Plündererhaufe aber bemächtigte sich in der Nacht zum Pfingstmontag aller Heiligtümer und Besitztümer des Hochmeisters. Konrad von Erlichshausen mußte nunmehr das Haupthaus verlassen. Als er Dirschau erreichte, bat er darum, nach Konitz geführt zu werden, aber die Söldner schleppten ihn im Triumphzug von Dorf zu Dorf, um ihn nach Schwetz zu bringen.

Dort angekommen ging der Hochmeister von Zelt zu Zelt und bat um das versprochene Geleit nach Konitz. Schließlich wurden ihm sechs polnische Knechte und drei Pferde anstelle der zugesagten 100-Mann-Eskorte zur Verfügung gestellt. So mußte der Hochmeister seinen Weg nach Konitz fortsetzen.

Als letzter auf der Marienburg residierender Fürst wurde er in Jammer und Schmach fortgejagt. 148 Jahre hindurch hatten 17 Hochmeister dieses großartige Schloß bewohnt, über Preußen geherrscht und des Landes Wohlfahrt betrieben. Das Ende kam in Schmach und Schande.

Die Marienburg sank zum Aufenthalt eines polnischen Statthalters mit seinen Beamten herab. Der vertriebene Hochmeister zog nach einigen Wochen von Konitz auf heimlichen Wegen durch Wildnis und Wald nach Mewe. Dort wurde er auf einem Fischerkahn bei Nacht und Nebel die Weichsel hinab zum Frischen Haff gefahren, entkam den umhersegelnden und nach Beute suchenden Danziger Schiffen und erreichte das Ordenshaus zu Königsberg.

Seit diesem Tage war Königsberg der letzte hochmeisterliche Wohn- und Regierungssitz. Bis zur Auflösung des Ordensstaates Preußen und seiner Erneuerung zum weltlichen Herzogtum unter polnischer Oberherrschaft im Jahre 1525.

SCHLUSSBETRACHTUNG

Bis zum bitteren Ende

Die letzten Hochmeister in Preußen, beginnend mit Ludwig von Erlichshausen bis hin zu Albrecht von Brandenburg-Ansbach führten nur noch Rückzugsgefechte. Der polnische König zitierte alle Hochmeister, die ihr Amt neu antraten, an seinen Hof nach Krakau.

Der am 4. August 1477 das Amt des Hochmeisters antretende Martin Truchseß von Wetzhausen wurde von Kasimir IV. vor den Reichstag zu Petrikau zitiert, um dort dem polnischen König den Huldigungseid zu leisten. Er konnte diese Aufforderung noch ignorieren.

Nach seinem Tode übernahm Johann von Tiefen dieses Amt am 1. September 1489. König Kasimir beglückwünschte ihn und lud ihn gleichzeitig zur Eidesleistung nach Radom ein. Am 18. November 1489 kam der Hochmeister dieser Aufforderung nach.

Herzog Friedrich von Sachsen, der am 29. September 1498 dessen Nachfolge antrat, wurde im Februar 1499 durch König Johann I. Albrecht von Polen aufgefordert, in Petrikau den Huldigungseid zu leisten. Er lehnte dieses Ansinnen ab.

In dieser Phase wurde durch Herzog Georg von Sachsen, dem Bruder des Hochmeisters, versucht, das Steuer herumzureißen. Er berichtete den deutschen Fürsten, daß sein Bruder diesen Eid nicht leisten werde, weil er »gegen die heilige Kirche und gegen das Reich gerichtet« sei.

Darüber hinaus schlug er vor, das Deutschmeistertum mit dem Hochmeistertum unlösbar zu verbinden. Dies sei nach dem soeben erfolgten Ableben des Deutschmeisters Andreas von Grumbach möglich. Seine Überlegungen gingen dahin, daß der Hochmeister mit seiner Herrschaft über alle Ordensballeien in Deutschland und »Welschland« zu einem der angesehensten Reichsfürsten werden würde. Dies sei nicht nur für den Orden, sondern mehr noch für die Kirche und das Reich von Vorteil. Er schloß mit den Worten:

»Die Wahl eines neuen Deutschmeisters kann unterbleiben, wenn ab sofort die Regierung über alle Ordensgebiete dem Hochmeister von Preußen übertragen wird.«

Das Ordenskapitel in Deutschland lehnte unverzüglich und einmütig ab. Der Plan mußte begraben werden.

Der Huldigungseid und seine Folgen

1501 wurde der Hochmeister ein weiteres Mal zur Huldigungsleistung aufgefordert. Der polnische König hatte mit den Türken einen Waffenstillstand ausgehandelt und damit waren alle Truppen zum Einfall nach Preußen frei.

Hochmeister Friedrich von Sachsen ließ alles in Verteidigungszustand versetzen. Er rief den Landmeister von Livland zur Hilfeleistung auf. Dieser meldete, daß er dazu nicht in der Lage sei. Des Hochmeisters Hilfeschrei an den Deutschmeister, wurde über diesen auch an König Maximilian weitergegeben, wurde von letzterem dahingehend beantwortet, daß der Orden niemals Polen den Huldigungseid leisten dürfe, weil er nur eine Obrigkeit habe: den Heiligen Stuhl. Da der Friede mit Polen und die sich daraus ergebende Huldigungsangelegenheit durch Gewalt erfolgt sei, würde diese Huldigung niemals von den Deutschmeistern des Ordens anerkannt werden. König Maximilian beendete diese Epistel mit den Worten:

»Also gebieten wir Dir bei Deinen Pflichten, daß Du weder dem König von Polen noch sonst jemandes wegen, keinerlei Verpflichtungen Gelübde oder Eide tust, sondern Dich mit Deinem Orden allein in der Geistlichkeit zum Stuhle Roms, zu Kaisern und Königen und dem Heiligen Reich, als desselben unmittelbar Unterworfener haltest, und Gehorsam beweist, wie es sich gebührt.« (Schreiben des deutschen Königs an den Hochmeister des Ordens, gegeben zu Nürnberg am 16. März 1501.)

Das waren alles schöne Worte, aber leider nur Spiegelfechtereien, denen keine Hilfeleistungen folgten. Der Hochmeister erfüllte die polnischen Forderungen nicht.

Als König Alexander VI. von Polen am 9. August 1506 starb, beschwerte sich dessen Nachfolger Sigismund I. umgehend beim Papst über die Weigerung der Ordensoberen, ihm den Huldigungseid zu leisten. Nun forderte Papst Julius II. den Hochmeister auf, sofort seinen Verpflichtungen nachzukommen.

Diese Kehrtwendung kam für alle überraschend. Damit entfiel aber zugleich auch die Berufung auf den Heiligen Stuhl bei der Verweigerung der Eidesleistung. Hochmeister Friedrich von Sachsen wurde fortgelobt und kurzerhand zum Erzbischof von Magdeburg ernannt. Er mußte Königsberg verlassen. So lautete die strikte Weisung des Papstes.

Als Erzbischof Friedrich, der immer noch Hochmeister war, am 25. Mai 1508 auf dem Reichstag zu Worms seinen Standpunkt zum Huldigungseid formulierte, sagte er kurz und bündig:

»Wenn ich und meine Nachfolger dem König von Polen den Huldigungseid und Lehnseid leisten, hört Preußen auf, zum Reich zu gehören. Der Friedensvertrag, auf den sich der polnische König stützt, ist wider das Heilige Römische Reich und wider des Ordens Gründung gerichtet. Allein mir als Reichsfürsten ist es gegeben, diesen Rechtsbruch zu verhindern.«

Alle versammelten Fürsten und Ritter sagten dem Hochmeister ihre völlige Unterstützung zu, ohne diese aber wirklich zu leisten.

Als der Hochmeister im Dezember 1511 schwer erkrankte, galt es, so rasch als möglich für ihn einen Nachfolger zu finden. Am 14. Dezember 1510 starb der Hochmeister und an seine Stelle trat der junge Markgraf Albrecht von Brandenburg, Sohn der Schwester des amtierenden polnischen Königs.

Dieser wurde – eine Novität in der Ordensgeschichte und wider der Ordensregeln – am 13. Februar 1511 eingesegnet. Am selben Tage erhielt er den Ritterschlag, um darauf mit dem Ordenskreuz geschmückt, feierlich in den Orden aufgenommen und mit den Insignien des Hochmeisters ausgestattet zu werden.

Dies alles an einem Tage und in allem den Ordensregeln widersprechend.

Das Ende des Ordens in Preußen

Am 22. November 1513 traf Hochmeister Albrecht in Königsberg ein. Nach Polens Sieg über die Russen 1514 am Dnjepr, trat auch Kaiser Maximilian I. gegen den Orden auf. Er spekulierte darauf, daß er bald Herrscher über Ungarn und Böhmen werden könne. Um sich dafür den Rücken freizuhalten und die Polen günstig zu stimmen, erklärte er auf dem Ratstag zu Preßburg, daß der »Kaiser den Hochmeister des Ordens von nun an nicht mehr von seiner Pflicht Polen gegenüber abhalten werde.« Damit duldete er ebenfalls faktisch die Abtrennung des Ordensstaates Preußen vom Reich. Die Reichsfürsten folgten dem kaiserlichen Vorbild. Nur ein neuer Türkeneinfall verhinderte den Einmarsch polnischer Truppen ins schutzlos gewordene Ordensgebiet. Der Kaiser befahl beiden Seiten »jeglichen Kriegshandlungen zu entsagen, um dem Christenfeind keinerlei Vorschub zu leisten.«

Der Orden war am Ende. Das Ordensland Preußen nicht minder. Mit dem Regierungsantritt Karls V., der das Ordensland nur als ein winziges Mosaiksteinchen betrachtete, in einem Reich, darin die Sonne nie unterging, war der Deutsche Orden verloren. In Karls V. weltumspannender Politik hatte ein Ordensland am Rande der Welt keinen Platz.

Im Dezember 1519 zog König Sigismund von Polen mit 1600 Rittern ungehindert in Thorn ein. 20000 Mann Fußtruppen folgten nach. Die Absichtserklärung des Polenkönigs lautete: »Die letzten Spuren des Deutschen Ordens auf immer zu tilgen!« (siehe Schulze-Dirschau, Hermann: a.a.O.)

Ein Ermahnungsschreiben Kaiser Karls V. an Polen schien Rettung in letzter Stunde zu sein. Im März 1521 kam es zu beiderseitigen Verhandlungen. Der Hochmeister reiste nach Ungarn und von dort nach Deutschland, um Hilfe zu suchen. Beim Deutschmeister blitzte er ebenso ab wie beim Landmeister von Livland.

1523 dachte der Hochmeister an jenen Brief Papst Leos X., der bereits 1519 den Orden aufgefordert hatte, sich sittlich und religiös zu erneuern. Leos X. Nachfolger, Hadrian VI., hatte diese Aufforderung wiederholt und schließlich gab der Reformator Dr. Martin Luther den Ausschlag, als er nach zwei Unterredungen im September 1523 dem Hochmeister den Rat gab:

»Werfe er die alte Ordensregel auf die Seite, eheliche er eine Frau und verwandle er Preußen in ein weltliches Herzogtum.«

Im Februar 1524 begab sich Hochmeister Albrecht von Ofen nach Brieg und von dort aus nach Kreuzberg in Schlesien. Aus Kreuzberg schickte er seinen Bruder Markgraf Georg von Brandenburg und Friedrich von Liegnitz nach Krakau, um am polnischen Hof über einen neuen Frieden zu verhandeln. Die Verhandlungen begannen am 10. März 1525 und endeten mit dem Spruch des polnischen Königs:

»Ihr habt nur drei Wege, zu wählen. Krieg, ewiger Friede oder die Annahme der Belehnung.«

Am 2. April 1525 reiste der Hochmeister nach Krakau. Die ausgehandelten Bedingungen lauteten, daß er nunmehr als »weltlicher Herzog von Preußen dem polnischen König den Lehnseid zu leisten« habe.

Albrecht von Brandenburg schwor auf das Evangelium und die Lehnsfahne den Eid. Der Ordensstaat Preußen war abgetan, das weltliche Herzogtum Preußen unter polnischer Lehnsherrschaft hatte begonnen. Noch von Krakau aus meldete Herzog Albrecht von Preußen die Umwandlung des Ordensstaates in ein weltliches Herzogtum. Am 9. Mai kehrte er nach Königsberg zurück und hielt seinen vielumjubelten Einzug in der alten und neuen Residenz.

Der Ordensstaat Preußen war nach 296 Jahren des Wirkens und Kämpfens dortselbst unter 38 Hochmeistern, von denen 17 auf der Marienburg residiert hatten, untergegangen.

Dazu gab es zweierlei Bekundungen.

»Siehe dieses Wunder«, schrieb Dr. Martin Luther, »in vollem Lauf, mit vollen Segeln eilt jetzt das Evangelium nach Preußen.«

Dr. Johannes Voigt aber erkannte: »Als Herzog Albrecht nach Königsberg zurückkehrte, war der Orden in Preußen bis auf wenige Glieder untergegangen. Entsittlicht in seinem sonst so ehrwürdigen Geist und Charakter, durch Gebrechen und Sünden verwahrlost, nichtswürdig in Gesinnung und Tat hatte er sich längst den Untergang bereitet.«

Quellen- und Literaturverzeichnis
(Im Auszug)

Ahlers, Olof, Hg.:	Lübeck 1226, Reichsfreiheit und frühe Stadt, Lübeck 1976
Ambrassat, August:	Die Provinz Ostpreußen, Königsberg 1912
ders.	Westpreußen. Ein Handbuch der Heimatkunde, Danzig 1906
Bär, M.:	Westpreußen unter Friedrich dem Großen, Leipzig 1909
Barkowski, Otto:	Die Besiedlung des Hauptamtes Insterburg. In: Prussia Nr. 28/1928
Bauer, M. und Millack, W.:	Danzigs Handel in Vergangenheit und Gegenwart, Danzig 1925
Benninghoven, Friedrich:	Rigas Entstehung, Hamburg 1961
ders.:	Die Gotlandfeldzüge des Deutschen Ordens, Zeitschrift für Ostgeschichte 13/1964
ders.:	Der Orden der Schwertbrüder, Köln 1965
ders.:	Zur Frühgeschichte Preußens. In: Ostpreußenblatt 2/1979
Bertram, H.:	Die Eindeichung, Trockenlegung und Besiedlung des Weichseldeltas seit dem Jahre 1300 in ihrer geopolitischen Bedeutung. In: Westpreußische Geschichte V/72
Boldt, F.:	Der Deutsche Orden und Litauen 1370–1386. In: Altpreußische Monatsschrift 10/1853
Bunge, F. G. und Hildebrand, H.:	Ost- und Westpreußen, Leipzig 1928
Buschke, Theodor:	Heinrich von Plauen, Hochmeister des Deutschen Ordens, Diss., Königsberg 1880
Caro, J.:	Die Geschichte Polens (1319–1505) Bd. 2–5 o.O. u. J.
Carstens, E.:	Geschichte der Hansestadt Elbing, Elbing 1937
Caspar, Erich:	Vom Wesen des Deutschordensstaates, Königsberg 1928

Clasen, K. H.:	Die mittelalterliche Kunst im Gebiet des deutschen Ordensstaates Preußen, Bd. 1: Die Burgbauten, Königsberg 1827
Coco, Primaldo:	I Cavalieri Teutonici nel Salentino, Tarent 1925
David, Lucas:	Preußische Chronik, 1812–1817 (8 Bd.)
Dehio, G.:	Handbuch der deutschen Kunstdenkmäler: Deutschordensland Preußen, München 1952
Dogiel, M. Hg.:	Codex diplomaticus Regni Poloniae et Magni Ducatus Lituaniae, Wilna 1757–1764
Dusburg, Peter von:	Script. rer. Prussiae I. – Die Chronik von Oliva
Eimer, Brigitte:	Gotland unter dem deutschen Orden, Innsbruck 1966
Engelbrecht, F.:	Das Herzogtum Pommern und seine Erwerbung durch den Deutschen Orden, Diss., Königsberg 1911
Ficker-Winkelmann Hg.:	Regesta Imperii V. – Die Goldbulle von Rimini, Nr. 1598
Forstreuter, K.:	Die Bekehrung Gedimins und der Deutsche Orden. In: Altpreußische Forschung 5/1928
ders.:	Preußen und Rußland, Göttingen 1935
ders.:	Der Deutsche Orden am Mittelmeer, Bonn 1967
Freytag, H.:	Die Geschäftsträger des Deutschen Ordens an der römischen Kurie von 1309–1525. In: Zeitschrift der Westpreußischen Geschichte V/1907
Gatz, K. und T.:	Der Deutsche Orden, Wiesbaden 1936
Gause, Fritz:	Die Geschichte der Stadt Königsberg, Königsberg 1931
Gengel, C.:	Vorgeschichte der Altpreußischen Stämme, Königsberg 1935
Gerullis, G.:	Die altpreußischen Ortsnamen, Berlin 1922
Hansen, J.:	Die Landwirtschaft in Ostpreußen, Jena 1916
Hecht, K.:	Die Schlacht bei Rudau 1370, Diss., Königsberg 1911
Heidenreich, Karl:	Der Deutsche Orden in der Neumark, 1402–1455, Berlin 1932

314

Helwig, R.:	Kultur und Sitte der alten Preußen, Marburg, Lahn, o.O. und o.J.
Hennes, J.H., Hg.:	Codex diplomatuicus ordinis s. Mariae Teutonicorum (Urkundenbuch des Dt. Ordens) 1845 bis 1861 für die Balleien in Deutschland
Herrmann, F. G.:	Das ermländische Bauernvolk. Sein Erbe, sein Schicksal, Köln 1962
Heuer, R.:	700 Jahre Thorn, 1231–1931, Danzig 1931
Hildebrand, H.:	Ost- und Westpreußen, Leipzig 1938
Historische Kommission für Ost- und Westpreußische Landesforschung	Altpreußische Forschungen, 1924–1943, 30 Bd.
Hirsch, Th., Toeppen, M. u. Strehlke, E., Hg.:	Scriptores rerum Prussicarum – Die Geschichtsquellen der Preußischen Vorzeit bis zum Untergang der Ordensherrschaft, Bde I–III, Leipzig 1861–1874
Holst, Niels von:	Der Deutsche Ritterorden und seine Bauten, Wiesbaden 1997
ders.:	Riga und Reval, Hameln 1950
Hubatsch, Walther:	Winrich von Kniprode. In: Wir Ostpreußen, Salzburg 1950
ders.:	Quellen zur Geschichte des Deutschen Ordens, Göttingen 1954
ders., Hg.:	Regesta historico-diplomatica ordinis s. Mariae Theutonicorum 1198–1525, Göttingen 1948–1950
Israel, O.:	Das Verhalten des Hochmeisters des Deutschen Ordens zum Reich im 15. Jahrhundert, Marburg 1952
Jakobi, Hans:	Die Ausgrabungsergebnisse in der Ruine der Ordensburg Graudenz, Danzig 1943
Joachim, Erich:	Die Politik des letzten Hochmeisters in Preußen, Albrecht von Brandenburg, 3 Bde., Leipzig 1893–1895
Jurgela, Constantin:	Tannenberg, New York 1961
Kasiske, Karl:	Das Siedelwerk des Deutschen Ordens im östlichen Preußen, Königsberg 1934
ders.:	Das deutsche Siedelwerk des Mittelalters in Pomerellen, Königsberg 1938
Kantorowicz, Ernst:	Kaiser Friedrich II., Berlin 1927

Ketrzynski, W. von:	Die polnische Bevölkerung im ehemaligen Ordensland Preußen, Lemberg 1882
Keyser, E.:	Verzeichnis der Ost- und Westpreußischen Stadtpläne, 1929 Königsberg
ders.:	Geschichte des deutschen Weichsellandes, Leipzig 1940
ders.:	Die Entstehung von Danzig, Danzig 1924
Kich, Guido:	Die Kulmer Handfeste, Stuttgart 1931
Kluge, Rolf:	Darstellung und Bewertung des Deutschen Ordens in der deutschen und polnischen Literatur. In: Zeitschrift für Ostgeschichte 18/1969
Köbler, Gerhard:	Historisches Lexikon der Deutschen Länder, München 1995
Krollmann, Christian:	Politische Geschichte des Deutschen Ordens, Königsberg 1932
ders.:	Die Geschichte des Deutschen Ordens, Königsberg 1915
ders.:	Die Schlacht von Tannenberg und ihre Folgen, Königsberg 1910
Kuczynski, Stefan:	Wielka Woina (Krieg mit dem Orden 1410), Warschau 1966
Kühner, Hans:	Der Deutschritterorden ohne Heiligenschein, Werkhefte 4/1968
Kuhn, Wilhelm:	Der Haken in Altpreußen. In: Studien zur Geschichte des Preußenlandes, Marburg 1968
Lohmeyer, Karl:	Zur Altpreußischen Geschichte, Gotha 1907
ders.:	Geschichte von Ost- und Westpreußen, Bd. 1, Gotha 1908
Lückerath, Karl-August:	Paul von Rusdorf, Hochmeister des Deutschen Ordens, Marburg 1969
Maschke, Erich:	Der deutsche Ordensstaat – Gestalten seiner großen Meister, Hamburg 1935
Mayer, Hans Eberhard:	Geschichte der Kreuzzüge, Stuttgart 1976
Meir, Ben-Dov.:	Santa Maria of the German Knights, Jerusalem 1977
Mendthal, H., Hg.:	Urkundenbuch des Bistums Samland 1243–1387, Leipzig 1891–1905

Milthaler, F.:	Die Großgebietiger des Deutschen Ritterordens bis 1440, Königsberg 1940
Mortensen, H.:	Samland, Kurische Nehrung und Memelland, Königsberg 1926
Müller, A.:	Die deutsche Kolonisation in Nordpolen und Litauen, Berlin 1928
Oehler, M.:	Geschichte des Deutschen Ritterordens, 2 Bde., Elbing 1908–1912
Oelnitz, Ernst von der:	Herkunft und Wappen der Hochmeister des Deutschen Ordens. In: Einzelschriften der Historischen Kommission für ost- und westpreußische Landesforschung, 1/1926
Perlbach, M.:	Preußische Regesten bis zum Ausgang des 13. Jahrhunderts, Königsberg 1876
ders.:	Pommerellisches Urkundenbuch, Königsberg 1882
Pfitzner, J. von:	Großfürst Witowd von Litauen als Staatsmann, Prag-Leipzig 1930
Philipp, K., Hg.:	Die Kulmische Handfeste, o.O. u.J.
Rancke, Leopold von:	Zwölf Bücher deutscher Geschichte, Leipzig 1874
Röhricht, Viktor:	Geschichte des Fürstbistums Ermland, Breslau 1925
Roeppel, R.:	Geschichte Polens, Bd. 1, Hamburg 1840
Rhode, Gerd, Hg.:	Die Ostseegebiete des Deutschen Reiches, Würzburg 1955
Sahm, W.:	Geschichte der Pest in Ostpreußen, Leipzig 1905
Schmid, Bernhard:	Die Burgen des Deutschen Ritterordens in Preußen, Berlin 1938
ders.:	Die Baumeister im Ordensland Preußen, Halle 1993
ders.:	Baugeschichte der Marienburg, Köln 1955
Schulz, W.:	Siedlungsgeographie des deutschen Oberlandes, Königsberg 1925
Schulze-Dirschau, H.:	Der deutsche Osten. Vom Ordensland Preußen zum Kernland des Deutschen Reiches, Berg/Starnberger See 1989
Schumacher, Bruno:	Geschichte Ost- und Westpreußens, Würzburg 1957

Steinbrecht, C.:	Preußen zur Zeit seiner Landmeister, Berlin 1988
Stieber, H.:	Schlösser und Herrensitze in Ost- u. West-preußen
Strehlke, E., Hg.:	Scriptores rerun Prussicarum – Geschichts-quellen der preußischen Vorzeit bis zum Untergang der Ordensherrschaft, Bde. I–III, Leipzig 1861–1874
Tautorat, Hans Georg:	Schwarzes Kreuz auf weißem Mantel, Düsseldorf 1980
Thielen, P. G.:	Das große Zinsbuch des Deutschen Ritteror-dens, Marburg 1958
Thordeman, Bengt:	Armour from the battle of Wisby 1361, Stockholm 1939
Toeppen, Martin:	Geschichte Masurens, Danzig 1870
Treitschke, H. von:	Das deutsche Ordensland Preußen, Göttingen 1955
Tuulse, Armin:	Die Burgen in Estland und Lettland, Dorpat 1942
Voigt, Dr. Johannes:	Geschichte Preußens – von den älteren Zeiten bis zum Untergang des Deutschen Ordens, Königsberg 1827 bis 1839, 9 Bde.
ders.:	Codex diplomaticus Prussiae, Königsberg 1836–1861, 6 Bde.
Weber-Krohse, Otto:	Ritterorden, Preußen und Reich, Berlin 1935
ders.:	Der Ostseekreis, Lübeck 1934
Weise, Dr. Erich:	Das alte Preußen, Elbing 1934
ders.:	Die Staatsverträge des Deutschen Ordens in Preußen im 15. Jahrhundert, Bde. I–II und Registerband, Königsberg und Marburg 1939, 1958
ders.:	Handbuch der historischen Stätten, Ost- und Westpreußen, Stuttgart 1966
ders.:	Die alten Preußen. In: Preußenführer Heft 3, Elbing 1936
Wermke, Ernst:	Bibliographie der Geschichte von Ost- und Westpreußen, Königsberg 1933
Winnig, A.:	Der Deutsche Ritterorden und seine Burgen, Königstein/Taunus 1956

318

Wittram, Reinhard:	Baltische Geschichte – Die Ostseelande Livland, Estland, Kurland, München 1954
Wolfrum, Heinrich:	Die Marienburg, Leer 1979
Woltmann, Arnold:	Der Hochmeister Winrich von Kniprode und seine nordische Politik, Berlin 1901
Wünsch, C.:	Ostpreußen. In: Die Kunst des Deutschen Ostens Nr. 3, München 1960
Ziesemer, Walter:	Das Marienburger Ämterbuch, Danzig 1916
ders.:	Das große Ämterbuch des Deutschen Ordens, Danzig 1921
ders.:	Zum Wortschatz der Amtssprache des Deutschen Ordens. In: Beiträge zur Geschichte der deutschen Sprache und Literatur 47/1923

Alle Zitate, Bekundungen zeitgenössischer Autoren, Ordenschroniken, päpstliche Bullen und Mahnschreiben, Kaiseredikte und Briefe etc. etc. sind am Ort ihrer Nennungen belegt.